Democracia Elegirá al Anticristo

Arno Froese

Cómo la Democracia Elegirá al Anticristo

Arno Froese

Este libro está dedicado a la Iglesia de Cristo Jesús en el mundo entero.

**Casa Editora:
Obra Misionera**

«LLAMADA DE MEDIANOCHE»
Casilla 271 - 1650 SAN MARTIN, Bs. As. - Argentina
Apdo. 1400 - 01901 GUATEMALA - Guatemala
Casilla 6557 - 11000 Montevideo - Uruguay

Traducción del original en inglés:
"How Democracy Will Elect the Antichrist"
(publicado por The Olive Press, una divisón del
Ministerio de "Llamada de Medianoche" en Inglés
West Columbia, SC 29170)

Traducción: Alejandro Las
Revisión: Silvia López
Portada: J. Spurling
Diagramación: André Beitze

Primera edición en español como libro: Abril 1998

© Copyright by:

**Editora "Obra Misionera
Llamada de Medianoche"
Casilla 6557, 11000 MONTEVIDEO, Uruguay
Apdo. 1400, 01901 GUATEMALA, Guatemala
Casilla 271 - 1650 SAN MARTIN, Bs. As. - Argentina**

**Y a la medianoche se oyó un clamor:
¡Aquí viene el esposo; salid a recibirle!
(Mateo 25:6)**

La **Obra Misionera Llamada de Medianoche** es una misión sin fines lucrativos, con el objetivo de anunciar la Biblia entera como infalible y eterna Palabra escrita de Dios, inspirada por el Espíritu Santo, siendo la única y segura base para la fe y conducta del cristiano. La finalidad de "Llamada de Medianoche" es:

1) Llamar a las personas a Jesucristo en todos los lugares,
2) proclamar la segunda venida del Señor Jesucristo,
3) preparar a los creyentes para Su segunda venida,
4) mantener la fe y advertir respecto de doctrinas falsas.

Sostén: todas las actividades de la Obra Misionera "Llamada de Medianoche" son mantenidas a través de ofrendas voluntarias de los que desean tener parte en este ministerio.

Indice

Notas del Autor 6
Prefacio 7
1. ¿Por Qué Estudiar el Futuro? 9
2. Entendiendo la Profecía 23
3. Errores de Interpretación 35
4. Conflicto Familiar en el Medio Oriente 45
5. Israel: La Señal más Notoria de los Tiempos Finales .. 67
6. El Misterio de la Iniquidad y el Arrebatamiento 73
7. La Misteriosa Babilonia y su Poder 81
8. Identificando a la Misteriosa Babilonia 97
9. Europa en la Profecía 111
10. Cómo Europa Dirigirá al Mundo 133
11. El Surgimiento de la Unidad Global 149
12. Europa más Allá del 2000 165
13. El Engaño y el Reino Final 179
14. Unidad Verdadera y Falsa 187
15. ¿Cómo Llegará el Mundo a ser Uno? 199
16. Profecías del Juicio Final 209
17. Democracia: El Dios de la Nueva Era 217
18. El tiempo de los Gentiles e Israel 225
19. La Gran Tribulación y el Día del Señor 243
20. Cuenta Regresiva para el Arrebatamiento 255
21. El Milenio: Principio y Fin 267
Notas 284

NOTA DEL AUTOR

Cuando Jesús le contesta a sus discípulos sobre – *"la venida del Hijo del Hombre"*, hace una comparación de los eventos finales que parece contrariar nuestro entendimiento, al decir que: – *"como en los días antes del diluvio estaban comiendo y bebiendo, casándose y dando en casamiento, hasta el día en que Noé entró en el arca"* (Mateo 24:38). Parece extraño que no menciona el terrible incremento del pecado y la maldad sino que, simplemente, enumera las cosas diarias en las que la gente estaba ocupada.

Trasladando esto a nuestros días, Jesús no enfatiza la destrucción de las familias, las exhibiciones públicas de homosexualidad, el horrible crimen de los que aún no han nacido, la epidemia del SIDA, ni el aterrador aumento del consumo de drogas ilegales. Sencillamente nos dice que la gente actuará como siempre lo hace y siempre lo hará: comen, beben, se casan y se dan en casamiento; compran y venden, planifican y edifican. Pero a la vez revela un aspecto importante: *"Y no entendieron hasta que vino el diluvio y se los llevó a todos"* – Hicieron todo lo que hacía la gente común y corriente, pero fueron negligentes en algo: No entraron en el arca de salvación que Dios había provisto a través de Noé. Lógicamente se nos ocurre preguntar: ¿por qué no lo hicieron? Respuesta: Porque estaban bastante ocupados con su vida normal y las cosas les iban bastante bien.

¿Nos están yendo bien las cosas hoy en día? Ya no tenemos la amenaza de las dictaduras, ni del comunismo, ni del nazismo. Nosotros, "el pueblo" (como dice la constitución estadounidense) tenemos el control. Nosotros somos una democracia.

Las personas que se sienten seguras con su gobierno democrático no necesitan prestarle atención a la advertencia que hace la Escritura de que una gran destrucción vendrá sobre todo el mundo. Por tanto, esta paz y esta prosperidad, que parecen estar garantizadas por la democracia, hace que más y más personas confíen en el sistema y – "no entiendan" – lo que la Biblia tiene para decir acerca del los tiempos finales. Están descuidando la temática más importante, la salvación del alma.

Es irónico que la democracia, el sistema que tanto amamos, mimamos y defendemos, sea el único sistema que parece encajar con el escenario político de los tiempos finales, en el cual el mundo entero ha de estar unido. Es bastante curioso que el sistema mundial que ya ha sido profetizado no se establezca, en nuestros días, a través de la fuerza del comunismo o de alguna dictadura, sino a través de un medio pacífico de elección: "por el pueblo y para el pueblo."

PREFACIO

¡Democracia! Sin duda el mayor sistema de gobierno puesto en práctica por el ser humano. Y hoy día, algo remarcable está sucediendo. En vez de estar el comunismo expandiéndose hacia el oeste, cosa que fue temida por mucho tiempo, la democracia se ha expandido hacia el este.

¿Será éste el nacimiento de una civilización moderna, o es el establecimiento de la base para el surgimiento del Anticristo?

Por muchos años, los estudiosos de las profecías vislumbraban el día en el cual el Anticristo conquistaría el mundo por la fuerza. Eran muy comunes las escenas que mostraban tanques en cada esquina y tropas que forzaban a los ciudadanos a obedecerles. Sin embargo, una mirada más atenta a las Escrituras revela que el Anticristo está muy lejos de crear un orden mundial por la fuerza, ya que obtendrá el poder por la voluntad misma de la gente, a través de la democracia. ¡El apóstol Juan, al escribir el libro de Apocalipsis, prevé un tiempo en el cual el mundo entero ha de admirar, amar y aún adorar al Anticristo! Esto no parecería ser el surgimiento de un tirano, sino la coronación de un héroe.

Actualmente, en un mundo de imágenes magníficas, de astutas campañas, y de un creciente desinterés en los temas vitales que enfrentan nuestras naciones y el mundo entero, puede ser que la democracia, que solía ser "la decisión bien pensada" de la gente, esté enfrentando un desafío sin precedentes. En un mundo en el cual Madona es más conocida que el antiguo presidente norteamericano Warren Harding, y en el que los capítulos repetidos de ciertas comedias tienen más popularidad que los discursos presidenciales, las posibilidades de que la gente piense cada vez menos son aterradoras.

En el libro *"Cómo la Democracia Elegirá al Anticristo"*, Arno Froese examina el tan descuidado tema del cumplimiento de las profecías bíblicas y muestra cómo la democracia puede hacer que ciertas profecías claves, encuentren su cumplimiento en una forma que el comunismo nunca podría lograr. Pero, él va más allá de esto y muestra cómo este reino final encaja con otros factores claves del sistema de los tiempos finales.

Deseo que este libro impulse una renovada discusión sobre el papel que la democracia, la libertad y los derechos civiles pueden jugar, en pro de establecer el ya profetizado resurgimiento del Imperio Romano.

Peter Lalonde
Marzo, 1997

Capítulo 1

¿Por Qué Estudiar el Futuro?

Resumen

Casi un tercio de las Sagradas Escrituras tiene un carácter profético. Eso nos lleva a estudiar los eventos que han de venir. Este capítulo nos muestra por qué los verdaderos creyentes en Jesucristo están esperando su venida. También esclarece las diferencias fundamentales entre creer la palabra profética con nuestra mente y creerla con nuestro corazón.

¿Por Qué Estudiar el Futuro?
Cuando la gente me pregunta: "¿Por qué debemos estudiar el futuro?", generalmente les doy unas tres o cuatro respuestas.

Primero que nada, el Antiguo Testamento nos dice: *"Así dice Jehová, el Santo de Israel, y su Formador: Preguntadme de las cosas por venir; mandadme acerca de mis hijos, y acerca de la obra de mis manos"* (Isaías 45:11). Dios nos dice que es algo bueno el preguntarle acerca del futuro.

Segundo, en el Nuevo Testamento se nos informa a través de *"La revelación de Jesucristo, que Dios le dio, para manifestar a sus siervos las cosas que deben suceder pronto; y la declaró enviándola por medio de su ángel a su siervo Juan"* (Apocalipsis 1:1). Una vez más, se nos dice que es el propósito de Dios que sepamos el futuro.

La tercer respuesta apela al sentido común. Es parte de la naturaleza humana el querer saber lo más posible acerca del futuro, de manera que podamos estar preparados para el mismo.

Seguramente hay una razón por la cual, por lo menos cada hora, la mayoría de las estaciones de radio dan un reporte del tiempo. Cada periódico también nos da un completo, aunque a veces no muy preciso, pronóstico del tiempo, basado en el desarrollo de las características del mismo. Requiere tan sólo sentido común el querer saber lo que ha de esperarse.

Cuando hacemos un viaje, consultamos un mapa. Por lo menos, nos interesa saber la distancia que estaremos recorriendo. Además, si somos organizados, intentaremos averiguar con qué nos vamos a encontrar cuando lleguemos a nuestro destino.

Muchos de nosotros consideramos cada detalle al planificar un viaje a otro país. Imaginemos que estamos planeando un viaje a Israel. Para poder estar preparados para el mismo necesitamos saber la fecha de partida de nuestro vuelo, cuándo estará llegando a Israel, si necesitamos visa o si con el pasaporte es suficiente, cómo está el tiempo en la temporada en la que vamos a viajar, qué idioma se habla, si podemos usar la moneda estadounidense y si la corriente eléctrica es compatible con nuestro secador de pelo o nuestra afeitadora eléctrica. Estas, juntamente con cientos de preguntas similares, continúan amontonándose al aproximarse la fecha de nuestra partida.

Cuando nos encontramos con un libro, o un artículo en una revista, que habla sobre nuestro lugar de destino, lo leemos de principio a fin. Una y otra vez, nuestros ojos han de recorrer las imágenes y el itinerario de nuestro folleto de viaje para asegurarnos que no hemos olvidado ningún detalle. Si se emite un programa de televisión sobre la tierra de Israel, con seguridad sentiremos la imperiosa necesidad de mirarlo como una actividad prioritaria. ¡Queremos saber a qué nos vamos a enfrentar!

La Importancia de la Preparación y la Planificación

Una vez leí un prolongado artículo que describía la preparación para la misión Apolo, a la luna, con la meta final de hacer que un hombre caminara sobre ella. El artículo decía que durante el proceso, más de 500.000 ingenieros y técnicos, trabajando para alrededor de 20.000 corporaciones y firmas, participaron en la misión Apolo. ¡La preparación para este proyecto llevó veinticinco años, a un costo de más de $ 25 mil millones de dólares! El resultado final, además de haber logrado poner a un hombre en la luna, fue el recoger cuatrocientos ocho kilos de rocas lunares para investigación. Este proyecto monumental fue proclamado como el esfuerzo más grande en la historia de la humanidad. Todo eso fue el resultado de una planificación del futuro.

Esperando por el Futuro

Los seis mil millones de personas de nuestro mundo están viviendo esencialmente para el futuro. Los más pequeños están esperando para ir a la escuela. Aquellos que ya están en la escuela están anhelando "crecer" y entrar a la secundaria. Frecuentemente, el próximo paso es la universidad o el casamiento. Día tras día, cada uno continúa trabajando o estudiando, con ansias del futuro, del día de mañana, del próximo año, esperando, con gran expectativa, que le sucedan cosas grandes y maravillosas.

Este enfoque del futuro tampoco se detiene cuando las personas se casan y tienen hijos. Comprar la casa propia es una meta importante y el sueño del futuro para muchos.

Cuando alcanzamos la mayoría de nuestras metas, o los años nos alcanzan a nosotros, nos preparamos entonces para jubilarnos. Pero aún cuando llegamos a la etapa de estar jubilados, seguimos mirando hacia el futuro. Quisiéramos poder tener muchos años más para disfrutar de los nietos y del fruto de los muchos años de trabajo.

El Futuro Es También El Final
Pero, ¿qué viene después? Bueno, finalmente llegamos a nuestro último destino: – *"Y de la manera que está establecido para los hombres que mueran una sola vez, y después de esto el juicio"* (Hebreos 9:27). Sólo son sabios aquellos que han hecho los preparativos adecuados para esta realidad futura.

Por lo tanto, llegamos a nuestra cuarta y principal respuesta a la pregunta: "¿Por qué estudiar el futuro?" ¡Porque el futuro continúa durante toda la eternidad!

¿Entiende el lector ahora cuán importante es estudiar el futuro? Por medio del conocimiento de nuestro destino final podemos estar seguros del lugar en donde pasaremos la eternidad. Hoy es el día para hacer los preparativos necesarios para el futuro. ¿Disfrutaremos, en el futuro, de la presencia de nuestro salvador eternamente? ¿O sufriremos una eterna condenación?

En una de sus parábolas, el Señor Jesús mostró claramente la diferencia entre estos dos destinos. Aquí tenemos lo que dijo en Mateo 13:38–43: *"El campo es el mundo; la buena semilla son los hijos del reino, y la cizaña son los hijos del malo. El enemigo que la sembró es el diablo; la siega es el fin del siglo; y los segadores son los ángeles. De manera que como se arranca la cizaña, y se quema en el fuego, así será en el fin de este siglo. Enviará el Hijo del Hombre a sus ángeles, y recogerán de su reino a todos los que sirven de tropiezo, y a los que hacen iniquidad, y los echarán en el horno de fuego; allí será el lloro y el crujir de dientes. Entonces los justos resplandecerán como el sol en el reino de su Padre. El que tiene oídos para oir, oiga."*

Usted va a pertenecer a un grupo o al otro, como resultado de su propia elección.

En el último libro de la Biblia leemos más acerca de estos dos grupos de personas. Al primero se le da la siguiente palabra: "¡alegraos!" Al otro se le otorga esta otra: "¡Ay!" *"Por lo cual alegraos, cielos, y los que moráis en ellos. ¡Ay de los moradores de la tierra y del mar! porque el diablo ha descendido a vosotros con gran ira, sabiendo que tiene poco tiempo"* (Apocalipsis 12:12).

Es muy interesante notar aquí que Satanás sabe que tiene poco tiempo. En otras palabras, en lo que respecta al futuro, aun Satanás lo conoce. El conoce la Palabra de Dios. Conoce la palabra profética. Por lo tanto, también conoce, en cierta medida, el tiempo de su cumplimiento.

Aun el Diablo Conoce la Profecía

Cuando el Señor Jesús dio a conocer su ministerio mesiánico, le salieron al encuentro dos hombres que estaban poseídos por demonios. Es importante entender que donde está Jesús, allí está la verdad y la luz. Por tanto, la oscuridad es expuesta inmediatamente en su presencia. Jesús no tuvo que identificarse frente a los demonios. Tampoco tuvo la necesidad de hacer nada en especial. Los demonios se manifestaron *a sí mismos*, como podemos leer claramente en Mateo 8:29: *"Y clamaron diciendo: ¿Qué tienes con nosotros, Jesús, Hijo de Dios? ¿Has venido acá para atormentarnos antes de tiempo?"* (el "antes" lo enfatizo yo).

¿Por qué se quejaban los demonios? ¡Porque le habían reconocido como el Hijo de Dios, el salvador del mundo! Aparentemente conocían la palabra profética. A él (Jesús) le fue dado todo poder en el cielo como en la Tierra. Los demonios protestaron utilizando para ello una pregunta: *"... ¿Has venido acá para atormentarnos antes de tiempo?"* Se nota, entonces, que los demonios sabían que Jesús vendría y destruiría las obras del poder de las tinieblas. Ellos eran conscientes de que, al final, terminarían en el abismo. Sin embargo, también sabían que su tiempo no había llegado aún. ¡Es por eso que formularon la pregunta!

El Abismo
Cuando Jesús regrese en gran poder y gloria a la Tierra y sus pies se posen sobre el Monte de los Olivos, Satanás será arrestado y puesto en prisión por mil años. ¿Dónde se lo encerrará? ¡En el abismo! *"Vi a un ángel que descendía del cielo, con la llave del abismo, y una gran cadena en la mano. Y prendió al dragón, la serpiente antigua, que es el diablo y Satanás, y lo ató por mil años; y lo arrojó al abismo, y lo encerró, y puso su sello sobre él, para que no engañase más a las naciones, hasta que fuesen cumplidos mil años; y después de esto debe ser desatado por un poco de tiempo"* (Apocalipsis 20:1–3). El abismo, sin embargo, no es el destino final para Satanás y para aquellos cuyos nombres no se encontraron en el libro de la vida. Su destino eterno es un lugar mucho más terrible. ¡El mismo es llamado "El Lago de Fuego"!

El Lago de Fuego
Leamos esta seria Escritura que describe el destino final de todos los que rechazaron la salvación en Cristo Jesús: *"Y el diablo que los engañaba fue lanzado en el lago de fuego y azufre, donde estaban la bestia y el falso profeta; y serán atormentados día y noche por los siglos de los siglos."*

"Y vi a los muertos, grandes y pequeños, de pie ante Dios; y los libros fueron abiertos, y otro libro fue abierto, el cual es el libro de la vida; y fueron juzgados los muertos por las cosas que estaban escritas en los libros, según sus obras. Y el mar entregó los muertos que había en él; y la muerte y el Hades entregaron los muertos que había en ellos; y fueron juzgados cada uno según sus obras. Y la muerte y el Hades fueron lanzados al lago de fuego. Esta es la muerte segunda. Y el que no se halló inscrito en el libro de la vida fue lanzado al lago

¿Por Qué Estudiar el Futuro? 15

de fuego" (Apocalipsis 20:10; 12–15). Estos pasajes deberían incentivarnos, en gran manera, a estudiar el futuro, en forma tal que estemos seguros de nuestro camino actual y de nuestro destino final.

El Espíritu de la Profecía

¿Por qué estudiar el futuro? ¡Porque el futuro es profecía! En Apocalipsis 19:10 leemos: — *"porque el testimonio de Jesús es el espíritu de la profecía."* Como estudiantes de la Palabra de Dios, necesitamos darnos cuenta que más del 25% de nuestra Biblia consiste en profecías futuras. Siendo este el caso, estamos obligados a estudiar el futuro. Después de todo, la palabra profética es una parte inseparable de las Sagradas Escrituras.

Es importante señalar también que la Biblia es el único libro verdaderamente profético. Usted no encontrará profecía en el Corán islámico, o en el Bagavad Gita hindú. Tampoco encontrará la palabra profética en el Sánscrito budista el cual, en realidad, enseña que el hombre llegará finalmente a la no existencia.

La Biblia, la cual creemos es la pura Palabra de Dios, expone enfáticamente el pasado, el presente y el futuro: *"He aquí se cumplieron las cosas primeras, y yo anuncio cosas nuevas; antes que salgan a luz, yo os las haré notorias"* (Isaías 42:9).

Es el Dios de Israel, el único Dios eterno, quien testifica: *"Vosotros sois mis testigos, dice Jehová, y mi siervo que yo escogí, para que me conozcáis y creáis, y entendáis que yo mismo soy; antes de mí no fue formado dios, ni lo será después de mí"* (Isaías 43:10).

Profecía Cumplida

Cuando abrimos nuestras Biblias en el Nuevo Testamento, al comienzo mismo, ya empezamos a leer acerca del cumplimiento de la profecía bíblica. Mateo 1:22 dice: —*"para que se cumpliese lo dicho por el Señor por medio del profeta"* — y Mateo 2:15 dice: — *"para que se cumpliese lo que dijo el Señor por medio del profeta, cuando dijo: De Egipto llamé a mi Hijo."*

El versículo 17 dice: *"Entonces se cumplió lo que fue dicho por el profeta Jeremías"* — y el versículo 23: — *"para que se cumpliese lo que fue dicho por los profetas."*

El Nuevo Testamento repetidamente proclama que Jesús es el cumplimiento de las profecías anunciadas en el Antiguo Testamento. ¡Por lo tanto, si él es el cumplimiento de lo que se escribió en el pasado, y es el salvador hoy en día, entonces debe ser también el cumplimiento de las profecías futuras!

Si estudiamos el futuro, lo que hacemos, en realidad, es ocuparnos en el conocimiento de nuestro Señor Jesucristo. El, luego de hablarle a los discípulos acerca de los eventos por venir, enfatizó lo siguiente: *"Ya os lo he dicho antes"* (Mateo 24:25). En Juan 14:29, Jesús dice, *"Y ahora os lo he dicho antes que suceda, para que cuando suceda, creáis".*

¿Incredulidad Sobre la Profecía Cumplida?

Habiendo visto ya que la Biblia establece la importancia de la profecía cumplida, también debemos señalar que la misma no siempre fue creída.

Sabemos que los judíos, en general, no creyeron en Jesús, ni tampoco creyeron en el cumplimiento de la palabra profética en ese tiempo. Por lo tanto, al final exclamaron, — *"No tenemos más rey que César"*. ¡Esto expresó su completa incredulidad! ¿Por qué no creyeron? Porque se apoyaron en sus ideas preconcebidas, confiando que el Mesías habría de ser un revolucionario militar quien les liberaría de la atadura de la ocupación romana. Desde ese punto de vista, podemos entender por qué ellos no aceptaron a Jesús como el Mesías. Por supuesto, este rechazo de Jesús fue también el cumplimiento de la profecía bíblica, porque Isaías 53:3 dice que él fue *"Despreciado y desechado entre los hombres — y no lo estimamos".*

Los Discípulos No Creyeron

Hubieron otros que no creyeron, ¡y ellos fueron los propios discípulos de Jesús! Cuando, finalmente, se cumplió todo y Jesús resucitó

victoriosamente como lo había predicho, le oímos decir en Marcos 16:11 y 13: *"Ellos, cuando oyeron que vivía, y que había sido visto por ella, no lo creyeron."*
"Ellos fueron y lo hicieron saber a los otros; y ni aun a ellos creyeron." ¿Por qué no creyeron? ¡Porque en ese entonces no habían nacido de nuevo por el Espíritu de Dios!

¿Recuerda lo que le dijo Jesús a Nicodemo, quien era fariseo y gobernante de los judíos? Le dijo: — *"De cierto, de cierto te digo, que el que no naciere de nuevo, no puede ver el reino de Dios"* (Juan 3:3). Una vez que nuestros ojos espirituales sean abiertos, veremos el reino de Dios y comenzaremos a estudiar el futuro. Estudiaremos la profecía y querremos conocer más acerca de Jesús, ¡porque él ES el futuro!

¿Conociendo con la Mente o el Corazón?

Sin embargo, tan sólo el tener conocimiento de la palabra profética no es suficiente. Veamos un ejemplo en la Biblia. En Mateo 2 se relata que ciertos hombres sabios del oriente vinieron a Jerusalén e hicieron la siguiente pregunta: — *"¿Dónde está el rey de los judíos, que ha nacido?"* (versículo 2). En el versículo 3 se nos dice que: *"Oyendo esto, el rey Herodes se turbó, y toda Jerusalén con él."* ¿Por qué se turbaron? Después de todo era el cumplimiento de una profecía del Antiguo Testamento.

Déjeme explicarle. Tenemos que darnos cuenta que estos extraños vinieron a Jerusalén, el preciso lugar que Dios había escogido, hacía mucho tiempo, para ser la habitación de su nombre. Jerusalén era el centro del plan de Dios, el centro de todo conocimiento, y el centro del contacto directo con el creador del cielo y la tierra.

Los Gentiles Reconocen al Dios de Israel

Más de 500 años antes del nacimiento de Jesús, un rey gentil, Ciro de Persia, hizo esta profunda declaración cuando se dirigió a los judíos, estando éstos bajo su cautividad: *"Quien haya entre vosotros de su pueblo, sea Dios con él, y suba a Jerusalén que está en Judá, y edifique la casa a JEHOVA Dios de Israel (él es el Dios), la cual está en Jerusalén"* (Esdras 1:3). El conocimiento de la existencia del Dios de Israel era ya un hecho registrado.

El primer gobernador mundial gentil, Nabucodonosor, hizo la siguiente declaración luego de que el profeta judío, Daniel, describiera e interpretara su sueño: — *"ciertamente el Dios vuestro es Dios de dioses, y Señor de los reyes"* (Daniel 2:47).

Más adelante, vemos a este mismo rey estableciendo una ley, al respecto del Dios de Israel, luego de que los tres amigos de Daniel fueron salvos del horno de fuego: *"Por lo tanto, decreto que todo pueblo, nación o lengua que dijere blasfemia contra el Dios de Sadrac, Mesac y Abed-nego, sea descuartizado, y su casa convertida en muladar; por cuanto no hay dios que pueda librar como éste"* (Daniel 3:29). Podemos ver entonces que los gentiles y los judíos conocían al Dios verdadero.

Los Gentiles Anuncian el Nacimiento de Cristo
Cuando el Mesías nació, los sabios del oriente vinieron a Jerusalén procurando verle. Estaban en el lugar adecuado, haciendo la pregunta correcta, a la gente indicada. Desafortunadamente, no recibieron una respuesta inmediata.

Primero, el rey consultó exhaustivamente a sus consejeros: Los escribas, los intelectuales y los expertos religiosos de su época. *"Y convocados todos los principales sacerdotes, y los escribas del pueblo, les preguntó dónde había de nacer el Cristo"* (Mateo 2:4). ¿Cuál fue la respuesta? — *"Ellos le dijeron: En Belén de Judea; porque así está escrito por el profeta"* (versículo 5). ¡Qué respuesta estupenda! Estos estudiosos bíblicos sabían con exactitud el lugar donde el Mesías, el rey de Israel, habría de nacer. Ellos fueron a la fuente correcta, es decir, a la palabra profética, — *"porque así está escrito por el profeta."*

Esto nos lleva a hacer una importante pregunta: ¿Creían estas personas, los estudiosos y los intelectuales religiosos, la palabra profética? Esta pregunta se puede responder tanto con un "Sí" como con un "No". "Sí", debido a que tomaron la Palabra de Dios con la seriedad suficiente como para estudiarla, para leerla y para llegar a la conclusión, basada en la Escritura profética, de que el Mesías habría de nacer en Belén.

Pero también se puede responder que "No". Porque a pesar de que tenían el conocimiento intelectual de las profecías que hablaban del Mesías, no tenían la fe en sus corazones como para creerlas. Si hubieran creído en sus corazones, con toda seguridad, hubieran seguido a estos sabios a Belén para adorar al rey recién nacido. Sin embargo, ése no fue el caso. De esta forma, podemos determinar que estas personas no creyeron las Escrituras Sagradas con sus corazones, ¡sino tan sólo con sus mentes!

¡Es una tragedia! ¡Vivieron para ver el cumplimiento más glorioso de las profecías bíblicas — el nacimiento del Mesías — y no lo reconocieron! Sabían que los profetas de antaño habían hablado de la venida de uno que haría obras poderosas. Incluso, los profetas les dieron detalles precisos acerca de la muerte del Mesías. Pero, aparentemente, todo fue en vano. Decidieron no reconocer el cumplimiento de las profecías bíblicas. No tenían un verdadero interés en estudiar el futuro, o en entender las señales de los tiempos. ¡Estaban enceguecidos ante el hecho de que Dios estaba haciendo una gran obra en medio de ellos! Esta actitud hacia Jesús continuó así en Israel y es una realidad aún en nuestros días.

Dos Estaban Esperando a Jesús
¡Sólo se mencionan dos personas que estaban esperando ese momento! Primeramente se nos dice: *"Y he aquí había en Jerusalén un hombre llamado Simeón, y este hombre, justo y piadoso, esperaba la consolación de Israel; y el Espíritu Santo estaba sobre él"* (Lucas 2:25). Eso es todo: — *"había un hombre"* — ¿Qué había de especial en este hombre para que sólo él sea mencionado aquí? El — *"esperaba la consolación de Israel"* — ¿Está usted esperando la venida de Jesús?

Se menciona a otra persona más: *"Estaba también allí Ana, profetisa, hija de Fanuel, de la tribu de Aser"* — (Lucas 2:36). Ella es la otra persona que reconoció al Mesías: *"Esta, presentándose en la misma hora, daba gracias a Dios, y hablaba del niño a todos los que esperaban la redención en Jerusalén"* (versículo 38). Debemos enfatizar la última oración, la cual nos dice que ella no publicó las noticias del Mesías a todas las personas, sino que *"hablaba del niño a todos los que esperaban la redención en Jerusalén"*.

No debería sorprendernos, por consiguiente, escuchar a muchos teólogos y pastores, hoy en día, que rehusan, en forma deliberada, estudiar la palabra profética. En este caso, nuestro mensaje de que Jesús vuelve pronto cae en oídos sordos. Entonces, debemos enfocar el mensaje de la venida de Jesús hacia aquellos que le esperan, y pasar de largo a aquellos que tan sólo tienen una inercia religiosa.

Pablo afirma: *"de tal manera que nada os falta en ningún don, esperando la manifestación de nuestro Señor Jesucristo"* (1 Corintios 1:7). Nos muestra que esperar la venida de Jesús es un don de Dios. Estas cosas van de la mano. Acerca de Simeón, el que esperaba, leemos: — *"el Espíritu Santo estaba sobre él."* Y Ana estaba totalmente dedicada al servicio del Señor. ¡Cuanto más de cerca le sirvamos, más completamente entenderemos el significado espiritual del cumplimiento de la profecía bíblica!

CAPITULO 2
Entendiendo la Profecía

Resumen

Muchas personas creen que la profecía bíblica es muy complicada como para entenderla, así que tan sólo la dejan para los "expertos". Pero la profecía puede ser fácil o — tal vez deberíamos decir de buena gana — entendible cuando se la ve con un poco de sentido común. La Biblia no dice que Dios dio las profecías tan sólo para los teólogos o los estudiosos bíblicos, sino — *"para manifestar a sus siervos las cosas que deben suceder pronto"* — (Apocalipsis 1:1). Esto significa que usted y yo podemos entender la palabra profética de Dios y, como ya señalé en el capítulo 1, Dios espera que la estudiemos porque él es el autor de la profecía. ¡Ciertamente deberíamos anhelar leer su libro!

Entendiendo la Profecía

La existencia paralela de la Iglesia de Jesucristo y la preparación para el reino del Anticristo en la tierra, son conceptos standard a través de los cuales se entiende la profecía bíblica.

A menudo, la profecía bíblica parece complicada debido a que no tomamos en cuenta el hecho de que algunas partes de las profecías ya han sido cumplidas, y otras han de cumplirse en el futuro.

Por ejemplo, cuando Juan el Bautista nació, su padre pronunció algunas profecías específicas, las cuales tienen algunas partes que no se han cumplido hasta el día de hoy: — *"Y Zacarías su padre fue lleno del Espíritu Santo, y profetizó, diciendo: Bendito el Señor Dios de Israel, que ha visitado y redimido a su pueblo, y nos levantó un poderoso Salvador en la casa de David su siervo, como habló por boca de sus santos profetas que fueron desde el principio; Salvación de nuestros enemigos, y de la mano de todos los que nos aborrecieron; para hacer misericordia con nuestros padres, y acordarse de su santo pacto; del juramento que hizo a Abraham nuestro padre, que nos había de conceder que, librados de nuestros enemigos, sin temor le serviríamos en santidad y en justicia delante de él, todos nuestros días. Y tú, niño, profeta del Altísimo serás llamado; porque irás delante de la presencia del Señor, para preparar sus caminos; para dar conocimiento de salvación a su pueblo, para perdón de sus pecados"* (Lucas 1:67:77).

Podemos ver que muchas partes de esta profecía no fueron cumplidas en aquel tiempo, ni tampoco se han cumplido hasta el día de hoy. Déjeme darle algunos ejemplos.

Los Enemigos de Israel

El versículo 71 dice que Israel tendrá *"salvación de sus enemigos, y de la mano de todos los que le aborrecieron."* Pero ésto no se ha cumplido hasta el día de hoy. De hecho, el antisemitismo, como revelan estadísticas de fuentes confiables, va en aumento. Aquí tenemos algunos reportes de la prensa:

Los incidentes antisemitas en Estados Unidos han tenido un incremento de un 8% en l993, promovido por un elevado surgimiento de asaltos y amenazas, reportó la Liga de Anti-difamación — La investigación dice que los asaltos, las amenazas y el hostigamiento contra los individuos y las organizaciones aumentó un 23% con respecto al año anterior — dijo el Director Nacional del ADL, Abraham Foxman — "Estamos profundamente preocupados por este antisemitismo tan descarado"[1]

—Reuters, 24 de Enero, 1994

Una revista alemana de noticias, *Focus*, publicó cifras oficiales que mostraban que los ataques antisemitas habían aumentado más de un 100% en Alemania, en los primeros seis meses de 1994, en comparación con los primeros seis meses de 1993. Citando un informe de la BKA (Agencia Federal de la Policía), *Focus* publicó que se produjeron 701 ataques en comparación a los 343 del año 1993.

Recientemente, los neo-nazis se han estado reuniendo en algunos pueblos de Alemania Oriental y gritando "¡Sieg Heil!" y "¡Alemania para los alemanes!"[2]

—Dispatch From Jerusalem, Diciembre 1994, pg. 2

Otra Profecía No Cumplida

Israel aún no sirve a Dios en el día de hoy. Los judíos están ciegos para con su Mesías, así como Romanos 11:28 lo dice: *"Así que en cuanto al evangelio, son enemigos por causa de vosotros; pero en cuanto a la elección, son amados por causa de los padres"*.

El sacerdote Zacarías profetizó: *"...que, librados de nuestros enemigos, sin temor le serviríamos en santidad y en justicia delante de él, todos nuestros días"* (Lucas 1:74–75).

Sabemos que esta parte de la declaración profética no se ha cumplido aún. Sin duda alguna, no han sido librados de sus enemigos ni tampoco están sirviendo a Dios en santidad y justicia.

Sin embargo, los próximos versículos sí se cumplieron en aquel entonces: *"Y tú, niño, profeta del Altísimo serás llamado; porque irás delante de la presencia del Señor, para preparar sus caminos; para dar conocimiento de salvación a su pueblo, para perdón de sus pecados, por la entrañable misericordia de nuestro Dios, con que nos visitó desde lo alto la aurora, para dar luz a los que habitan en tinieblas y en sombra de muerte; para encaminar nuestros pies por camino de paz"* (Lucas 1:76-79). Por consiguiente, podemos ver, a través de estos versículos, que una declaración profética no está limitada a cumplirse en su totalidad en un solo momento. Esta profecía fue hecha hace apróximamente 2000 años. Parte de la misma fue cumplida, otras partes están aguardando aún su cumplimiento.

La Proclamación Mesiánica de Jesús
Hay otra impactante profecía que sólo se ha cumplido parcialmente. La misma fue usada con regularidad por el Dr. Wim Malgo, fundador de Llamada de Medianoche, y puede leerse en Lucas capítulo 4. Jesús fue a Nazaret y concurrió a la sinagoga local el día sábado. Entonces leyó la Escritura de ese día: *"Vino a Nazaret, donde se había criado; y en el día de reposo entró en la sinagoga, conforme a su costumbre, y se levantó a leer"* (Lucas 4:16). El rabino que estaba a cargo le dio el libro y él comenzó a leer: *"El Espíritu del Señor está sobre mí, por cuanto me ha ungido para dar buenas nuevas a los pobres; me ha enviado a sanar a los quebrantados de corazón; a pregonar libertad a los cautivos, y vista a los ciegos; a poner en libertad a los oprimidos; a predicar el año agradable del Señor. Y enrollando el libro, lo dio al ministro, y se sentó; y los ojos de todos en la sinagoga estaban fijos en él. Y comenzó a decirles: Hoy se ha cumplido esta Escritura delante de vosotros"* (versículos 18-21).

¿Qué pasaje citó? Isaías 61:1-2. Leamos lo que Isaías escribió: *"El Espíritu de JEHOVA el Señor está sobre mí, porque me ungió JEHOVA; me ha enviado a predicar buenas nuevas a los abatidos, a vendar a los quebrantados de corazón, a publicar libertad a los cautivos, y a los presos apertura de la cárcel; a proclamar el año de la buena voluntad de JEHOVA, y el día de venganza del Dios nuestro; a consolar a todos los enlutados."*

Podemos ver una diferencia aquí. Isaías hace esta declaración sin interrupción: *"a proclamar el año de la buena voluntad de JEHOVA, y el día de venganza del Dios nuestro"* — Sin embargo, el día sábado en la sinagoga, Jesús no leyó la última parte del versículo. Tan sólo se detuvo después de decir: — *"a predicar el año agradable del Señor"* — Luego cerró el libro, se lo dio al rabino y se sentó.

Fue entonces que dijo algo sumamente significativo: — *"Hoy se ha cumplido esta Escritura delante de vosotros."* El Señor Jesús vino para proclamar la salvación. Vino a cumplir lo que estaba escrito acerca de él, por los profetas. Pero no vino para ejecutar — *"el día de venganza del Dios nuestro"* — en ese momento. Eso está aún por cumplirse.

La declaración profética de Isaías ve la primer y segunda venida de Jesús como una sola cosa. El intervalo de 2000 años (o la cantidad que sea) entre — *"el año agradable del Señor"* — y — *"el día de venganza del Dios nuestro"* — es el tiempo de la Iglesia. Sólo después de que la Iglesia haya partido para encontrar a Jesús, — *"en el aire"* — comenzará — *"el día de venganza"*.

Temor a lo desconocido

El simple hecho de reconocer que las profecías que acabo de citar han sido cumplidas en forma parcial, hace que su significado sea más claro. Comienzan a tener más sentido. Como creyentes, no tenemos razón para temer, pero en cuanto a aquellos que persisten en incredulidad, la Palabra de Dios nos dice que tienen muchas razones para hacerlo.

Debido al temor a lo desconocido, muchos son negligentes o, incluso, evaden deliberadamente el tratar de entender la profecía. Sin embargo, el ignorar la palabra profética no detiene su cumplimiento. Aquellos que rechazan la palabra profética o eligen ignorarla, no pueden tener información o estar preparados, en forma adecuada, con respecto a los eventos del porvenir. Sin un entendimiento claro de la palabra profética tendríamos innumerables razones para temer las cosas que han de acontecer en el mundo. Aquí tenemos tan sólo algunos ejemplos.

"A pesar de las recientes mejoras en la salud, o de la preocupación sobre el medio ambiente, los psicólogos, sociólogos y epidemiólogos dicen que nosotros debemos ser la sociedad más ansiosa y aterrorizada de la historia. ¿Por qué estamos tan asustados — y muy a menudo por cosas falsas? Muchos dicen que se debe culpar a los medios noticiosos. Después de todo, son los informativos los que centran la atención en los temas, situaciones y noticias que asustan a los lectores o telespectadores. Por lo tanto, casi todos los días leemos, vemos o escuchamos acerca de una nueva amenaza a nuestra salud o seguridad."[3]

— The State, December 25, 1994, pg. D1

Si bien, por un lado, admitimos que el mundo tiene razones legítimas para temer por las cosas que están sucediendo, los cristianos no debemos hacerlo. Tan sólo si no estudiamos la palabra profética seremos presa del temor.

El apóstol Pedro nos da un sabio consejo, al cual si se le presta atención, no sólo nos apartará del temor a lo desconocido, sino que hará que nuestros corazones se regocijen: *"Tenemos también la palabra profética más segura, a la cual hacéis bien en estar atentos como a una antorcha que alumbra en lugar oscuro, hasta que el día esclarezca y el lucero de la mañana salga en vuestros corazones"* (2 Pedro 1:19). El tener temor de lo desconocido no es una justificación para la negligencia. ¡Por el contrario, si una persona ignora la palabra profética, sufrirá de un temor innecesario y se perderá de disfrutar el gozo inigualable que viene de estar completamente empapado de la Palabra de Dios!

El Lugar Incorrecto en el Momento Incorrecto
Cuando nos entregamos con devoción a la verdad de la palabra profética, estamos en el lugar correcto en todo tiempo. Nos brinda una absoluta seguridad acerca de las cosas que han de venir. Pero cuando reaccionamos con incredulidad frente a la misma, o la ignoramos, nos situamos en territorio enemigo y somos sobrecogidos por el temor.

Permítame narrarle una experiencia escalofriante que tuve cuando era joven en Melbourne, Australia.

En dicha ocasión, la noche llegó muy de prisa. Parecía como si el día hubiera sido tragado por una repentina oscuridad. Pero lo más extraño y aterrador era el silencio casi mortal, lo cual hizo que mi amigo Dieter Fromm y yo tuviéramos un místico sentimiento de que algo andaba mal.

"'Esto no puede estar sucediendo. Tiene que ser un mal sueño que terminará en el preciso instante en el que despierte', pensaba. Sin embrago, era demasiado real. Allí estábamos nosotros, dos inmigrantes alemanes de 19 años, que no hablábamos nada de inglés, con excepción de las pocas frases que habíamos aprendido a bordo del barco italiano de inmigrantes, llamado *Castel Felicia*.

Este barco había navegado con mucha dificultad durante cinco semanas desde Alemania hasta Melbourne, Australia. Curiosamente, hubo una frase en particular, en inglés, que por sonarme tan tonta quedó retenida en mi mente. 'This is an apple.' (Esto es una manzana).

Me daba cuenta de que uno no puede caminar por las calles de la gran ciudad de Melbourne, sabiendo tan sólo estas cuatro palabras en inglés, con la expectativa de comunicarse adecuadamente y encontrar un lugar donde alojarse en la noche, mucho menos un trabajo. Ese fue el propósito por el cual hicimos dedo hasta Melbourne, dejando unos 240 kilómetros atrás nuestro seguro campamento de inmigrantes. Por supuesto que se nos advirtió en el campamento Bennegilla que no nos alejáramos de sus límites.

Se nos dijo: 'el gobierno se hará cargo de ustedes. Encontrarán un trabajo, podrán aprender el idioma y de paso hacer dinero'. Ahora, era extremadamente difícil poder complacernos con la expectativa de que tendríamos trabajo ya que en Alemania teníamos trabajo de sobra.

Uno podía decirle a su jefe '¡Me voy!' y tan sólo con cruzar la calle era recibido con los brazos abiertos por otra firma. Por lo tanto, las advertencias de que no nos fuéramos por las nuestras, no nos hizo mella.

Precisamente debido a que no le prestamos atención a las advertencias, nos vimos involucrados en una situación muy extraña a muchas millas del campamento.

Pensamos que algo extraño debía haber ocurrido en la ciudad, ya que parecía estar desierta. Nunca nos imaginamos que el hecho de que quedara prácticamente vacía, luego de las horas de trabajo, era una cosa habitual para una ciudad australiana. En Europa las personas viven en la ciudad, en apartamentos sobre los negocios y oficinas. Pero el centro de Melbourne era estrictamente comercial. Cuando llegaba la hora de cerrar, todos se iban a sus casas, las cuales estaban en los alrededores, dejando la ciudad vacía. De esa manera, ese silencio extraño y aterrador contribuía a nuestro sentimiento de desesperación. Una ciudad sin gente estaba totalmente fuera de nuestra imaginación. '¿Qué hacemos ahora?' nos preguntamos. Estábamos perdidos, hambrientos, y no teníamos dinero. Además, necesitábamos desesperadamente un lugar para dormir. Repentinamente, en la oscuridad de esta extraña ciudad, notamos que había un edificio vacío. Afortunadamente habían dejado la puerta abierta y, sin tener en cuenta a las ratas que corrieron asustadas en todas direcciones, nos sentimos bastante seguros, es más, después de cerrar la puerta hasta nos regocijamos. Parecía que la temperatura estaba un poco más agradable que en las calles oscuras.

Entre la basura, encontramos un atado de viejos periódicos, y luego de comer nuestros últimos dulces utilizamos los periódicos como frazadas para la noche. 'Mañana el mundo será diferente', pensamos. 'Con seguridad encontraremos trabajo en alguna construcción y las cosas nos irán mejor'. Fue así que nos dormimos.

Debían ser las 2 o 3 de la madrugada cuando el frío nos despertó. 'No importa', nos dijimos. Sabíamos que el calor va hacia arriba, así que subimos un piso usando unas escaleras de madera que estaban medio desechas, llevando con nosotros nuestras frazadas de papel. Fue así que volvimos a dormirnos.

No mucho después de eso, sin embargo, fuimos despertados por el sonido de un auto, un sonido que habíamos extrañado entrañablemente varias horas atrás. Sorpresivamente, el motor se detuvo y la puerta de un auto se abrió y se cerró justo enfrente de nuestro edificio.

Inmediatamente, nos pusimos en pie y miramos a través de la sucia ventana. Mi amigo divisó un auto deportivo, un British MG. Nuestros corazones comenzaron a latir más rápidamente cuando la puerta de abajo se abrió y alguien entró. Casi instantáneamente busqué algún objeto apropiado con el cual defenderme y mi amigo hizo lo mismo. En ese momento creíamos que nuestras vidas estaban en un serio peligro.

Rápidamente pasaron por mi mente las muchas oportunidades que, en mi corta vida, estuve al borde de la muerte. Una vez en 1944, por ejemplo, toda nuestra familia sufrió un hambre terrible debido a la vigilancia rusa. Pero logramos sobrevivir con la pérdida de tan sólo uno de nosotros — mi hermana más joven.

En otra ocasión, los alemanes eran ejecutados a discreción por las victoriosas fuerzas comunistas. Sin embargo, detuvieron la matanza a muy pocos pasos de donde nosotros estábamos. Así que, en este punto yo ya estaba preparado para cualquier cosa. Cada minuto parecía una eternidad.

Escuchamos cada paso con total claridad y esperamos en suspenso que el sonido subiera por las escaleras. Silencio — luego el sonido del papel siendo desmenuzado y arrugado. Parecía que el papel era arrojado en dirección a la escalera. El suspenso era tan grande que podíamos escuchar el latido de nuestros corazones.

No se nos escapaba ni el más mínimo sonido. ¡Repentinamente entendimos que esa persona no estaba persiguiéndonos! Ni siquiera debía saber que había alguien más en el edificio. ¡Probablemente quería incendiar el lugar! Tal vez el dueño del lugar quería que se incendiara para cobrar el dinero del seguro.

Pero ¿y nosotros qué? ¿Debíamos intentar detenerlo? Si tenía un arma no tendríamos ninguna posibilidad. Podríamos ser silenciados muy fácilmente — dos testigos que desaparecen en forma muy conveniente en el fuego.

Comenzamos a oler humo, así que realmente comenzamos a desesperarnos. Si no hacíamos nada, moriríamos. Pero aún si hacíamos algo podríamos morir. Entonces, el largo silencio fue interrumpido por el sonido de unos pasos. La puerta de abajo se cerró. Eso fue un inmenso alivio para nosotros. Ahora teníamos libertad para actuar. Dieter se acercó rápidamente a la ventana para ver al hombre que apresuradamente saltó y se metió en su auto descapotable. Ni siquiera usó la puerta. El motor se encendió y el auto desapareció de nuestra vista.

Para el momento en el que llegué al piso de la planta baja, el fuego ya había comenzado a arder en los escalones de madera de la escalera. Nuestra próxima decisión nos tomó tan sólo unos segundos — extinguimos el fuego.

Finalmente, caminamos exhaustos por las veredas de esta extraña ciudad, felices de estar vivos. Seguramente, el incendiario habrá esperado ver el humo y oir la alarma de fuego, pero eso no sucedió, al menos esa noche.

Nosotros habíamos considerado dejar que el fuego ardiera, pero nuestra presencia en la ciudad nos dejaría como los principales sospechosos. Cualquier oficial del orden nos podría identificar como los incendiarios, porque después de todo, nosotros estábamos en el edificio. Con mucha facilidad se asumiría que esos dos jóvenes, que estaban en un lugar donde se suponía no debían estar, sin poder hablar inglés y sin dinero, habían comenzado el fuego para poder mantenerse abrigados, y luego perdieron el control del mismo. Esa hubiera sido la suposición más lógica. Contentos entonces con nuestra decisión, estábamos llenos de expectativa por el amanecer de un nuevo día."

Perdidos en Territorio Extranjero

¿Por qué estoy escribiendo esta experiencia en un capítulo que trata el tema de "Entender la Profecía"? Lo hago a propósito para demostrar que estábamos en el lugar incorrecto, en el momento menos adecuado, poniéndonos en una situación extremadamente peligrosa, tan sólo porque estábamos incursionando en un territorio en el cual no teníamos que estar.

Y de la misma manera, este ejemplo debería servir para recordarnos que cualquiera que esté sin Cristo está totalmente perdido, está en su camino hacia la eterna condenación. La Biblia dice que aquellos que mueran sin Cristo estarán separados de Dios para siempre.

Si Dieter y yo hubiéramos sabido el idioma, podríamos hado a alguien que nos diera información sobre algún lugar donde ҟ
mos habernos quedado. Podríamos haber evitado, muy fácilmente
terrible situación en la que nos metimos.

Esta experiencia se aplica, de igual forma, a cualquiera que comete el error de no prestarle atención a la palabra profética. Quienes no lo hacen, caminan en oscuridad y son oprimidos por un terrible temor que podría ser evitado.

Seguridad Eterna en Cristo

Escuchemos la garantía que nos da la preciosa Palabra de Dios: *"No se turbe vuestro corazón; creéis en Dios, creed también en mí. En la casa de mi Padre muchas moradas hay; si así no fuera, yo os lo hubiera dicho; voy, pues, a preparar lugar para vosotros. Y si me fuere y os preparare lugar, vendré otra vez, y os tomaré a mí mismo, para que donde yo estoy, vosotros también estéis. Y sabéis a dónde voy, y sabéis el camino"* (Juan 14:1–4).

Esta no es una especie de publicidad barata, un panfleto promocional, o una propaganda bien pensada para la "Madison Avenue". ¡Esta es una promesa del Jesús vivo, que hizo los cielos y la tierra y todo lo que hay en ellos!

¿Es usted un hijo de Dios? Entonces no debe temer. Lea el libro de Apocalipsis, el cual Dios le ha dado, concerniente al futuro.

De hecho, Dios le hace una maravillosa promesa al que lee este libro: *"Bienaventurado el que lee, y los que oyen las palabras de esta profecía, y guardan las cosas en ella escritas; porque el tiempo está cerca"* (Apocalipsis 1:3).

El estudio de la palabra profética, por lo tanto, no es algo para menospreciar. Tampoco es algo que debería dejarse para los especialistas. Es para cada hijo de Dios.

¡La palabra profética es la certeza de las cosas que han de venir y nos otorga la esperanza y el gozo de que, verdaderamente, Jesús podría venir hoy!

CAPITULO 3

Errores de Interpretación

Resumen

Al leer este capítulo, el lector entenderá algunas de las falsas interpretaciones de algunas profecías, las cuales se hicieron populares luego de la famosa "Guerra de los Seis Días" en el Medio Oriente, en 1967. El análisis que se sostendrá en este capítulo también contribuirá a echar por tierra los rumores acerca de la computadora de Bélgica que se denomina "la bestia", la milagrosa multiplicación de buitres, los continuos reclamos acerca del descubrimiento del arca del pacto y otros hallazgos arqueológicos sensacionalistas, así como las aventuradas declaraciones del descubrimiento del arca de Noé. Tales cosas no son de provecho, y contribuyen tan sólo a aumentar la confusión en el mundo de hoy.

Errores de Interpretación

La Palabra e Dios nos dice que entender a Jesucristo es entender la profecía. Por ejemplo, Apocalipsis 19:10 dice: *"Yo me postré a sus pies para adorarle. Y él me dijo: Mira, no lo hagas; yo soy consiervo tuyo, y de tus hermanos que retienen el testimonio de Jesús. Adora a Dios; porque el testimonio de Jesús es el espíritu de la profecía".* Permítame resaltar la última parte una vez más, — *"porque el testimonio de Jesús es el espíritu de la profecía"*. Esta es una declaración asombrosa que viene directamente del cielo y da testimonio una vez más de la trinidad de Dios.

En términos inconfundibles se nos demuestra aquí la perfecta unidad de Dios el Padre, Dios el Hijo y Dios el Espíritu Santo, en conjunto con la profecía.

Jesús es verdadero, el Espíritu es verdadero, la profecía es verdadera. ¡Por lo tanto, al tratar con esta palabra profética debemos ser completamente conscientes de que estamos tratando con el Dios de la profecía, con Jesús y con el Espíritu de verdad!

El testimonio de Jesucristo es verdadero, independientemente de que decidamos creerlo o no. Nuestra incredulidad, o mala interpretación, no cambia la verdad.

Un Camino de Salvación

Nadie puede ser salvo sino a través de Jesús. La Palabra de Dios nos dice que él es el camino, la verdad y la vida, y que nadie llega al Padre sino es por él. Este testimonio sobre Jesucristo es verdadero para toda la humanidad — pasada, presente y futura. La sangre del Cordero de Dios es la única sustancia que limpia a un pecador en forma completa y perfecta, permitiéndole presentarse delante de Dios el creador sin ninguna culpa.

Debemos interpretar con libertad las señales que las Sagradas Escrituras nos dan al respecto de los tiempos finales, pero nuestra interpretación nunca debería ser considerada como definitiva. Debemos permitir que la Escritura sea confirmada por la Escritura misma, así como el Señor Jesús y sus apóstoles lo hicieron.

La Biblia es absoluta y debe ser creída literalmente. Cuando fallamos en este punto surge la confusión. Por ejemplo, considere las siguientes noticias que se publicaron en la edición del 3 de enero de 1994 de *The Scotsman*:

> Una nueva disputa ha dividido a la iglesia de Escocia, luego de que el moderador describió el nacimiento virginal como un hecho simbólico y atacó a los religiosos conservadores. Al predicar, en Edinburgh, el reverendo Dr. James Weatherhead, moderador de la Asamblea General, argumentó a favor de ciertas dudas que han sido proclamadas recientemente por algunas figuras de la iglesia, entre ellas el Arzobispo de Durham, acerca de la realidad del nacimiento virginal. El Dr. Weatherhead, dijo en su discurso en St. Giles' Cathedral, que la Biblia era mucho más un documento poético que uno que expresara verdades legales o literales. "No se debe interpretar como un hecho despectivo el hecho de que nos refiramos al nacimiento virginal como un símbolo", dijo.[4]

En este caso, vemos a un prominente teólogo convirtiéndose en un tonto al negar la verdad literal de la Biblia y al proclamar que el nacimiento virginal es meramente *simbólico.*

La Iglesia es la Receptora de la Profecía
El apóstol Pedro le advierte a los creyentes que presten mucha atención a la palabra profética y hace énfasis en que es absolutamente confiable. Hace una significativa declaración en 2ª Pedro 1:20: *"entendiendo primero esto, que ninguna profecía de la Escritura es de interpretación privada."* La palabra profética le ha sido dada a la Iglesia de Jesucristo, al cuerpo de creyentes en su totalidad.

Por consiguiente, no es dejada en manos de ninguna interpretación privada e individual. Cuando un individuo cree que ha reconocido una verdad especial en la Escritura, debe cuidadosamente comparar su creencia con la de otros hombres de Dios y tomar en cuenta cómo ellos interpretan la misma Escritura. Por ejemplo, es el Espíritu de profecía que le enfatiza, en estos tiempos finales, a tantos siervos de

Dios que el tiempo de los gentiles está llegando a su fin. La Iglesia en forma colectiva, a nivel mundial, ha recibido este conocimiento. No fue una revelación especial dada a una cierta persona para que reconociera este hecho.

El apóstol Pedro quien, como ya hemos visto, rechazaba la interpretación privada de la Escritura, enfatizaba que la palabra de la profecía era inspirada por Dios el Espíritu Santo. No era una cosa de hombres: *"porque nunca la profecía fue traída por voluntad humana, sino que los santos hombres de Dios hablaron siendo inspirados por el Espíritu Santo"* (2ª Pedro 1:21).

Profecías Acerca de Jerusalén
Miremos algunas profecías que están siendo enfatizadas por el cuerpo de los creyentes en Cristo, hoy en día. Por ejemplo, el hecho de que Jerusalén se está tornando cada vez más una piedra pesada para las naciones es un hecho profético reconocido. Tal entendimiento no necesita una interpretación especial. La profecía está disponible para todos los creyentes. El siguiente ejemplo debe reconocerse como parte del proceso que lleva al cumplimiento de la profecía, con respecto a la Ciudad Santa.

> Jerusalén debería ser el lugar de reunión pacífico para — todos los hijos de Abraham, tanto árabes como judíos. Pero no puede haber soberanía sobre los sitios sagrados de Jerusalén, excepto bajo la mano del Todopoderoso. He sugerido que un grupo de entendidos, que representen a todas las escuelas del islamismo, entren en diálogo con el mundo cristiano y judío para encontrar la fórmula que preserve los derechos y proteja los lugares sagrados para cada una de las tres religiones monoteístas. Pero nunca he sugerido que Jerusalén sea dividida.[5]
>
> — Rey Hussein de Jordania, U.S. News, Noviembre 8, 1993

¡Parecería ser que el rey de Jordania es la voz cantante del ecumenismo entre los judíos, los árabes y los cristianos!

Por otro lado, escuchamos otras voces — árabes y palestinas — citadas en un artículo en *The Jerusalem Post International Edition*, del 17 de junio de 1995, página 4:

> Cerca de 10.000 miembros del Movimiento Islámico asistieron al rally "Jerusalem First", en Kafar Kassem, para demandar que la parte oriental de Jerusalén fuera hecha capital del estado palestino. "El gobierno israelí y el Likud han concordado en un hecho, estando de acuerdo en que hay dos pueblos aquí que comparten una misma tierra, y que a cada pueblo le debe ser dado su propio estado independiente", dijo Abdullah Nimr Darwaish, el líder del Movimiento Islámico, 'es por eso que decimos que el status de Jerusalén no puede ser perjudicado. Jerusalén debe ser, en primer lugar, en cuanto a lo que a la nación palestina le concierne, la capital del estado palestino que ha de surgir,' dijo.[6]

En lo que respecta a las naciones del mundo, lo que sabemos es que todas han establecido sus embajadas en Tel Aviv, en vez de en Jerusalén, la capital de la nación judía. ¿Por qué? Porque creen que Jerusalén debe ser una ciudad internacional, no la capital del estado judío. La Biblia claramente predice que Jerusalén se convertirá en el centro de la controversia hacia el final de los tiempos, por lo tanto nos estamos acercando a las últimas etapas de los últimos días.

Profecías Acerca del Estado de Israel
También deberíamos darnos cuenta que con el restablecimiento de la nación de Israel, Dios comenzó algo nuevo. Por consiguiente, no puede estar muy lejos el día en el que se complete la parte gentil de la Iglesia.

Para poder decir esto me baso en el hecho de que la Iglesia e Israel no pueden existir, lado a lado, por mucho tiempo. Cuando la Iglesia comenzó, Israel estaba siendo dispersado. Ahora, Israel está siendo reunido, así que la Iglesia ha de ser arrebatada.

Cientos de miles, si no millones de siervos de Dios concuerdan en decir que esto es verdadero. Estamos en las últimas etapas de los tiempos finales ya que hay un cumplimiento visible de la profecía bíblica en cuanto a la nación y la tierra de Israel. Hay demasiada evidencia profética como para ignorar que Israel, aun en estado de incredulidad, es el cumplimiento de la profecía bíblica.

No entraré en detalles aquí, ya que es suficiente decir que Israel, de acuerdo con Ezequiel 36, volverá en incredulidad, que la tierra que una vez fue desierta será productiva nuevamente y que los que están dispersos regresarán y se multiplicarán en la tierra de Israel.

Estos son hechos innegables, los cuales hemos de considerar, más en detalle, más adelante.

Sensacionalismo: Una Piedra de Tropiezo en la Profecía
Miremos ahora los peligros de la mala interpretación y de los rumores.

Durante la guerra de los seis días, en 1967, Israel capturó toda la Península del Sinaí hasta el Canal de Suez desde Egipto, y tomó todas las alturas del Golán, en el norte de Siria. También tuvo éxito al tomar posesión de Judea y Samaria. Pero la recompensa más grande para Israel fue la liberación de la Jerusalén oriental. Así, la ciudad estuvo unida una vez más.

Piedras del Templo
Luego de que los judíos celebraron su victoria en su amado *Muro de los Lamentos*, el cual es el último resto de la pared occidental, situado en el monte en el cual una vez se erigió el glorioso templo judío, comenzaron a circular rumores de que Israel planeaba reconstruir el nuevo templo judío.

Se escribieron artículos, en publicaciones cristianas, que declaraban que las piedras del templo estaban cortadas y listas para ser embarcadas a Israel en un tiempo determinado. Según los reportes, las piedras del templo habían sido cortadas en una cantera en Bedford, Indiana. Luego de una investigación, se descubrió que la historia era tan sólo un rumor.

Los comentarios desde Israel fueron: "Lo último que necesitamos son piedras. Si pudiéramos exportar las nuestras, podríamos ser el país más rico sobre la faz de la tierra."

Sin embargo, el templo ha de ser construido a su tiempo. Incluso hoy en día, hay muchos grupos judíos tales como el *Temple Mount Faithful* (Monte del Templo Fiel) los cuales hacen todo lo que está a su alcance en pro de la edificación del templo en el monte Moriah. *The Temple Mount Institute* (El Instituto Monte del Templo) está preparando los utensilios del templo y está entrenando hombres jóvenes como sacerdotes de acuerdo con la ley levítica, para que cuando el templo sea construido hayan sacerdotes capaces de poder realizar los servicios pertinentes.

Milagrosa Multiplicación de Buitres

Otro rumor sensacionalista que ha surgido, tiene que ver con la esperada invasión a Israel por una confederación del norte, como se describe en Ezequiel 38 y 39. El versículo 17 del capítulo 39 dice: *"Y tú, hijo de hombre, así ha dicho JEHOVA el Señor: Dí a las aves de toda especie, y a toda fiera del campo: Juntaos, y venid; reuníos de todas partes a mi víctima que sacrifico para vosotros, un sacrificio grande sobre los montes de Israel; y comeréis carne y beberéis sangre."*

Se publicó un extenso artículo que decía que los buitres en Israel se estaban multiplicando en proporciones inusuales. El escritor del artículo especulaba que era la preparación para el gran sacrificio que se menciona en el versículo 17 de Ezequiel 39. Sin embargo, la sociedad en pro de la protección de la naturaleza, en Israel, no encontró evidencia que sustentara el reporte del supuesto aumento en el número de buitres.

También en este caso, debemos mencionar, sin embargo, que los pájaros en Israel están aumentando en términos generales, lo cual se debe principalmente al reverdecer de la tierra y a los innumerables acuarios que han sido construidos para la reproducción de los peces. Un artículo en *The Jerusalem Report* informó que Israel ha perdido más aviones debido a accidentes ocasionados por los pájaros que los que perdieron durante las guerras contra los árabes.

La Computadora "La Bestia" de Bélgica

En las oficinas centrales de una comisión europea en Bruselas, se proclamó otra historia concerniente a una computadora de 2 pisos de alto, capaz de almacenar información sobre cada persona sobre la faz de la tierra. Dicha computadora fue llamada cariñosamente "La Bestia". Este rumor fue reportado en los años 70, cuando Europa estaba unos cinco a diez años atrás de Estados Unidos en términos de tecnología para computadoras. También se descubrió y se exhibió que esta historia no era más que un caza tontos.

El Arca de Noé y Artefactos Arqueológicos

Han habido artículos, videos y películas sobre el descubrimiento del arca de Noé, al arca del pacto, las tumbas de María, José y muchos apóstoles, así como también muchos otros supuestos descubrimientos arqueológicos. Cada descubrimiento sensacional parece ser dejado de lado por el siguiente. Pero cada uno de ellos, cuando se los investiga cuidadosamente, carece de bases reales. Por supuesto, esto no quiere decir que no hayan habido descubrimientos arqueológicos interesantes en Israel.

Ya sea la búsqueda de las cenizas de la vaca alazana, el descubrimiento de petróleo en el territorio de la tribu de Aser, o una supuesta grieta geológica que ya existe en el monte de los Olivos, cada una de estas historias fascinantes reavivan el interés. Pero, en general, no están basadas en hechos, sino que son el producto de la imaginación de alguna persona.

La venida de nuestro Señor no depende de una grieta que, supuestamente, ya existe en el monte de los Olivos, ni del descubrimiento de las cenizas de la vaca alazana o del arca del pacto, tampoco de la excavación del arca de Noé, ni de ninguna cosa de semejante naturaleza.

Cualquier descubrimiento visible, sea cual fuere, es total y absolutamente insignificante cuando se lo compara a las Sagradas

Escrituras, las cuales son la verdad eterna. Solo la Biblia es incuestionablemente confiable. No necesitamos de ningún nuevo descubrimiento para validarla. El consejo global de Dios está en nuestra posesión, en los 66 libros de nuestra Biblia. Es la Escritura respaldando a la misma Escritura lo que provee la validez necesaria.

Lo Que VERDADERAMENTE Debemos Observar
Para resumir, déjeme decir esto: Debemos observar todos los reportes que hablen sobre la resurrección de Israel, su desesperada lucha por la paz, y la urgencia por llegar a ser parte de la Unión Europea.

Israel se ha convertido en una nación: Eso había sido profetizado. Los judíos están regresando a su pequeña tierra prácticamente desde todas las naciones del mundo: Esto ha sido profetizado. Tendrán éxito, pese a que sean amenazados por sus enemigos y la paz, finalmente, será negociada: Esto también ha sido profetizado.

Finalmente, aceptarán al falso Mesías acerca del cual Jesús profetizó, con las siguientes palabras: — *"si otro viniere en su propio nombre, a ése recibiréis"* (Juan 5:43). Sin embargo, los rumores tan sólo nos desviarán de la seria exposición de la palabra profética, y debemos rechazarlos.

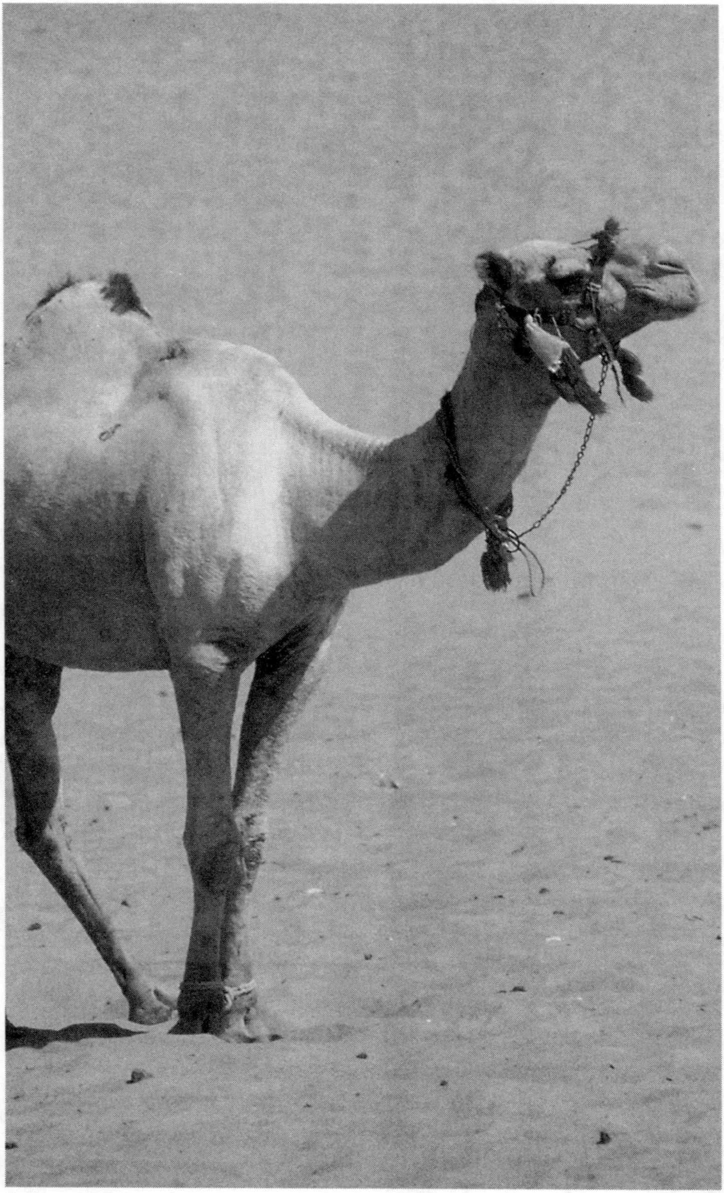

CAPITULO 4

Conflicto Familiar en el Medio Oriente

Resumen

Abraham es considerado el padre de todos los creyentes. Pero Dios prometió cumplir su intención de establecer su reino en la tierra y ofrecer la salvación a la raza humana tan sólo a través de Isaac, Jacob y sus descendientes. Este capítulo muestra en forma compacta, cómo los errores de Abraham originaron el gran conflicto que se experimenta en nuestros días en Israel y el Medio Oriente: Abraham también es considerado el padre de los árabes.

Conflicto Familiar en el Medio Oriente

Este siglo será conocido como el más turbulento en la historia del hombre. Durante los primeros 45 años, hubieron dos guerras mundiales en las cuales millones y millones de personas perecieron. Fue en este siglo que el comunismo floreció en Rusia y fue esparcido hacia todo el mundo. Pero en este siglo, también, vimos el colapso interno del comunismo, resaltado en forma muy emocionante con la caída del muro de Berlín.

Más allá, en este siglo vimos el surgimiento de un espíritu siniestro que engañó a las personas al intentar solucionar el así llamado problema judío. El mismo espíritu fue responsable del levantamiento de la más temible y poderosa estructura antisemita que el mundo haya conocido. Más de 6 millones de judíos murieron en manos de los asesinos alemanes del régimen nazi bajo el liderazgo de Adolf Hitler.

El Regreso de los Judíos

Pero en este siglo también experimentamos algo que es absolutamente único: El regreso de los judíos a la tierra de sus padres. Fue al final del siglo 19 cuando los primeros pioneros judíos volvieron a su tierra. Se unieron con aquellos que ya estaban allí y comenzaron a cultivar partes del territorio llamado Palestina. Su meta era la de reavivar la tierra, traerla nuevamente a la vida, y producir comida para la gente que habría aún de venir.

En los primeros años, parecía algo desesperante. Sin embargo, los judíos persistieron y el fruto de su labor fue, finalmente, la fundación de la nación de Israel el 14 de Mayo de 1948. Desde ese entonces, el foco de atención ha cambiado, en forma dramática, desde el nuevo mundo, Estados Unidos, al viejo mundo, el Medio Oriente, como el centro del futuro.

En forma paralela al desarrollo del Sionismo moderno, al propósito de hacer regresar a los judíos a la tierra de Sion, estaba el fenomenal resurgimiento en importancia de las naciones árabes.

Repentina e inesperadamente, el mundo industrial se encontró a sí mismo en manos de las naciones árabes, las que controlaban vastas proporciones del petróleo. Si bien es cierto que se han escrito cientos de libros acerca del conflicto del Medio Oriente y que la documentación que está disponible es casi inagotable, queremos señalar en este capítulo que todo este conflicto no es meramente político, religioso, militar o económico, sino, en realidad, un conflicto *familiar*. Así como dos niños, en una familia, pelean por un juguete, los judíos y los árabes continúan peleando por su herencia: La tierra de Israel.

Abraham: El Comienzo de Israel y los Arabes
El hombre con el que comenzó este conflicto árabe judío fue Abraham. El fue una persona única, ya que recibió una promesa muy especial de Dios el creador.

Leemos en el capítulo 11 de Génesis acerca del infructuoso intento de la unidad mundial a través de la edificación de la torre de Babel, la cual se suponía habría de llegar hasta el cielo. Entonces, en Génesis 12, leemos: *"Pero JEHOVA había dicho a Abram: Vete de tu tierra y de tu parentela, y de la casa de tu padre, a la tierra que te mostraré. Y haré de ti una nación grande, y te bendeciré, y engrandeceré tu nombre, y serás bendición. Bendeciré a los que te bendijeren, y a los que te maldijeren maldeciré; y serán benditas en ti todas las familias de la tierra"* (Génesis 12:1–3).

Esta no es una especie de declaración de bendición hecha por un sacerdote, un profeta o algún gran dignatario. ¡Esta promesa fue confirmada a Abraham por aquel que conjuga los verbos en primera persona, el cual no es ni más ni menos que el creador del cielo y de la tierra, el Dios eterno, quien siempre fue, es y ha de ser!

A este hombre, Abraham, Dios le indicó que dejara todo atrás y que tomara el camino hacia la Tierra Santa. Debía dejar su país, sus coterráneos, incluso la casa de su padre, y viajar a un lugar que aún le era desconocido. Y este hombre confió en el Dios vivo que le había hablado.

Una de las características únicas de Abraham fue que hizo lo que se le dijo que hiciera. El creyó en Dios y obró inmediatamente. Por esa razón, leemos en el Nuevo Testamento: — *"para que fuese (Abraham) padre de todos los creyentes"* — (Romanos 4:11).

Abraham fue un fiel y maravilloso siervo del Señor. El creía en Dios más que en cualquier otra cosa. Sin embargo, en algunas ocasiones, le permitió a su carne correr a la par de su vida de fe.

Es por eso que este conflicto que vemos hoy en el Medio Oriente, puede ser rastreado hasta los días de este gran patriarca del pueblo de Israel y de los árabes.

Abraham y los Arabes

Fue la paciencia de Sarai, la esposa de Abraham, la primera en agotarse. *"Dijo entonces Sarai a Abram: Ya ves que Jehová me ha hecho estéril; te ruego, pues, que te llegues a mi sierva; quizá tendré hijos de ella. Y atendió Abram al ruego de Sarai"* (Génesis 16:2).

Abraham, que tenía 86 años de edad, tuvo un momento de flaqueza. Olvidó a su Dios y, lógicamente, llegó al punto en el que debe haber pensado: "¡Tenemos que hacer algo!"

Puede que haya pensado que estar de acuerdo con Sarai era seguir el camino del Señor, así que siguió el consejo de su esposa.

"Y él se llegó a Agar, la cual concibió; y cuando vio que había concebido, miraba con desprecio a su señora." (versículo 4).

Obviamente ésta *no* era la voluntad de Dios. Los problemas comenzaron inmediatamente. Sarai era menospreciada ahora a los ojos de su criada Agar, quien le dio a Abraham un hijo, su primogénito, el cual fue llamado Ismael.

Si Abraham y Sara se dieron cuenta de que lo que habían hecho estaba mal, esto no lo vemos en la Escritura.

Trece años más tarde, sin embargo, el Señor le habló a Abram, quien ahora tenía 99 años, y una vez más le repitió la promesa que le había hecho años atrás.

Ahora, en esta ocasión Dios le cambió su nombre de Abram a Abraham. Abram significa "padre de altura" o "alto padre", y Abraham significa "padre de una multitud".

Oración de Abraham por los Arabes

Luego de recibir instrucciones adicionales, Abraham aparentemente comienza a pensar que Dios estaba confirmando a *Ismae* como su simiente escogida. El oró, — *"Ojalá Ismael viva delante de ti"* (Génesis 17:8).

Pero Dios lo corrigió rápidamente: — *"Ciertamente Sara tu mujer te dará a luz un hijo, y llamarás su nombre Isaac; y confirmaré mi pacto con él como pacto perpetuo para sus descendientes después de él"* (versículo 19).

A pesar de ello, Dios indica muy específicamente que había escuchado la oración de Abraham por Ismael: *"Y en cuanto a Ismael, también te he oído; he aquí que le bendeciré, y le haré fructificar y multiplicar mucho en gran manera; doce príncipes engendrará, y haré de él una gran nación"* (versículo 20). Sin embargo, se enfatiza que Ismael *no* era el heredero del pacto, *sino* Isaac: *"Mas yo estableceré mi pacto con Isaac, el que Sara te dará a luz por este tiempo el año que viene"* (versículo 21).

Bendiciones de Ismael

Sin embargo, la elección de Isaac no disminuiría la tremenda bendición preparada para Ismael. Este último sería bendito, fructificado y multiplicado, no en una forma común y corriente sino "en gran manera". Llegaría a ser el padre de doce príncipes y no sólo se tornaría en una nación, sino en una "gran nación".

El cumplimiento de esta promesa se encuentra en Génesis 25. Allí leemos que la genealogía de Ismael dio en verdad doce príncipes.

Por lo tanto, Ismael no debe ser disminuido o rechazado, porque Dios le dio tremendas bendiciones a él y a sus descendientes, como acabamos de ver.

Pese a todo esto, los descendientes del hijo de Abraham, Ismael, se tornaron en crueles enemigos de Israel (vea Jueces 2:25 y el Salmo 83). Y siguen siendo los enemigos más acérrimos de Israel hasta el día de hoy. Un artículo periodístico muestra lo siguiente:

De acuerdo con un psiquiatra del Hospital Bikur Holim, que investiga la capacidad de los sobrevivientes del holocausto de sobrellevar la vida presente, su ansiedad se incrementa al ver las nuevas fotos que muestran a los policías palestinos elevando un saludo al estilo nazi. Las personas que fueron entrevistadas dijeron que cualquier cosa que les recordara la época nazi — incluyendo las fotos que se ven en los periódicos que muestran a la policía Palestina en Gaza saludando al estilo nazi — intensificaba su sufrimiento.[7]

—The Jerusalem Post, Jenuary 28, 1995, pg.4

Los Otros Descendientes de Abraham

Sarai, la amada esposa de Abraham, murió cuando tenía 127 años, no sin antes haber dado a luz a su hijo prometido a la edad de 90 años. Luego que Abraham envió a su siervo a buscar esposa para su hijo Isaac lo cual, — dicho sea de paso, nos da una hermosa imagen profética de la esposa de Cristo, — sintió, de manera obvia, que su llamado se había completado.

Luego que Isaac se casa con Rebeca, Génesis 25 nos dice: *"Abraham tomó otra mujer, cuyo nombre era Cetura, la cual le dio a luz a Zimram, Jocsán, Medán, Madián, Isbac y Súa. Y Jocsán engendró a Seba y a Dedán; e hijos de Dedán fueron Asurim Letusim y Leumim. E hijos de Madián: Efa, Efer, Hanoc, Abida y Elda. Todos estos fueron hijos de Cetura. Y Abraham dio todo cuanto tenía a Isaac. Pero a los hijos de sus concubinas dio Abraham dones, y los envió lejos de Isaac su hijo, mientras él vivía, hacia el oriente, a la tierra oriental"* (versículos 1–6). ¡Abraham, cuando ya era viejo, engendró otra familia!

Al investigar la genealogía de esta familia, encontramos que los hijos de Abraham y Cetura también llegaron a ser enemigos acérrimos de Israel. Por lo tanto, vemos con claridad, una vez más, que los árabes quienes, en general, proclaman a Abraham como su padre pertenecen, realmente, a la misma familia y están emparentados con Israel.

Abraham y el 666
Es sumamente interesante el hecho de que la muerte de Abraham se nos describe en el versículo número 666 del Antiguo Testamento. Génesis 25:7-8 dice: *"Y estos fueron los días que vivió Abraham: ciento setenta y cinco años. Y exhaló el espíritu, y murió Abraham en buena vejez, anciano y lleno de años, y fue unido a su pueblo."*

Cuando me di cuenta de que la vida de Abraham, este fiel siervo y padre de todos los que creen, finaliza en el versículo 666 del Antiguo Testamento (aunque entiendo muy bien que los manuscritos originales de la Biblia no estaban enumerados en versículos) descubrí, para mi sorpresa, que en el Nuevo Testamento es también en el versículo 666 en el cual Jesús, el Hijo de Dios, el autor y consumador de nuestra fe, describe su propia muerte: *"He aquí subimos a Jerusalén, y el Hijo del Hombre será entregado a los principales sacerdotes y a los escribas, y le condenarán a muerte"* (Mateo 20:18).

Sin embargo, la diferencia sustancial radica en el hecho de que en forma contraria a la muerte de Abraham, la cual es relatada por Moisés, el Señor mismo proclama la profecía de su *propia* muerte.

La Redención en la Profecía
Fue a través de Abraham y su simiente que Dios nos mostró, en forma profética, cómo es que él redimiría a la humanidad de la esclavitud del pecado y de la opresión de Satanás.

Luego de que Abraham, finalmente, recibiera su prometido vástago, la posibilidad de que llegara a ser el patriarca de una gran nación se hizo una realidad. Es allí entonces que leemos la impactante petición que se le dirige: — *"Toma ahora tu hijo, tu único, Isaac, a quien amas, y vete a tierra de Moriah, y ofrécelo allí en holocausto sobre uno de los montes que yo te diré"* (Génesis 22:2). Debemos enfatizar, en esta oportunidad, las siguientes palabras: — *"tu único, Isaac, a quien amas"* — Dios no menciona al otro hijo, Ismael, sino que se identifica especialmente con Isaac como el "único hijo" y heredero de la promesa. Nos recuerda al Señor Jesucristo, de quien se dice: — *"Este es mi Hijo amado, en quien tengo complacencia"* — (Mateo 17:5).

El Momento más Difícil de Abraham

A Abraham se le pidió que hiciera la cosa menos pensada: abandonar su más preciada posesión, su único y amado hijo, ya que Dios le pidió que sacrificara a Isaac como ofrenda quemada.

¿No hubiera sido normal, en un momento tan crítico, por lo menos llamar a una reunión de comité a los ancianos de su casa para discutir el asunto? ¿No hubiera sido más apropiado informarle a su amada esposa, Sara, de este mandamiento impactante y terrible que Dios le había dado? Tal vez deberían haber comenzado una reunión de oración para buscar una confirmación de que esa era, realmente, la voluntad de Dios. Tal vez Abraham no había entendido bien. Después de todo, él era un hombre viejo y podría haberse equivocado. Tal vez tan sólo había tenido un mal sueño.

Habían muchas maneras disponibles para evitar esa situación imposible. "De ninguna manera", podrían haber pensado, "Isaac, el hijo amado, no debe morir". En definitiva él era la respuesta a sus oraciones. Era el hijo *prometido* y el único que podía cumplir con la voluntad de Dios de que la simiente de Abraham llegara a ser una gran nación.

La Obediencia de Abraham

¿Cómo reaccionó Abraham? Leemos en Génesis 22:3: *"Y Abraham se levantó muy de mañana"* — Abraham creía en Dios sin importarle las aterradoras consecuencias. No había duda alguna acerca de algún posible error. Abraham era un hombre que estaba en sintonía con Dios. No había lugar para las dudas — la comunión era perfecta. ¡Dios sabía lo que estaba diciendo y Abraham tenía la absoluta certeza de estar en comunión con él, lo que le daba la sólida confianza de que obraba en perfecto acuerdo a lo que Dios había hablado! Es por eso que tenemos en Abraham una imagen profética del amor de Dios: *"Porque de tal manera amó Dios al mundo, que ha dado a su Hijo unigénito, para que todo aquel que en él cree, no se pierda, mas tenga vida eterna"* (Juan 3:16). ¡Abraham tuvo la misma disposición de entregar a su hijo amado!

Sabemos como terminó la historia. Abraham no tuvo que sacrificar a Isaac, ya que Dios proveyó un sustituto. Génesis 22:13 dice: *"Entonces alzó Abraham sus ojos y miró, y he aquí a sus espaldas un carnero trabado en un zarzal por sus cuernos; y fue Abraham y tomó el carnero, y lo ofreció en holocausto en lugar de su hijo."*

Los Errores de Abraham

A pesar de que Abraham creyó en Dios, le fue fiel, y obró de acuerdo con su creencia, también cometió errores, como hemos visto en el caso de Ismael. Abraham era humano, así como usted y yo lo somos. Vivía en un mundo real. Tuvo que tomar decisiones, cuidar de su familia, planificar el futuro y administrar su pequeño imperio.

En forma paralela a su fidelidad y obediencia, tuvo que pensar por sí mismo. Retrocediendo en el tiempo hasta el versículo 4 del capítulo 12 encontramos: *"Y se fue Abram, como Jehová le dijo; y Lot fue con él. Y era Abram de edad de setenta y cinco años cuando salió de Harán."* Este hombre, de 75 años de edad, recibió una tremenda promesa de Dios pero, aparentemente, para estar seguro, tomó a Lot con él. Leemos que — *"Lot fue con él.."*

No dice si Abraham le pidió a Lot que fuera con él o si su sobrino se ofreció voluntariamente. Es razonable pensar que el motivo fue asegurarse que Lot, que era más joven, pudiera tener descendientes que cumplieran la promesa de que de la familia de Abraham saldría una gran nación.

Pero, ¿acaso no le pidió Dios, en forma clara, que se separara de sus familiares, padres y hermanos? Abraham hizo todo en forma correcta, excepto por el "infiltrado de Lot".

Lot Escogió la Izquierda

De cualquier manera, esta pequeña unidad familiar no duró mucho tiempo. La Biblia dice: *"Y hubo contienda entre los pastores del ganado de Abram y los pastores del ganado de Lot; y el cananeo y el ferezeo habitaban entonces en la tierra"* (Génesis 13:7). Una vez más vemos a Abraham resolviendo las cosas en forma sabia y generosa. Leamos la historia: *"Entonces Abram dijo a Lot: No haya ahora altercado entre nosotros dos, entre mis pastores y los tuyos, porque somos hermanos. ¿No está toda la tierra delante de ti? Yo te ruego que te apartes de mí. Si fueres a la mano izquierda, yo iré a la derecha; y si tú a la derecha, yo iré a la izquierda. Y alzó Lot sus ojos, y vio toda la llanura del Jordán, que toda ella era de riego, como el huerto de JEHOVA, como la tierra de Egipto en la dirección de Zoar, antes que destruyese JEHOVA a Sodoma y a Gomorra. Entonces Lot escogió para sí toda la llanura del Jordán; y se fue Lot hacia el oriente, y se apartaron el uno del otro"* (Génesis 13:8–11).

Lot no prosperó porque él, en vez de obrar por fe, obró por vista: *"Y Lot alzó sus ojos"* —. Su elección se basó en lo que vio. No hubo fe de por medio. Hubiera sido lógico que diera esta respuesta: "Tú escoge primero tío Abraham." Pero ese no fue el caso. En forma egoísta Lot miró por sus propios intereses y terminó en el lugar más terrible: Sodoma y Gomorra.

Su heredad terminó en la vergüenza que se relata en Génesis 19:36–38: *"Y las dos hijas de Lot concibieron de su padre. Y dio a luz la mayor un hijo, y llamó su nombre Moab, el cual es padre de los moabitas hasta hoy. La menor también dio a luz un hijo, y llamó su nombre Ben-ammi, el cual es padre de los amonitas hasta hoy."* Los moabitas y los amonitas también llegaron a ser, más adelante, odiosos enemigos de Israel.

Así, vemos el comienzo de otro conflicto familiar en el medio oriente. Esta "contienda familiar" continúa hasta nuestros días, algunas veces con armas de guerra, otras veces con palabras.

Los siguientes artículos periodísticos muestran el conflicto que se ha llevado a cabo por tanto tiempo, pero que ahora, a través de la negociación, está llegando al fin.

Queridos ciudadanos de Israel. En el día de hoy estamos añadiendo otro peldaño más en la construcción de la escalera hacia el cumplimiento del sueño de la paz. La paz completa con Jordania está al alcance. Debemos trabajar con Jordania para poder lograrlo.

Todos nosotros nos adherimos hoy a la declaración de Washingon. Israelíes, jordanos y todos los amantes de la paz y la libertad en el mundo. Mañana en la mañana despertaremos a una nueva página en nuestra historia. Y a este respecto podemos decir: *"Este es el día que hizo Jehová; nos gozaremos y alegraremos en él"* (Salmo 118:24).

Buenas noches para aquellos que están en casa, en Israel. Mañana, espero que todo pueda ser diferente. Saludos de paz para ustedes de parte del pacificador. (Primer Ministro, Rabin, hablando desde Washington en la víspera del acuerdo Israelí/Jordano, Julio 24, 1994.)[8]

— Outpost, Abril 1994, pg.5

En vez de visiones de sangre y lágrimas se levantarán visiones de belleza y felicidad, vida y paz. Estamos frente a un acontecimiento histórico. ¿Elegiremos el camino de las lenguas de fuego, humo ondulante y ríos de sangre, o el de desiertos que reverdecen, tierras estériles que son restauradas, progreso, crecimiento, justicia y libertad?

El mundo se ha inclinado en dirección a la economía más que en dirección al poder económico. Los ejércitos pueden conquistar entidades físicas, pero no pueden conquistar entidades cualitativas. En esta etapa del juego, los objetos que están sujetos a una conquista militar ya no son de valor. (Ministro de Relaciones Exteriores Shimon Peres)[9]

— Outpost, Abril 1994, pg.5

El "pacificador" más famoso logrará finalmente la paz para los judíos, los árabes y los cristianos en el medio oriente, y a la larga para todo el mundo. Sin embargo, debemos enfatizar que esta paz no será duradera. Es tan sólo temporal, ya que la causa de la división entre esta gente no ha sido erradicada. La verdadera causa es el pecado, y el mismo nunca ha sido corregido con algún proceso político.

Solamente cuando Jesús regrese y le ponga fin a los poderes de oscuridad, destruyendo al maligno con su apariencia, impartirá una paz que será para siempre. Tan sólo él pagó el precio para esta paz eterna. El erradicó la causa de los conflictos, la cual es el pecado.

Los Descendientes de Lot se Oponen a Israel
También es importante notar que aproximadamente 1500 años después de Abraham, el profeta Ezequiel anunció que los moabitas y los amonitas expresaron, sin ningún tapujo, su regocijo a causa del infortunio de Israel, lo cual desagradó en gran manera al Señor.

Las declaraciones hechas por los amonitas y moabitas con respecto a Judá e Israel eran ciertas. Israel realmente había pecado en gran forma. La casa del Señor había sido profanada, la tierra había quedado desolada, e Israel y Judá fueron llevadas en cautiverio. Pero los amonitas y moabitas cometieron el error de comparar a los escogidos de Dios con los demás. Ezequiel 25:8 dice: *"Así ha dicho Jehová el Señor: Por cuanto dijo Moab y Seir: He aquí la casa de Judá es como todas las naciones."*

Para tener una mejor perspectiva, leamos algunos versículos adicionales para entender, completamente, el desagrado de Dios con los amonitas y moabitas: *"Vino a mí palabra de Jehová, diciendo: Hijo de hombre, pon tu rostro hacia los hijos de Amón, y profetiza contra ellos. Y dirás a los hijos de Amón: Oíd palabra de Jehová el Señor. Así dice Jehová el Señor: Por cuanto dijiste: ¡Ea, bien!, cuando mi santuario era profanado, y la tierra de Israel era asolada, y llevada en cautiverio la casa de Judá."*

— *"Porque así ha dicho Jehová el Señor: Por cuanto batiste tus manos, y golpeaste con tu pie, y te gozaste en el alma con todo tu menosprecio para la tierra de Israel"* (Ezequiel 25:1–3,6).

Aquí está la respuesta de Dios, la cual muestra claramente que nadie, ni siquiera los parientes, tienen el derecho de juzgar a Israel.

"Por tanto, he aquí yo abro el lado de Moab desde las ciudades, desde sus ciudades que están en su confín, las tierras deseables de Betjesimot, Baal-meón y Quiriataim, a los hijos del oriente contra los hijos de Amón; y la entregaré por heredad, para que no haya más memoria de los hijos de Amón entre las naciones. También en Moab haré juicios, y sabrán que yo soy JEHOVA" (versículos 9–11).

La Niña De Sus Ojos
A menudo escuchamos declaraciones, aún de los mismos cristianos, de que los judíos crucificaron a Jesús, que rechazaron a su Mesías, y que por todos sus pecados fueron esparcidos entre todas las naciones del mundo y fueron reprobados. Algunos se han aventurado, inclusive, a decir que Hitler hizo lo correcto al perseguir a los judíos, para que volvieran a Palestina y cumplieran la profecía bíblica en el momento que restablecieran la nación en suelo israelí.

Hacer tales aseveraciones, e incluso pensar en tal forma, es extremadamente peligroso, como ya hemos visto en Ezequiel 25. En realidad, el Señor es muy sensible con respecto a su pueblo Israel. En Zacarías 2:8 leemos: *"Porque así ha dicho Jehová de los ejércitos: Tras la gloria me enviará él a las naciones que os despojaron; porque el que os toca, toca a la niña de su ojo."* Todos sabemos lo sensible que es el ojo. Una partícula de polvo muy pequeña, hasta casi invisible, puede llegar a irritarlo. Y aquí vemos que Dios dice: — *"porque el que os toca, toca a la niña de su ojo."*

Es verdad que Israel cometió tremendos pecados. Ellos gritaron — *"crucifícale!"*. Clamaron, — *"no tenemos más rey que César!"* Debido a eso Dios trajo un severo castigo sobre el pueblo judío. Pero ¡ay de aquellos que fueron los *instrumentos* del castigo! Jesús dijo: — *"Imposible es que no vengan tropiezos; mas ¡ay de aquel por quien vienen!"* (Lucas 17:1).

La "Gran Ira" de Dios
El lector puede ver cómo Dios se enfada debido al comportamiento de los paganos, cuando enfatiza la importancia de su amor por Sion:

"*Y me dijo el ángel que hablaba conmigo: Clama diciendo: Así ha dicho JEHOVA de los ejércitos: Celé con gran celo a Jerusalén y a Sion*" (Zacarías 1:14). Además, no deja de darnos la razón de su celo y su desagrado con los paganos: "*Y estoy muy airado contra las naciones que están reposadas; porque cuando yo estaba enojado un poco, ellos agravaron el mal*" (Zacarías 1:15).

Déjeme darle un ejemplo. Asumamos que usted es mi vecino de al lado. Sus hijos tienen una terrible indisciplina. Su comportamiento llega a serme tan ofensivo que voy hacia su casa, tomo a uno de los pequeños y comienzo a darle una paliza. Con seguridad usted se ofendería, y con razón, porque sus hijos son su responsabilidad y no la mía. Puede que merecieran un castigo debido a su mal comportamiento pero, sin lugar a dudas, no me corresponde a mí castigarles.

La misma idea, en relación con Israel, se expresa precisamente en la Palabra de Dios.

De hecho, los judíos han pecado a lo grande y Dios proclama, en forma clara e inequívoca a través de la boca de los profetas, el castigo que viene sobre cada violación en contra de su Santo Pacto, el cual está registrado en las páginas de la Biblia. Con todo, él dice: — "*yo estaba enojado un poco* (con Israel), *ellos* (las naciones) *agravaron el mal*" (Zacarías 1:15). El pecado de Israel no anuló la elección de Dios.

Podríamos llenar página tras página con un listado de pecados terribles, tales como rebelión, desobediencia, blasfemia desenfrenada, etc., que la nación de Israel cometió contra el Dios vivo, contra el Salvador que los quitó de la esclavitud de Egipto.

Dejó a un lado el juicio sobre Israel por medio de la sangre de un cordero, la cual los israelitas pusieron sobre los postes y dinteles de las puertas, para que de esa manera el ángel de la muerte pasara de largo. ¡En forma sumamente poderosa les guió a través del mar Rojo como si pasaran por tierra firme!

Los egipcios perecieron en las aguas en su intento de perseguirles. A pesar de ello, en forma deliberada y empedernida, rehusaron prestarle atención a la Palabra de Dios.

Sin embargo, y esto es algo que necesitamos entender y enfatizar firmemente, éste fue y es un conflicto *familiar* interno. Un conflicto entre Dios y su propio pueblo. Por un lado vemos que Dios revela, en detalle, los pecados de Israel y amenaza con consumirles por la ira de su juicio, y desde una perspectiva externa vemos algo totalmente diferente.

Dos Perspectivas de Israel

Veamos a Israel desde el punto de vista de Dios. Prestémosle atención al hecho de que éste es un asunto interno: *"y Jehová dijo a Moisés: ¿Hasta cuándo me ha de irritar este pueblo? ¿Hasta cuándo no me creerán, con todas las señales que he hecho en medio de ellos? — todos los que vieron mi gloria y mis señales que he hecho en Egipto y en el desierto, y me han tentado ya diez veces, y no han oído mi voz"* (Números 14:11;22).

Ahora veamos a Israel desde *fuera*, desde el punto de vista gentil. Cuando leemos Números 23, por ejemplo, parecería que el profeta Balaam está hablando de alguna otra nación, no de la rebelde nación de Israel. Leemos las siguientes palabras: *"No ha notado iniquidad en Jacob, Ni ha visto perversidad en Israel. JEHOVA su Dios está con él, Y júbilo de rey en él. Dios los ha sacado de Egipto; tiene fuerzas como de búfalo. Porque contra Jacob no hay agüero, Ni adivinación contra Israel. Como ahora, será dicho de Jacob y de Israel: ¡Lo que ha hecho Dios! He aquí el pueblo que como león se levantará, Y como león se erguirá; No se echará hasta que devore la presa, Y beba la sangre de los muertos"* (Números 23:21-24).

Podemos decir con certeza que no da la impresión de que ésta sea una descripción de la rebelde Israel, tomando en cuenta la lectura de los versículos anteriores. Pero sí *es* Israel, y debemos aprender a entender el alto llamamiento de este pueblo. Sólo entonces seremos capaces de concebir la progresión de la palabra profética en relación a los eventos de los tiempos finales y llegar a comprender el propósito de Dios.

Dos Perspectivas de Su Familia
Su familia, querido lector, le puede dar a otras personas la impresión de estar en una maravillosa armonía. Usted mantiene su casa, va a trabajar, paga sus cuentas e impuestos, envía sus hijos a la escuela, los viste en forma adecuada y va a la iglesia con regularidad. Lo que nadie sabe es lo que sucede, en realidad, dentro de las cuatro paredes de su hogar. Puede que hayan disputas, celos, amargura, y peleas que llevan a la familia al borde mismo del desastre. Pero es su casa, y es su familia. Usted es exclusivamente el responsable de su familia y nadie más. Le puede pedir a alguien que le de un consejo o que le ayude, pero nadie tiene el derecho de venir a su casa y decirle lo que debe hacer.

Muy a menudo, la tribulación en una familia no dura por tiempo indefinido, especialmente cuando uno o ambos caminan en las pisadas del Señor. Usted toma una decisión y dice: "Señor, te amo con todo mi corazón. Quiero hacer tu voluntad pese a que estoy fallando casi a diario y ya no tengo poder dentro de mi misma casa, y mi corazón se duele debido a las muchas miserias de las que he sido causa dentro de nuestra familia. Pero Señor, confío plenamente en que tú restaurarás mi familia." El Señor conoce, él perdona y sana, debido a que usted hizo una entrega de sí mismo en sus brazos amorosos.

Caminando Sabiamente En Medio de las Dificultades
Querido amigo, por favor recuerde: si usted camina sabiamente en medio de todas sus dificultades y sus problemas, y no se olvida de que es un hijo de Dios, entonces el mundo tan sólo podrá ver lo que Balaam vio en el pueblo de Israel. Usted está caminando en el camino victorioso del Señor Jesucristo. Es una luz al mundo y sal a la tierra, pese a la terrible condición interna en la que usted pueda encontrarse.

Estos ejemplos deberían mostrar con claridad que Israel es asunto de Dios. El le ha escogido. Es su familia, su responsabilidad, y hará que se cumplan todas las promesas que fueron pronunciadas a favor del pueblo de Israel.

Los Arabes Hoy en Día
Las naciones árabes han sido dejadas de lado por muchos siglos, y sufrieron grandemente bajo la ocupación de los ingleses, franceses y otras naciones europeas. Estos pueblos fueron considerados como nómadas, de poco valor para la Europa progresista, pero su significado apareció repentinamente con el surgimiento de Israel.

La ascensión del moderno poder árabe se hizo plenamente visible para el mundo industrializado en 1973, cuando bajo el liderazgo de Egipto, las naciones árabes productoras de petróleo cuadruplicaron su precio en forma inesperada en respuesta a la victoria de Israel sobre Egipto y Siria en la guerra de Yom Kippur.

El mundo sufrió espasmos económicos debido a esa decisión. Pero, sin importar desde qué punto de vista observamos a estos pueblos árabes, la bendición de Dios a través de Abraham es innegable.

Estos otros hijos de Abraham fueron elevados a una posición de importancia a los ojos del mundo, lo que era impensable en épocas anteriores. ¡Y todo por la bendición del petróleo subterráneo!

El petróleo llegó a un grado tal de importancia que en 1991, Estados Unidos bajo la jurisdicción de las Naciones Unidas, reunió a todo el mundo en contra de Irak, el cual había invadido a Kuwait. Esta guerra corta que tenía prácticamente un sólo ejército competente, extinguió rápidamente las amenazas del indefenso ejército de Saddam Hussein.

Los Arabes Desean la Jerusalén de Israel
Los árabes, cuya mayoría proclaman ser hijos de Abraham, son piezas importantes en el desarrollo de los eventos finales. En los días por venir, veremos más de este acontecimiento, así como lo demuestra el titular de este periódico y la historia del *The Jerusalem Post*:

Jerusalén : La piedra de tropiezo
El Ministro de Relaciones Exteriores ha comenzado, en forma preliminar, a consultar a las embajadas extranjeras para ver cuántas de ellas quisieran trasladarse a Jerusalén una vez que se terminen las

negociaciones finales con los palestinos, dijo un oficial del Ministro. "Debe quedar claro que no insistimos en que las embajadas asuman un compromiso ahora, pero tenemos que comenzar a planear con el propósito de poder administrar bien los terrenos, es por eso que damos este paso. Las oficinas municipales deben aprobarlo todo, y en ese sentido ya estamos atrasados."[10]

— The Jerusalem Post, 1/28/95, pg.3

El deseo del Ministro de Relaciones Exteriores de trasladar todas las embajadas a "Jerusalén Occidental" muestra claramente la intención del gobierno de *rendir* partes de Jerusalén a los árabes. También se hace obvio que las naciones del mundo desean que Israel delegue partes de Jerusalén y haga lo que dijo el Papa en 1967, quien sugirió que Jerusalén fuera "internacionalizada".

El conflicto de Jerusalén está en su parte inicial ahora y muchos políticos israelitas tratan desesperadamente de ignorar la amenaza venidera. Pero vemos las intenciones de los palestinos a través de alguna de sus declaraciones.

Jerusalén: Capital de la OLP
Nuestra primera meta es la liberación de todos los territorios ocupados y el regreso de todos los refugiados, la auto determinación para los palestinos y el establecimiento de un estado palestino cuya capital es Jerusalén. (Yasser Arafat a los 19 Ministros de Relaciones Exteriores Arabes)[11]

— Dispatch From Jerusalem, December, 1993, pg.8

Yasser Arafat y los palestinos árabes consideran a todo Israel como un "territorio ocupado". Su meta es establecer a Jerusalén como capital de un estado palestino. Si bien esta meta apunta a un objetivo muy elevado en este momento, tenemos que darnos cuenta que parte del deseo de Arafat ha de ser cumplido. El movimiento "Gaza-Jericó Primero" ya ha sido implementado, y les será dado más territorio a los árabes palestinos en el futuro.

Este es el comienzo del cumplimiento de la profecía que se describe en Zacarías 12:2–3: *"He aquí yo pongo a Jerusalén por copa que hará temblar a todos los pueblos de alrededor contra Judá, en el sitio contra Jerusalén. Y en aquel día yo pondré a Jerusalén por piedra pesada a todos los pueblos; todos los que se la cargaren serán despedazados, bien que todas las naciones de la tierra se juntarán contra ella."*

Unidad Final
El conflicto familiar del Medio Oriente no puede ser resuelto por los diplomáticos, ni por los Estados Unidos, ni por Europa, ni tampoco por las Naciones Unidas. De igual forma, los árabes tampoco tendrán la capacidad de hacer surgir una paz duradera.

Es el Señor mismo, el Príncipe de Paz, quien va a lograrlo, porque él ha pagado el precio de la paz. Tan sólo él es capaz de traer la reconciliación; no surgirá a través de astutos políticos que la elaboren sobre un pedazo de papel, sino que ordenará la paz basado en sus palabras, — *"consumado es!"* Estas palabras están selladas con su propia sangre, la cual tiene validez eterna. ¡El precio real para la paz verdadera fue pagado en su plenitud!

Cuando Israel, finalmente, vea a quien ha traspasado y le reconozca como Salvador del mundo y el Mesías de Israel, esto no se mantendrá en secreto, sino que también ha de tocar a las naciones que le rodean. Entonces Dios cumplirá todas las promesas que le ha hecho a todos los hijos de Abraham.

El profeta Isaías predijo acerca de este poder unificador del Señor hace más de 2.700 años: *"En aquel tiempo habrá una calzada de Egipto a Asiria, y asirios entrarán en Egipto, y egipcios en Asiria; y los egipcios servirán con los asirios a JEHOVA. En aquel tiempo Israel será tercero con Egipto y con Asiria para bendición en medio de la tierra; porque JEHOVA de los ejércitos los bendecirá diciendo: Bendito el pueblo mío Egipto, y el asirio obra de mis manos, e Israel mi heredad"* (Isaías 19:23–25).

En forma paralela, es de tremenda importancia que nosotros, los creyentes en el Señor Jesucristo, nunca nos permitamos ser engañados con la idea auto-inflada de que podemos implementar una paz política antes del regreso de Jesús. Nunca seremos capaces de establecer una nación o un mundo de paz e instituir un gobierno cristiano en la tierra. Eso sencillamente no sucederá, debido a que no tenemos una promesa en la Escritura que respalde una idea semejante.

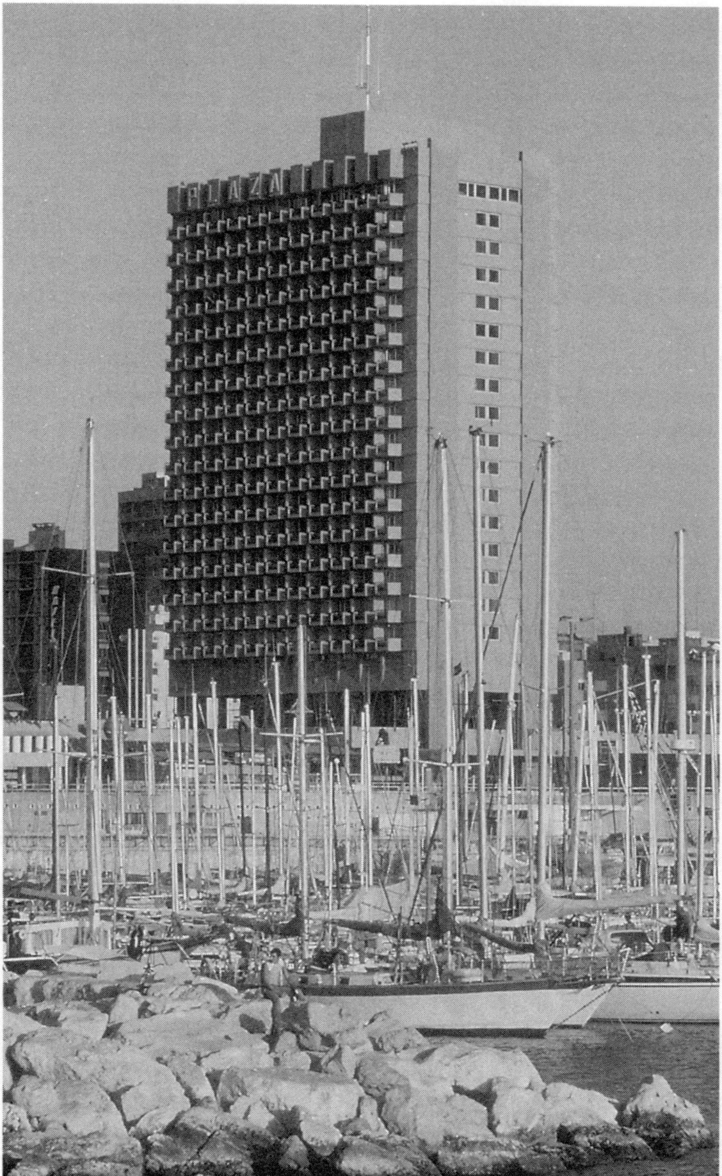
PLAZA

CAPITULO 5

Israel:
La Señal Más Notoria de los Tiempos Finales

Resumen

A pesar del impactante y deslumbrante avance que se ha experimentado durante este siglo, la señal más notoria de los tiempos finales — y, con todo, la menos enfatizada — es el regreso del pueblo judío a la tierra prometida y el surgimiento del Estado de Israel.

El Testimonio de Carlos Spurgeon, 1910

Pese a que hemos hablado de Israel en varias oportunidades en los capítulos anteriores, nos es necesario mirar con más atención el restablecimiento de esta nación, a la luz de la profecía.

Tan sólo han habido unos pocos siervos de Dios, y muy distanciados en el tiempo, que han seguido al Señor con todo su corazón y han sido, por lo tanto, capaces de reconocer el futuro.

Una de esas personas fue Carlos Spurgeon. En el año 1910, antes de que Israel llegara a ser una nación, y cuando parecía que no había posibilidades para que los judíos volvieran a la Tierra Santa, él enseñaba que Israel sería una nación, así como Ezequiel profetizaba en los capítulos 36 y 37:

> El significado de nuestro texto, como lo indica el contexto, es muy evidente. Si las palabras transmiten algún significado entonces decimos primero que habrá una restauración política de los judíos a su propia tierra y a su propia nacionalidad; entonces, en segundo lugar, como lo indica en el texto y el contexto muy claramente, habrá una restauración espiritual, una conversión genuina de las tribus de Israel.
>
> Ellos tendrán una prosperidad nacional que les hará famosos; han de tener tal gloria que Egipto, Tiro, Grecia y Roma olvidarán su propia gloria frente al esplendor del trono de David. Si las palabras expresan ideas, entonces ésta es la idea y el significado de este capítulo.
>
> Deseo no tener nunca la habilidad de hacer que Dios diga otra cosa que la que él mismo dice. No hay nada más evidente que el significado claro y pleno de este pasaje — un significado que no debe espiritualizarse — se hace obvio que tanto las dos, como las diez tribus de Israel han de ser restauradas a su propia tierra, y que un rey ha de gobernarlas.

El Deseo de Paz de Israel

Analicemos el desarrollo progresivo actual, el cual llevará a Israel a la unión con el nuevo orden mundial, el cual es dominado por Europa. En nuestros días vemos a Israel entremezclándose con sus anteriores enemigos, no por causa de que hayan adoptado una nueva filosofía que les haga amarse unos a otros, sino debido a que tienen la noción de una paz negociable.

Israel está abrumada con el proyecto de vivir en una verdadera paz con sus vecinos árabes. Piensa que la paz ha de venir. Pero la Biblia dice: *"cuando digan: Paz y seguridad, entonces vendrá sobre ellos destrucción repentina, como los dolores a la mujer encinta, y no escaparán"* (1 Tesalonicenses 5:3).

Israel: El Objeto de la Profecía

Haríamos bien en entender que las señales de los últimos tiempos que dio el Señor eran *dirigidas específicamente a Israel*. Cuando Jesús le explicó a sus discípulos los eventos finales, con las correspondientes señales que acontecerían antes de su venida, se dirigió a la gente de Israel.

Tenemos dos características muy claras mencionadas en Mateo 24 las cuales identifican a un determinado pueblo: *"entonces los que estén en Judea, huyan a los montes"* (versículo 16). Esta es una referencia geográfica, la cual no se refiere a la Iglesia de Jesucristo. Si residimos en los Estados Unidos, Canadá, Europa, u otras partes del mundo, no podemos huir a las montañas de Judea, debido a que las mismas se encuentran en Israel.

Además, Jesús identifica un objeto de oración: *"Orad, pues, que vuestra huida no sea en invierno ni en día de reposo"* (versículo 20).

El día de reposo le es dado tan sólo a los judíos. Leemos en las Sagradas Escrituras al respecto del día de reposo: *"Tú hablarás a los hijos de Israel, diciendo: En verdad vosotros guardaréis mis días de reposo; porque es señal entre mí y vosotros por vuestras generaciones, para que sepáis que yo soy JEHOVA que os santifico"* (Exodo 31:13). ¡Por lo tanto, la gran señal de los tiempos finales para los gentiles y para la Iglesia, es Israel!

El Antiguo Pecado de Israel

¿Cuál es el objetivo de Israel para el futuro? Ahora, como nación, está enfrentando su pecado original. Aproximadamente unos 3.500

años atrás, el pueblo de Israel estaba en la tierra prometida. Dios había cumplido todo lo que había prometido en cuanto a su entrada, pero Israel rehusó ser el pueblo escogido de Dios, una nación única y diferente, y decidió hacer su propia voluntad.

Dios puso al descubierto la razón más profunda de esto declarando, en forma evidente, que el pueblo de Israel no quería que Dios gobernara sobre ellos. Rechazaron, sin rodeos, las palabras que Dios les había dado a través de Moisés: *"Porque eres pueblo santo a JEHOVA tu Dios, y JEHOVA te ha escogido para que le seas un pueblo único de entre todos los pueblos que están sobre la tierra"* (Deuteronomio 14:2).

¡Qué promesa tan tremenda! Israel sería — *"un pueblo único de entre todos los pueblos que están sobre la tierra"*. La historia nos demuestra que muchas naciones han intentado tener la supremacía sobre las demás.

Esto es bastante evidente también en Estados Unidos. Nos consideramos una nación especial. Muchos estadounidenses proclamarían que los Estados Unidos es la nación más grande en la historia del mundo. Muchas otras naciones antes de la nuestra cometieron el mismo pecado, pero el polvo de sus ruinas da testimonio contra ellas.

La Nación Santa de los Cristianos

¿Quiénes pues, somos nosotros los cristianos? Primera Pedro 2:9 nos responde: *"Mas vosotros sois linaje escogido, real sacerdocio, nación santa, pueblo adquirido por Dios, para que anunciéis las virtudes de aquel que os llamó de las tinieblas a su luz admirable."* Nosotros, la Iglesia de Jesucristo, también somos un pueblo especial. Somos linaje escogido. Una nación santa. Pero esta nación santa no ha de encontrarse en ninguna identidad política, tal como Estados Unidos, Canadá, Francia, Inglaterra, China, o ninguna otra parte del mundo. Esta nación santa se encuentra dentro de las naciones del mundo y cada miembro de esta nación es conocido por el Señor en forma individual.

Tenemos todas las razones para creer que esta nación santa está a punto de completarse, y cuando esto suceda, cuando el último de los gentiles se adhiera, seremos *arrebatados* para estar con nuestro Señor, en su presencia, por toda la eternidad.

Israel Solicita Un Rey

El acto de rebeldía que Israel cometió contra el Dios vivo al solicitar un rey para poder ser "como las otras naciones", no se desvaneció así nomás. Por el contrario, llegó a su clímax unos 1.000 años más tarde. Leemos en Juan 19:15, — *"no tenemos más rey que César".* Todo el peso de la declaración de sus ancestros, el cual refleja el deseo de ser parte de la familia de las naciones, de ser como cualquier otro pueblo, cae sobre la frase, — *"no tenemos más rey que César".* Israel ha de ser confrontado aún con esta declaración cuando las naciones de la tierra se junten para batallar contra Jerusalén.

Los Pasos de Israel Hacia la Paz

En este momento, parecería que en la Tierra Santa todo apunta hacia una "paz" negociable. Se acrecientan las naciones que otrora fueron enemigas de Israel y, ahora, establecen relaciones diplomáticas con él. La posibilidad de aumentar el comercio más allá de las fronteras nacionales es muy tentador y, sin duda alguna, la economía de Israel seguirá creciendo en forma poderosa.

Ahora, todas estas señales positivas no han de cambiar la palabra profética. Jesús dice: *"Yo he venido en nombre de mi Padre, y no me recibís; si otro viniere en su propio nombre, a ése recibiréis"* (Juan 5:43). Israel está camino a ser parte del último imperio mundial de los gentiles y aceptará al Anticristo.

Tan sólo cuando entendemos estos eventos desde una perspectiva espiritual, podemos comenzar a comprender lo que está sucediendo en el mundo político, económico y religioso. Con esto en mente, deberíamos entender, en forma más adecuada, los eventos políticos que se llevan a cabo en el mundo hoy día. Si no conocemos su resultado final, podemos ser absorbidos con mucha facilidad por el entusiasmo de la falsa paz que comienza a desarrollarse.

El Anticristo: Un Maestro del Engaño

Cuando la Palabra de Dios identifica la obra del Anticristo, leemos lo siguiente en Segunda Tesalonicenses 2:7–11: *"Porque ya está en acción el misterio de la iniquidad; sólo que hay quien al presente lo detiene, hasta que él a su vez sea quitado de en medio. Y entonces se manifestará aquel inicuo, a quien el Señor matará con el espíritu de su boca, y destruirá con el resplandor de su venida; inicuo cuyo advenimiento es por obra de Satanás, con gran poder y señales y prodigios mentirosos, y con todo engaño de iniquidad para los que se pierden, por cuanto no recibieron el amor de la verdad para ser salvos. Por esto Dios les envía un poder engañoso, para que crean la mentira."*

Esta Escritura aclara dos cosas: Una, la obra del Anticristo prospera debido al engaño, y dos, el rechazo del amor de Dios (Juan 3:16) es debido a que se cree en una mentira.

CAPITULO 6

El Misterio de la Iniquidad y el Arrebatamiento

Resumen

Cuando el apóstol Pablo profetizó acerca del surgimiento del Anticristo y el último imperio mundial, usó el término "el misterio de la iniquidad" para describir a una determinada persona cuyo poder tendrá un efecto devastador sobre el mundo entero. La razón para llamarle "el misterio de la iniquidad" muestra que hay algo que está oculto y que, generalmente, no se reconoce. La revelación final ha de ocurrir cuando el elemento oculto sea quitado. Mientras tanto, ya podemos ver hoy día el comienzo del misterio de la iniquidad.

¿Quién o Qué es "el Misterio de la Iniquidad"?

El tema del título de este capítulo se encuentra en Segunda Tesalonicenses 2:7: *"Porque ya está en acción el misterio de la iniquidad; sólo que hay quien al presente lo detiene, hasta que él a su vez sea quitado de en medio."*

El apóstol Pablo deja bien claro que este "misterio de la iniquidad" ya estaba en acción durante su época, casi 2.000 años atrás. Miremos el contexto en el cual el "misterio de la iniquidad" se encuentra. *"Nadie os engañe en ninguna manera; porque no vendrá sin que antes venga la apostasía, y se manifieste el hombre de pecado, el hijo de perdición, el cual se opone y se levanta contra todo lo que se llama Dios o es objeto de culto; tanto que se sienta en el templo de Dios como Dios, haciéndose pasar por Dios. ¿No os acordáis que cuando yo estaba todavía con vosotros, os decía esto? Y ahora vosotros sabéis lo que lo detiene, a fin de que a su debido tiempo se manifieste. Porque ya está en acción el misterio de la iniquidad; sólo que hay quien al presente lo detiene, hasta que él a su vez sea quitado de en medio. Y entonces se manifestará aquel inicuo, a quien el Señor matará con el espíritu de su boca, y destruirá con el resplandor de su venida; inicuo cuyo advenimiento es por obra de Satanás, con gran poder y señales y prodigios mentirosos, y con todo engaño de iniquidad para los que se pierden, por cuanto no recibieron el amor de la verdad para ser salvos. Por esto Dios les envía un poder engañoso, para que crean la mentira, a fin de que sean condenados todos los que no creyeron a la verdad, sino que se complacieron en la injusticia"* (2 Tesalonicenses 2:3–13).

En estos pocos versículos, vemos con claridad que "el misterio de la iniquidad", el espíritu del Anticristo, ya estaba en acción al comienzo de la Iglesia. ¿Por qué? Porque es el producto de Satanás, el gran oponente de Dios, — *"el cual se opone y se levanta contra todo lo que se llama Dios"*.

También se revela aquí el arrebatamiento de la Iglesia, — *"hasta que él* (la Iglesia) *a su vez sea quitado de en medio."*

Entonces, la identificación del Anticristo, — *"aquel inicuo.."* — tendrá lugar y su derrota será notoria, no a través de un confrontamiento armado, sino simplemente — *"con el resplandor de su venida (la de Jesucristo)"*.

El Gran Engaño

Si tuviera que elegir otra palabra clave en estos versículos, la misma sería "engaño". Pese a que la Iglesia está aún en la tierra, la obra del espíritu del Anticristo está en pleno movimiento. El hombre de pecado, que recibe poder de Satanás, produce — *"señales y prodigios mentirosos"* — con el propósito específico de engañar a aquellos que *"no recibieron el amor de la verdad"*.

Hace un tiempo atrás pude ver, a través de un artículo de la revista *U.S. News and World Report* (Diciembre 20, 1993), la manera en la que este engaño es real en nuestros días. Una copia de esta revista llegó a mi escritorio con una historia en primera plana titulada "¿QUIEN ERA JESUS? UNA NUEVA PERSPECTIVA DE SUS PALABRAS Y SUS HECHOS", mis pensamientos fueron inmediatamente a 1 Corintios capítulo 1, versículos 18 al 25: *"Porque la palabra de la cruz es locura a los que se pierden; pero a los que se salvan, esto es, a nosotros, es poder de Dios. Pues está escrito: Destruiré la sabiduría de los sabios, Y desecharé el entendimiento de los entendidos. ¿Dónde está el sabio? ¿Dónde está el escriba? ¿Dónde está el disputador de este siglo? ¿No ha enloquecido Dios la sabiduría del mundo? Pues ya que en la sabiduría de Dios, el mundo no conoció a Dios mediante la sabiduría, agradó a Dios salvar a los creyentes por la locura de la predicación. Porque los judíos piden señales, y los griegos buscan sabiduría; pero nosotros predicamos a Cristo crucificado, para los judíos ciertamente tropezadero, y para los gentiles locura; mas para los llamados, así judíos como griegos, Cristo poder de Dios, y sabiduría de Dios. Porque lo insensato de Dios es más sabio que los hombres, y lo débil de Dios es más fuerte que los hombres."*

Al leer el artículo del *U.S. News*, vi, en forma muy transparente, que la sabiduría de los hombres es necedad. Declaraciones como ésta sirven para demostrarlo:

> Se lo describe como un predicador elocuente y un talentoso sanador, un exorcista y obrador de milagros. Los estudiosos hoy día están desenterrando la verdad histórica de su vida y de sus tiempos. Jesús proclamó que el reino de Dios había llegado, pero su perspectiva del reino desafió la sabiduría convencional.
>
> Sin importar si los relatos milagrosos son más simbólicos que históricos, parecería ser, para muchos entendidos, que Jesús probablemente sí hizo algunos milagros. "No podemos aseverar qué milagros fueron realmente auténticos", dice el Profesor Tambasco de la Universidad Georgetown. "Sí tenemos la sensación de que todas las historias fueron reconstruidas. Sin embargo, podemos estar bastante seguros de que si reunimos todos los milagros de sanidad, los mismos dan testimonio que, de hecho, hubieron milagros en la vida de Jesús."[12]

Lo que este profesor está haciendo con tales declaraciones es contribuir a la duda y a la confusión, tipificando de esa manera — *"la apostasía"* — ya que ellos — *"no recibieron el amor de la verdad."*

Esperando Por el Arrebatamiento, No Por el Día de Cristo
Hacemos bien al enfatizar que los primeros cristianos, durante los tiempos de Pablo, estaban esperando la venida del Señor. Sin embargo, existía, aparentemente, un malentendido referente a 1°) la venida del Señor y 2°) el encuentro con él.

Obviamente, alguien estaba predicando, escribiendo cartas y haciendo circular rumores de que — *"el día del Señor está cerca"* (2 Tesalonicenses 2:2). Como resultado, estos creyentes estaban preocupados en gran manera. En 1 Tesalonicenses 4:16–18, el apóstol les escribió acerca del rapto. Sin embargo, alguien les estaba enseñando que — *"el día del Señor está cerca."* Pablo les explicó que los mensajes que les estaban confundiendo no venían de él. Su gran preocupación se expresa claramente en estos dos versículos: *"Pero con respecto a la venida de nuestro Señor Jesucristo, y nuestra reunión con él, os rogamos, hermanos, que no os dejéis mover fácilmente de vuestro modo de pensar, ni os conturbéis, ni por espíritu, ni por palabra, ni por carta como si fuera nuestra, en el sentido de que el día del Señor está cerca"* (2 Tesalonicenses 2:1-2).

Pablo entonces, a partir de allí les describe los eventos sucesivos que han de tener lugar. Primero, el elemento que lo detiene, el cual es la Iglesia de Cristo Jesús, la cual tiene que salir del medio. Tan sólo la partida de la Iglesia, con el Espíritu Santo, permitirá la revelación del Anticristo.

El Consolador Será Quitado

Ahora, alguien puede objetar y decir: "¿Cómo va a salvarse la gente si el Espíritu Santo es quitado?" Esta es una pregunta legítima.

Vamos a dar la respuesta con una contrapregunta: "¿Cuándo vino el Espíritu Santo?" El Señor Jesús dice en Juan 14:16-18: *"Y yo rogaré al Padre, y os dará otro Consolador, para que esté con vosotros para siempre: el Espíritu de verdad, al cual el mundo no puede recibir, porque no le ve, ni le conoce; pero vosotros le conocéis, porque mora con vosotros, y estará en vosotros. No os dejaré huérfanos; vendré a vosotros."* Esta Escritura identifica la función del Espíritu Santo como el "Consolador". Eso significa que cuando el Espíritu Santo, que es el consolador, sea quitado juntamente con la Iglesia, entonces no habrá más consuelo. Aquellos que crean en Jesucristo luego del arrebatamiento, durante la Gran Tribulación, no serán consolados con la esperanza del rapto.

Esto parece lógico ya que multitudes de personas, que quedarán en la tierra después del rapto, rehusarán dar sus vidas a Jesús. Antes bien, continuarán viviendo "en la carne" y en el mundo. Pero durante la Gran Tribulación tendrán que dar por perdidas sus propias vidas si es que deciden convertirse a Cristo.

Por favor, note que en Juan 14:18, el Señor dice específicamente: *"No os dejaré huérfanos, vendré a vosotros."* Esto confirma la perfecta unidad a la que llamamos Trinidad, una doctrina que está establecida en las Sagradas Escrituras. Jesús se ha ido, pero vuelve nuevamente a través del Espíritu Santo. Por tanto, puede decir, — *"vendré a vosotros"*. La revelación completa del conocimiento del misterio de la Trinidad será entonces manifestada. *"En aquel día vosotros conoceréis que yo estoy en mi Padre, y vosotros en mí, y yo en vosotros"* (versículo 20).

El Día de Cristo

Luego de que la Iglesia, juntamente con el Consolador, el Espíritu Santo, sea quitada del medio, leemos en 2 Tesalonicenses 2:8: *"entonces se manifestará aquel inicuo"*.

Finalmente, se realizará la máxima confrontación entre la luz y las tinieblas. Su resultado final será "el día de Cristo", cuando él aparezca en gran poder y gloria, con el objetivo de aniquilar al Anticristo, *"a quien el Señor matará con el espíritu de su boca, y destruirá con el resplandor de su venida"* (versículo 8).

Un Evangelio Sin Consolador

Por tanto, un evangelio falso está siendo propagado hoy día por una moderna teología, el cual niega que Jesús haya de venir en algún momento, el cual, en realidad, es un evangelio sin consolador.

La revista *The Scotsman* publicó el siguiente artículo el 28 de Mayo de 1994, escrito por Frank Pilkington, el cual muestra el alcance de esta confusión:

> Habiendo sido criado en la religión católica desde que nací, usted puede hacerse una idea de lo difícil que fue para mí entender y aceptar mi talento de ser psíquico. Al pueblo cristiano siempre se le ha enseñado a creer que Dios está por encima nuestro y que el diablo está en algún lugar externo esperando para tentarnos a hacer lo malo. Es mi creencia que ambas entidades pueden ser asociadas y que al descubrirnos a nosotros mismos y entender nuestras motivaciones, podemos tomar claras elecciones sobre lo

que es bueno y lo que es malo. Al hacerlo, podemos determinar nuestro propio camino espiritual.

El pensamiento de la nueva era nos permitirá crecer espiritualmente, mucho más al dejar atrás los efectos de Saturno, el planeta que gobierna las iglesias. Todas las religiones están listas para ser sacudidas en gran forma en los próximos dos años, ya que Saturno ha llegado a Piscis, y creo que las jerarquías religiosas necesitarán aprender cómo emerger y trascender, ya que si no permiten un margen de alternativas, sus leyes se tornarán demasiado rígidas.[13]

Una cosa es segura: Los "próximos dos años" han pasado y las iglesias no han sido "sacudidas en gran forma". Desafortunadamente, tal confusión es tomada muy en serio y muchos son cautivos de estos engaños astrológicos.

El Poder Engañoso

La Escritura no deja de informarnos al respecto de las armas exactas y los caminos que Satanás emplea para hacer surgir su reino visible en la Tierra. Es asombroso ver que este grandioso y engañoso plan maestro del diablo no sólo es permitido por Dios, sino que él mismo se asegura de que eso así suceda: *"Por esto Dios les envía un poder engañoso, para que crean la mentira"* (2 Tesalonicenses 2:11).

Para resumir, el evangelio verdadero está siendo predicado, el cual llama a las personas a Cristo y a estar preparadas para — *"nuestra reunión con él"*. Pero, en forma paralela, el día de Cristo está siendo preparado, ya que Dios permite que Satanás ponga en marcha su plan maestro de engaño y mentira, *"a fin de que sean condenados todos los que no creyeron a la verdad, sino que se complacieron en la injusticia"* (versículo 12). El clímax de este engaño progresivo se logra a través del aspecto religioso, el cual es "el misterio de la iniquidad".

Resumiendo, el "día de Cristo" (no el arrebatamiento, sino su retorno literal al Monte de los Olivos) no puede llevarse a cabo porque el Anticristo no se ha revelado aún. Pero la revelación del Anticristo no puede materializarse porque la Iglesia no ha sido arrebatada. Es imposible que el compendio de la oscuridad sea revelado en forma paralela con la existencia de la Iglesia en la tierra, ya que ella, en la cual mora el Espíritu de Dios, está aún presente.

Más adelante, en este libro, he de exponer, con más detalle, los eventos que llevarán al engaño final.

CAPITULO 7
La Misteriosa Babilonia y Su Poder

Resumen

¿Quién o qué es la Misteriosa Babilonia? Este capítulo contesta preguntas que han producido mucho debate. Al investigar el pacto de siete años se revela el éxito del Anticristo y la creación de la imagen de la bestia, la cual es tecnológicamente posible en nuestros días. En este capítulo trataremos la intoxicante fornicación política, religiosa y económica de la Misteriosa Babilonia.

La Misteriosa Babilonia y su Poder

El término "Babilonia Misteriosa" aparece tan sólo una vez en la Biblia, en Apocalipsis 17:5: *"y en su frente un nombre escrito, un MISTERIO: BABILONIA LA GRANDE, LA MADRE DE LAS RAMERAS Y DE LAS ABOMINACIONES DE LA TIERRA."* Este es el clímax de la abominación, el título más aterrador con el que una persona pudiera ser llamado. Sabemos que éste es el compendio del mal durante los tiempos finales, de acuerdo a como lo presenta el libro de Apocalipsis. Es el tiempo del cual hablaron los profetas hace muchos siglos.

El Día del Señor

Para poder entender en forma completa este tiempo tan terrible, escuchemos lo que tenían para decir los profetas del Antiguo Testamento al respecto.

Sofonías pronunció las siguientes palabras: *"Cercano está el día grande de Jehová, cercano y muy próximo; es amarga la voz del día de Jehová; gritará allí el valiente. Día de ira aquel día, día de angustia y de aprieto, día de alboroto y de asolamiento, día de tiniebla y de oscuridad, día de nublado y de entenebrecimiento"* (Sofonías 1:14-15). ¿De qué día está hablando? Del día del Señor, cuando volverá con gran poder y gloria para poner fin y derrotar al Anticristo y al sistema del orden mundial por completo.

El profeta Joel describió este día tan terrible de la siguiente manera: *"Delante de él temblará la tierra, se estremecerán los cielos; el sol y la luna se oscurecerán, y las estrellas retraerán su resplandor. Y JEHOVA dará su orden delante de su ejército; porque muy grande es su campamento; fuerte es el que ejecuta su orden; porque grande es el día de JEHOVA, y muy terrible; ¿quién podrá soportarlo?"* (Joel 2:10-11).

Jeremías enfatizó específicamente que éste es un día único, el cual nunca ha de repetirse: *"¡Ah, cuán grande es aquel día! tanto, que no hay otro semejante a él; tiempo de angustia para Jacob; pero de ella será librado"* (Jeremías 30:7).

Más adelante en la historia, el Señor Jesús mismo confirmó esta profecía cuando dijo en Mateo 24:21: *"porque habrá entonces gran tribulación, cual no la ha habido desde el principio del mundo hasta ahora, ni la habrá."*

Estas y muchas otras Escrituras identifican la última parte de los tiempos finales como el tiempo de tribulación. El mismo durará siete años y tendrá como resultado el mayor derramamiento de sangre que la humanidad jamás ha visto.

El Pacto de Siete Años

La gran tribulación comienza cuando el Anticristo confirma un pacto que aparentemente ya existía. Daniel 9:27 documenta este hecho con las siguientes palabras: *"Y por otra semana confirmará el pacto con muchos; a la mitad de la semana hará cesar el sacrificio y la ofrenda. Después con la muchedumbre de las abominaciones vendrá el desolador, hasta que venga la consumación, y lo que está determinado se derrame sobre el desolador."*

Es muy importante resaltar en este punto que la tribulación de siete años debe ser dividida en dos partes iguales, es decir, dos partes de tres años y medio cada una. Los primeros tres años y medio serán un tiempo de regocijo. Habrá paz, prosperidad, y riquezas tan abrumadoras que los pueblos del mundo han de apoyar en forma incondicional este nuevo sistema mundial, dirigido por aquel que la Biblia denomina el Anticristo.

El Exito del Anticristo

Es sorprendente darse cuenta de lo exitoso que este personaje ha de ser. Apocalipsis 13:3 proclama: — *"y se maravilló toda la tierra en pos de la bestia."*

Esta bestia no tiene comparación en toda la historia humana, por lo tanto, la gente se pregunta: — *"¿Quién como la bestia?"* — (Apocalipsis 13:4). Se asume, en forma bastante obvia, que también es un genio militar: *"¿y quién podrá luchar contra ella?"* (versículo 4b).

Finalmente, el movimiento ecuménico, el Concilio Mundial de Iglesias, las Naciones Unidas, y cualquier otro movimiento que pueda estar involucrado en un trabajo que persiga la unidad como fin, emergerá como una sola y poderosa religión. Por eso la Biblia dice: *"Y la adoraron todos los moradores de la tierra"* — (versículo 8).

Sin embargo, hay una excepción. El versículo 8 continúa diciendo: — *"cuyos nombres no estaban escritos en el libro de la vida del Cordero que fue inmolado desde el principio del mundo."* Vemos un grupo de personas que no participarán en este movimiento mundial. Estas personas son los judíos, los elegidos de Dios. A pesar de que han de ser engañados por el Anticristo durante la primera mitad de la tribulación, no le seguirán durante la segunda mitad. Permítanme explicarles.

Angustia Para Jacob
Ya citamos anteriormente a Jeremías 30:7, pero por el bien de ser sumamente claros leámoslo nuevamente: *"¡Ah, cuán grande es aquel día! tanto, que no hay otro semejante a él; tiempo de angustia para Jacob; pero de ella será librado."* Notemos aquí que este tiempo es llamado "tiempo de angustia para Jacob".

¿Cuál es el propósito de esto? ¿Por qué es llamado "angustia para Jacob"? Creo que la razón se encuentra en el hecho de que Jacob — su propio nombre significa "engañador" o "suplantador" — nunca fue desprendido de su naturaleza. Israel, hasta el día de hoy, aún tiene incorporados poderosos aspectos de esta "naturaleza de Jacob".

El nombre Jacob se encuentra 377 veces en la Biblia, sin embargo, Israel es mencionado 2.600 veces. De cualquier manera, la "naturaleza de Jacob" está incorporada a la nación de Israel. El deseo de Israel de obtener justicia propia, de recibir salvación a través de la ley, nunca ha cesado. Por tanto, la vieja naturaleza de Israel (Jacob) pasará por el período de juicio de tres años y medio de engaño.

Pero entonces, esta tribulación correctiva de tres años y medio le llevará a un auto reconocimiento y a su subsecuente salvación.

Satanás el Imitador
Una vez más, debemos señalar que Satanás, el diablo, también llamado el dragón, no es capaz de crear, sino tan sólo de imitar. Así que, en

Apocalipsis 13, vemos al dragón dándole autoridad a la bestia que sube — *"del mar"*. El versículo 2b dice: — *"Y el dragón le dio su poder y su trono, y grande autoridad."* Aquí vemos la imitación. El dragón le da su investimiento y coloca autoridad y poder en las manos del Anticristo, así como el Padre, que está en el cielo, le ha dado todas las cosas al Hijo.

Cuando leemos Apocalipsis 13 cuidadosamente, reconocemos cuatro identidades distintas las cuales son las principales características en el gran engaño a nivel mundial.

El Anticristo
"Me paré sobre la arena del mar, y vi subir del mar" — (Apocalipsis 13:1). Identificamos esta imagen como el Anticristo. Surge del mar de las naciones. Nadie sabe en realidad quién es ni de dónde proviene. Muchos entendidos están convencidos de que tendrá un trasfondo judío. Yo estoy de acuerdo, ya que de Israel sale tanto bendición como maldición, salvación como juicio. Los hombres que han sido responsables de eventos que han originado cambios a nivel mundial han sido en su mayoría judíos.

Satanás
El gran dragón, la serpiente antigua, el cual también es denominado diablo y Satanás, es el que — *"le dio* (al Anticristo, la primer bestia) *su poder y su trono, y grande autoridad."*

Satanás y el Anticristo están Unidos
Les vemos a los dos recibiendo adoración, *"y adoraron al dragón que había dado autoridad a la bestia, y adoraron a la bestia, diciendo: ¿Quién como la bestia, y quién podrá luchar contra ella?"*

El Falso Profeta
"Después vi otra bestia que subía de la tierra" — (versículo 11). Esta otra bestia no sale del mar, de la masa de gente imposible de identificar, sino — *"de la tierra"*. Por tanto, su localización debe ser

geográficamente identificable. Esta segunda bestia ya posee poder y autoridad. También podemos reconocer su gobierno religioso.

En contraste con la primer bestia, la cual recibió todo directamente del dragón, vemos que la segunda bestia ya tiene poder: *"Y ejerce toda la autoridad de la primera bestia"* — (versículo 12).

"Y engaña a los moradores de la tierra con las señales que se le ha permitido hacer en presencia de la bestia" (versículo 14). Y en el versículo 15: *"Y se le permitió infundir aliento a la imagen de la bestia"*. Podemos ver claramente que la segunda bestia sostiene a la primera. La Biblia dice, — *"tenía dos cuernos semejantes a los de un cordero, pero hablaba como dragón"* (versículo 11). Esta es una declaración sorprendente: — *"semejantes a los de un cordero"*. No es el cordero de Dios, pero sí una imitación. Proclama ser el Cristo (o un representante del mismo) pero no lo es.

La Imagen
Finalmente, está — *"la imagen de la bestia"*. ¿De dónde viene esta imagen? No es idéntica al Anticristo, ni tampoco a Satanás ni al falso profeta, sino que esta "imagen" ha sido en realidad hecha por los hombres.

El falso profeta tiene el poder iniciador para crear tal imagen, — *"mandando a los moradores de la tierra que le hagan imagen a la bestia que tiene la herida de espada, y vivió"* (Apocalipsis 13:14b). Luego leemos en el versículo 15 que al falso profeta — *"se le permitió infundir aliento a la imagen de la bestia"*. Usando una metáfora moderna, diríamos que el falso profeta es el que provee el software para esta "imagen de la bestia".

La próxima frase, sin embargo, es sorprendente debido a que muestra que la autoridad máxima estará en las manos de esta imagen hecha por los hombres, *"para que la imagen hablase e hiciese matar a todo el que no la adorase."*

Esta imagen manufacturada es la que tiene en sus manos la autoridad de decidir quién ha de morir. No es necesario machacar con la idea de que la tecnología moderna es plenamente capaz, hoy en día, de producir una máquina letal de tal magnitud.

Bastaría un artículo de la revista *Newsweek* para convencerle sobre este punto:

> El matrimonio de un hombre (o mujer) con una máquina es una de las imágenes más intrigantes de la ciencia ficción. Desde la Mujer Biónica hasta RoboCop, estas criaturas están dotadas de cuerpos que no se cansan y cerebros (computadoras) al más alto nivel en la escala evolutiva. ¡Sin embargo, usted aún no ha visto nada!
>
> Para algunos futuristas, la posibilidad más atrayente es lo que la ciencia ficción llama "wetware", la unión entre el cerebro humano y las computadoras. La palabra "wet" se refiere al cerebro. En esta visión, los cerebros estarían conectados directamente con las máquinas. La computadora podría leer literalmente sus ondas cerebrales, sus pensamientos — todos ellos, los mundanos y los majestuosos.
>
> La telepatía virtual está, probablemente, a pocas generaciones de nosotros, (si es que algún día llega a darse), pero los investigadores están experimentando en este momento con productos que pueden llegar a evolucionar en una especie de wetware. Los científicos están tratando de crear imágenes computarizadas a través de electrodos conectados al cerebro, al brazo o a los músculos faciales. Estos sistemas funcionan al transferir las señales eléctricas generadas por el sistema nervioso en caracteres que las computadoras pueden leer. La investigación ayuda a acrecentar el acceso de las personas discapacitadas a las computadoras, ya que se puede sustituir la función de los dedos sobre el teclado por una guiñada o una mueca del rostro.[14]
>
> — Newsweek, Mayo 30, 1994, p. 68

Control Total

Debemos prestarle especial atención a "la otra bestia", el falso profeta. Evidentemente, esta criatura está de común acuerdo con el dragón que le da poder a la primer bestia, ya que sostiene su plataforma a través de la economía, el ejército y la religión. La "otra bestia", el falso profeta, también es el gran inventor de una nueva religión mundial. Su invención implementará, por primera vez en la historia de la humanidad, un control total.

A nivel de la religión, a través de su "milagrosa" creación de la "imagen de la bestia", se asegurará que todos los pueblos de la tierra adoren dicha imagen, o de lo contrario serán muertos.

La Marca
También a nivel económico, el falso profeta institucionaliza un sistema infalible: *"Y hacía que a todos, pequeños y grandes, ricos y pobres, libres y esclavos, se les pusiese una marca en la mano derecha, o en la frente; y que ninguno pudiese comprar ni vender, sino el que tuviese la marca o el nombre de la bestia, o el número de su nombre"* (Apocalipsis 13:16–17). ¡Eso es control total! Entonces, para poder identificar a la Misteriosa Babilonia, debemos buscar a aquella persona que cuente con el respaldo de un sistema que ejerza suprema autoridad tanto en la religión como en la economía.

Para que no sea demasiado difícil identificar dicha autoridad, observemos cómo nuestro mundo está siendo alterado.

Existen planes aquí mismo, en Estados Unidos, que parecen estar preparando las cosas para el día en el cual todos deberán tener la "marca" para poder sobrevivir, comprar, vender o negociar. Puede que no sea una preparación deliberada, pero podemos ver que conduce en dirección a un control económico general.

> De acuerdo con una comisión del gabinete, la asignación de un número específico para cada residente del Estado hará que el gobierno sea más eficiente, permitiéndole ahorrar el dinero recaudado por los impuestos. El Estado podría tener, a cambio, un sistema que le asigne a cada ciudadano de Carolina del Norte una identificación computarizada o código, la cual sería usada para mantener un registro de información personal para el año 1997, dijeron los miembros de la comisión. Dicha comisión no ha excluido el uso de los números

del Seguro Social. Pero no es seguro si la ley Federal, la cual contiene restricciones acerca del uso de los números del Seguro Social, permitiría tal cosa. Esta propuesta podría causar también el temor de que el Estado recoja demasiada información acerca de sus residentes, dijeron los miembros de la comisión, así como sucedió en el caso del sabelotodo de "Big Brother" en la novela de George Orwell, 1984.[15]

— The News and Observer, Febrero 9, 1995

Bienvenida al Control

Para poder entender mejor lo que la Escritura ha predicho, debemos mirar ahora todas las cosas del mundo moderno desde un punto de vista negativo. Con certeza, cada ciudadano decente que trabaja para poder vivir, que paga sus impuestos y hace lo que es correcto, está a favor de que se detenga el crimen, el fraude sobre el beneficio social, la pérdida de dinero y cosas semejantes. Con el control electrónico adecuado, el tráfico de drogas, por ejemplo, podría ser eliminado.

También debemos tomar en consideración los miles de millones de dólares que la IRS no puede recaudar debido a que no hay suficiente control. Podrían ser recaudados pero no lo son, por lo tanto esa pérdida debe ser compensada por aquellos que pagan los impuestos. Cuanto más se desarrolle y se perfeccione este sistema de control, más apoyo tendrá del público en general. Con la nueva y eficiente recaudación de impuestos, tal vez las tazas puedan, inclusive, ser reducidas.

La Babilonia Política

La Misteriosa Babilonia es considerada como una mujer, y más adelante es identificada como una ciudad: *"Y la mujer que has visto es la gran ciudad que reina sobre los reyes de la tierra"* (Apocalipsis 17:18). De aquí aprendemos que la Misteriosa Babilonia no sólo tiene autoridad religiosa y económica, sino también política. De otra manera, no leeríamos que los — *"reyes de la tierra"* —, los líderes políticos, tienen algo que ver con ella.

El hecho de que la Babilonia Misteriosa cometa fornicación también es significativo. Si esta mujer, la cual es también identificada como una ciudad, tiene algún trato político con los presidentes, primeros ministros, y reyes, se debería tomar como algo muy normal.

Pero la unión entre esta mujer y los reyes de la tierra se considera como fornicación, por tanto, no sólo es llamada ramera, sino "la gran ramera".

La palabra "fornicación" es usada 36 veces en la Biblia, refiriéndose, en general, a una relación sexual ilícita. Sin embargo, cuando se la usa para referirse a la Misteriosa Babilonia, se la menciona ocho veces con un énfasis especial en relación a la prosperidad.

Por ejemplo: *"Porque todas las naciones han bebido del vino del furor de su fornicación; y los reyes de la tierra han fornicado con ella, y los mercaderes de la tierra se han enriquecido de la potencia de sus deleites"* (Apocalipsis 18:3).

Fornicación a Nivel Mundial
Además de "los reyes" — los gobernantes de este mundo — los habitantes del mundo también cometerán fornicación con ella. El mundo entero participa en su fornicación a través "del vino". De esa manera se llega al resultado que se describe en el versículo 3.

Ellos — *"han bebido del vino del furor de su fornicación"*. Este no es un asunto local, en el cual el pecado de fornicación es cometido con uno o dos reyes, sino que dice aquí, — *"los reyes de la tierra"*.

La Misteriosa Babilonia, por tanto, es tan poderosa que los gobernantes de la tierra tienen un acuerdo con ella, para así poder compartir el gran éxito del sistema mundial. Y es por la gran ramera que los habitantes de la tierra se emborrachan, intoxicándose con su religión, con su política, y con su éxito económico.

Comunicación a Nivel Mundial
Sabemos perfectamente bien que hace cien años atrás era imposible tener una comunicación efectiva a nivel mundial. Los principales medios de transporte eran los barcos, caballos y carretas y, luego,

llegó la máquina a vapor. La comunicación tenía limitaciones bastante remarcables.

Para poder poner en funcionamiento un sistema que incluya todos los pueblos del mundo, se debe contar con una comunicación instantánea en forma global. Hoy en día es posible comunicarse, en forma instantánea, con todas las partes del mundo por medio de satélites, y uno puede viajar a cualquier lugar en jet, a una velocidad muy superior a la del sonido.

Además, con el avance de la tecnología en computación, a veces, ni siquiera se hace necesario tener que viajar. Las telecomunicaciones e internet son vías cada vez más populares, las cuales hacen que se puedan llevar los negocios adelante sin siquiera tener que viajar. Esto nos está hablando de un sistema realmente mundial, con el cual no se podía contar antes, pero que ahora ¡se ha hecho realidad!

La Babilonia que Intoxica
Notemos una vez más que los pueblos de la tierra están, en una forma metafórica, siendo emborrachados. Un conductor, por ejemplo, sabe que manejar estando intoxicado no sólo es ilegal, sino también muy peligroso.

Luego de beber no le presta mucha atención a su estado físico y decide manejar su vehículo, ya que piensa que está en buenas condiciones y, en realidad, cree que tiene buen control de sus habilidades. No se da cuenta del peligro que representa para sí mismo y para el público en general. Mientras su mente estaba libre de la influencia del alcohol era capaz de conducir su vehículo en forma segura. Pero ahora que está borracho, su juicio y su habilidad física están seriamente dañados y su excesiva confianza en sí mismo le conduce a una posible tragedia para él y para otros.

No necesitamos ser expertos para darnos cuenta que el mundo ya está intoxicado con el "vino" de la "fornicación" de "la gran ramera" al punto tal que creen que todos sus problemas pueden ser resueltos por su propia iniciativa.

La Democracia que Intoxica

¿Queda alguien aún que no crea que la democracia, el sistema en el cual la gente se gobierna a sí misma, es la mejor de todas las filosofías políticas? ¿Hay alguna institución política o centro de estudios superiores que se dé cuenta de que no podemos ni ayudarnos a nosotros mismos ni resolver los problemas de nuestro mundo fuera de Dios?

Cada sistema político, ya sea la democracia, el socialismo, el comunismo, el nazismo o alguna dictadura, está plenamente convencido de que posee, en sí mismo, la habilidad de resolver todos los problemas. Hoy, por primera vez en la historia, la humanidad ha decidido, aparentemente, identificarse con un sólo sistema: la democracia.

La Educación que Intoxica

Intente ir a algún lugar de estudios superiores y proponga que nosotros deberíamos, en primer lugar, enseñarle a nuestros estudiantes a obedecer a Dios, quien creó los cielos y la tierra, para que podamos comenzar a entender quiénes somos y cuál es el propósito para nuestra existencia. Seguramente se burlarían en su cara por ir con una superstición religiosa tan fuera de moda y anticuada. Esto muestra a las claras que la humanidad, en su mayoría, ya está espiritualmente borracha y no sabe quién es, a dónde va, y cuál será su futuro.

Sencillamente imagine lo que le diría un profesor de Yale, Harvard, Oxford, MIT, Princeton, o cualquier otra universidad de alto calibre si usted fuera y le expusiera la verdad de la condición humana: *"Si bien todos nosotros somos como suciedad, y todas nuestras justicias como trapo de inmundicia; y caímos todos nosotros como la hoja, y nuestras maldades nos llevaron como viento"* (Isaías 64:6). Descartarían tal declaración como si fuera una tontería y dudarían de su salud mental.

Amor Propio: Babilonia

También en el mundo religioso, inclusive en el cristianismo, ya no se acepta que el hombre esté corrompido, perdido, que sea incapaz de ayudarse a sí mismo y esté en camino a la eterna condenación. Sólo una pequeña minoría aceptaría la declaración de que — *"todos nosotros somos como suciedad, y todas nuestras justicias como trapo de inmundicia"*. Esto es contrario a la enseñanza del mundo y de la mayoría del cristianismo "profesante".

Mientras que nuestras prisiones están atiborradas y se acrecienta el número de personas que viven fuera de la ley, se nos dice que la razón no es el pecado, sino más bien la manera en la que el prisionero fue educado, sus medios de vida o circunstancias, tales como las carencias económicas.

Una persona puede ser un asesino sin escrúpulos, pero si su abogado puede convencer al juez y al jurado de que su defendido tuvo una niñez terrible, entonces se lo declara "inocente", o se le da una sentencia reducida.

Asesinos y toda clase de criminales están llenando nuestras cárceles y allí se les enseña, en forma diligente, que si comienzan a amarse a sí mismos y a entender que su baja auto estima es la responsable de sus actos, pueden reingresar a la sociedad como personas regeneradas.

La mayoría de las personas en realidad cree que un hombre pecador y corrupto puede cambiar a través de un análisis apropiado de su "yo" y programas de comportamiento alternativo. Palabras tales como prisiones, convictos y reclusos ya no son usadas debido a que no son "políticamente correctas". Un criminal en prisión es considerado ahora como un "residente" de una "institución correctiva".

¿Es necesario señalar que el mundo está intoxicado por la fornicación con la Misteriosa Babilonia? ¿Necesitamos más pruebas? ¡Por supuesto que no!

Babilonia Cristiana

Lo más asombroso de todo, sin embargo, es que dentro de la cristiandad, y me refiero a cristianos que son nacidos de nuevo y que creen en la Biblia, esta intoxicación también está surtiendo efecto. La manera más adecuada de resolver un conflicto de la personalidad ya no es a través del consejo bíblico, el cual lleva al pecador al arrepentimiento. La respuesta de nuestros días es enviar a dicha persona a un psicólogo o a un psiquiatra "cristiano". ¡Ay del pastor que le diga a una persona: "arrepiéntase de sus pecados para que el Señor, en su misericordia, pueda restaurarle"! Tal pastor se puede encontrar con una acérrima oposición o con que se lo catalogue de legalista.

Nuestro sistema judicial ya no acepta la autoridad espiritual del líder de una iglesia. Tan sólo alguien que ostente el título de "consejero propiamente capacitado" con reconocidos títulos en psicología o psiquiatría es considerado capaz de analizar a una persona con un problema y prescribirle el remedio adecuado.

Jesucristo Renueva, la Psicología Remienda
Debo señalar que la psicología, la psiquiatría y otros tipos de consejo, pese a que no son bíblicos, ayudan. No podemos negar el éxito de muchos psicólogos cristianos que están ayudando a cientos de miles de personas a sobrellevar sus problemas. Después de todo, una buena charla con un psicólogo bien preparado puede hacer maravillas. Al mismo tiempo, una buena charla con cualquier otra persona puede hacer maravillas también.

Las personas que son budistas, hindúes, o musulmanes van a sus consejeros y también reciben ayuda. La verdad, sin embargo, es que cuando uno viene a Jesús y, de todo corazón, le confiesa sus pecados y se arrepiente de ellos, no recibirá tan sólo ayuda, sino que será totalmente liberado. El psicólogo puede ayudar, pero Jesús da nueva vida. La Biblia dice: *"Así que, si el Hijo os libertare, seréis verdaderamente libres"* (Juan 8:36).

Jesús Libera
Por supuesto que usted puede llegar a ser libre del hábito de fumar, por ejemplo. Hay cientos de métodos para liberarse de esa atadura. Incluso puede inscribirse en un programa en el cual se le interna en el

hospital. Bajo una guía médica cuidadosa, usted recibirá ayuda y tal vez, finalmente, llegue a ser libre de su adicción. Pero, ¿qué hay de malo en decirle a Jesús que se quiere liberar de un hábito tan dañino? ¿Por qué no le dice que quiere ser libre de la adicción a la nicotina, de los pensamientos impuros, de la mentira y del chisme? Sencillamente arrodíllese, arrepiéntase de ese pecado, y agradézcale por haberle limpiado con su sangre preciosa. El ya ha pagado el precio por sus pecados, y usted puede recibir total y absoluta libertad de cualquier opresión o depresión. ¡En este mismo momento, usted puede ser libre para siempre!

La Palabra de Dios es eternamente válida, pero debemos estar dispuestos a venir a su luz. La Biblia dice: *"pero si andamos en luz, como él está en luz, tenemos comunión unos con otros, y la sangre de Jesucristo su Hijo nos limpia de todo pecado"* (1 Juan 1:7). Note por favor que el versículo no dice de algunos pecados, por un tiempo limitado, sino de "todo pecado". El versículo 9 nos da la absoluta garantía de que: *"Si confesamos nuestros pecados, él es fiel y justo para perdonar nuestros pecados, y limpiarnos de toda maldad."*

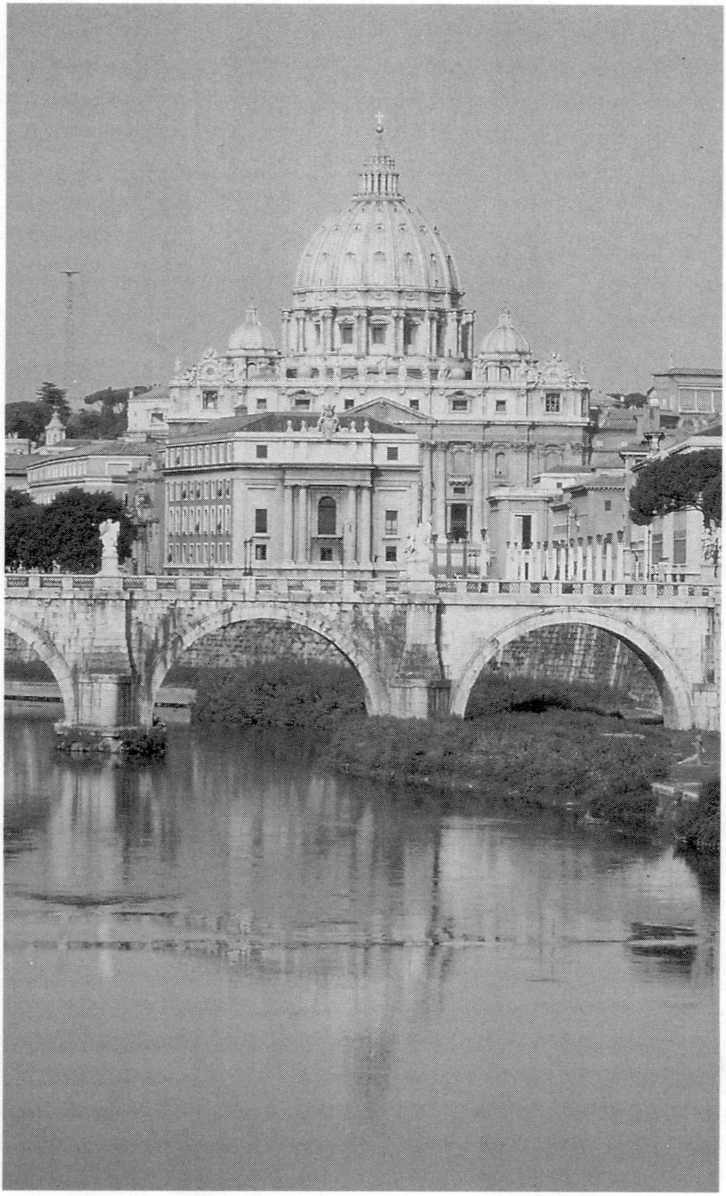

CAPITULO 8

Identificando a la Misteriosa Babilonia

Resumen

La Biblia habla con claridad acerca de dos entidades: La "ciudad" y la "ramera". Se nos muestra, en forma adecuada, la relación que existe entre el engaño religioso y la democracia política, con respecto al cumplimiento de la profecía bíblica del final de los tiempos.

La Misteriosa Babilonia es identificada teniendo en cuenta cuatro criterios. También aprendemos cómo es que el sistema romano, por medio de Europa, unificará a este mundo en forma política, económica y religiosa. El proceso está en marcha ahora mismo.

Identificando a la Misteriosa Babilonia
La Misteriosa Babilonia es identificada teniendo en cuenta cuatro criterios.

Primero, los Mártires de Jesús. *"Vi a la mujer ebria de la sangre de los santos, y de la sangre de los mártires de Jesús; y cuando la vi, quedé asombrado con gran asombro"* (Apocalipsis 17:6). Seguramente no ha habido ninguna ciudad en el mundo en la que — *"la sangre de los mártires de Jesús"* — haya sido más derramada que en Roma. La persecución de los cristianos llegó a ser un deporte nacional. Enormes multitudes aplaudían mientras los leones hacían trizas a los cristianos.

Esta primera señal de identificación hace que uno descarte a todas las ciudades del mundo, con excepción de Jerusalén.

Juan, quien vio a la Misteriosa Babilonia, quedó completamente sorprendido. Una traducción dice que él — *"se sorprendió con gran asombro."* Vio algo que era totalmente opuesto a lo que jamás había visto o siquiera imaginado. Se enfrentó cara a cara con el clímax de maldad de los tiempos finales: — *"LA MADRE DE LAS RAMERAS Y DE LAS ABOMINACIONES DE LA TIERRA"* — (versículo 5). Juan vio más detalles de los que Daniel había visto cinco siglos antes.

Daniel Vio la "Misteriosa Babilonia"
En el caso de Daniel, leemos acerca del último imperio mundial: *"Después de esto miraba yo en las visiones de la noche, y he aquí la cuarta bestia, espantosa y terrible y en gran manera fuerte, la cual tenía unos dientes grandes de hierro; devoraba y desmenuzaba, y las sobras hollaba con sus pies, y era muy diferente de todas las bestias que vi antes de ella, y tenía diez cuernos"* (Daniel 7:7).

Daniel también se sorprendió en gran manera. Vemos en el versículo 19 que inquirió acerca de esta cuarta bestia: *"Entonces tuve deseo de saber la verdad acerca de la cuarta bestia, que era tan diferente de todas las otras, espantosa en gran manera".*

Fue así que recibió la respuesta en el versículo 23: *"La cuarta bestia será un cuarto reino en la tierra, el cual será diferente de todos los otros reinos, y a toda la tierra devorará, trillará y despedazará."*

Juan vio detalles adicionales. Pero él también tuvo dudas y expresó su necesidad de ayuda: *"Y el ángel me dijo: ¿Por qué te asombras? Yo te diré el misterio de la mujer, y de la bestia que la trae, la cual tiene las siete cabezas y los diez cuernos"* (Apocalipsis 17:7). Hay dos identidades que son reveladas, la mujer y la bestia. Luego de esto viene la explicación, la cual comienza en el versículo ocho: *"La bestia que has visto, era, y no es; y está para subir del abismo e ir a perdición; y los moradores de la tierra, aquellos cuyos nombres no están escritos desde la fundación del mundo en el libro de la vida, se asombrarán viendo la bestia que era y no es, y será."*

Es importante señalar que Juan vio el *futuro* en forma de *presente*. Estaba en el cielo en Espíritu, — *"sube acá"* — dice Apocalipsis 4:1,2: — *"Y al instante yo estaba en el Espíritu"*. Por lo tanto, Juan podía describir estos eventos desde una perspectiva celestial.

Luego confirma en Apocalipsis 13:3 que toda la tierra "se maravilló" en pos de la bestia. Una interpretación de la palabra griega para "maravilló" en Apocalipsis 13:13 es que el mundo se asombró a tal punto que se volvió *loco* por la bestia.

Una metáfora moderna para esta palabra sería el *pandemónium* que se apodera de la multitud cuando un grupo de rock sube a la plataforma. Decenas de miles de personas se enloquecen, quedan fuera de sí, cuando sus héroes se pavonean delante de ellos. Cuando comienza la música, cada individuo se une a ese mar de gente que glorifica a los ídolos del rock.

Segundo, Los Siete Montes. En Apocalipsis 17:9, tenemos la segunda señal para la identificación: *"Esto, para la mente que tenga sabiduría: Las siete cabezas son siete montes, sobre los cuales se sienta la mujer."* Del versículo 18 sabemos que la mujer es una ciudad: *"Y la mujer que has visto es la gran ciudad que reina sobre los reyes de la tierra."* Por tanto, la Misteriosa Babilonia debe ser una ciudad identificable geográficamente, edificada sobre siete montes. Ninguna otra ciudad se enorgullece de estar sobre siete montes como la ciudad de Roma.

Tampoco el ángel deja de enfatizar, específicamente, que la unidad mundial es una realidad por venir, de la mano de esta ciudad: *"Estos tienen un mismo propósito, y entregarán su poder y su autoridad a la bestia"* (versículo 13). En el versículo 15, tenemos la explicación del versículo 1 referente a la mujer sentada sobre muchas aguas. *"Me dijo también: Las aguas que has visto donde la ramera se sienta, son pueblos, muchedumbres, naciones y lenguas."* Esto le da más fuerza a la interpretación de que el último sistema mundial, que tendrá su origen en Roma, gobernará sobre las naciones de este mundo.

Tercero, los Reyes de la Tierra. Para descubrir el tercer punto de identificación, debemos leer Apocalipsis 18:3: *"Porque todas las naciones han bebido del vino del furor de su fornicación; y los reyes de la tierra han fornicado con ella, y los mercaderes de la tierra se han enriquecido de la potencia de sus deleites."*

No hay otra ciudad en el mundo que pueda proclamar tener una relación especial con los líderes políticos del mundo aunque, en naturaleza, sea estrictamente religiosa. Sólo Roma, con su ciudad-nación, El Vaticano, cumple los requisitos.

Ya hemos hablado del resultado de la intoxicación causada por el vino en el capítulo 7 y hemos señalado que todas las naciones de la tierra, con sus líderes gubernamentales, cometerán fornicación con ella.

Daniel lo Confirma

Como resultado de esta fornicación con los líderes políticos del mundo, se crea una poderosa economía que enriquece a las personas de la tierra en gran manera. Daniel confirma este hecho en forma profética: *"Y al fin del reinado de éstos, cuando los transgresores lleguen al colmo, se levantará un rey altivo de rostro y entendido en enigmas. Y su poder se fortalecerá, mas no con fuerza propia; y causará grandes ruinas, y prosperará, y hará arbitrariamente, y destruirá a los fuertes y al pueblo de los santos. Con su sagacidad hará prosperar el engaño en su mano; y en su corazón se engrandecerá, y sin aviso destruirá a muchos; y se levantará contra el Príncipe de los príncipes, pero será quebrantado, aunque no por mano humana"* (Daniel 8:23–25).

El leer los libros de Daniel y Apocalipsis nos permite ver con claridad cómo este nuevo y último imperio mundial está siendo establecido. Geográficamente, se origina en una ciudad que está construida sobre siete montes, en la cual "la sangre de los mártires" fue derramada, de la cual saldrá un hombre que será extremadamente exitoso.

Engaño Oculto

Daniel describe a un "rey" que se levantará con la habilidad particular de ser "entendido en enigmas". Esto es lo oculto. Daniel también revela el secreto de su entendimiento: El poder no será del rey, sino como aclara Apocalipsis 13, le es *dado* por el dragón. Este hombre hará cosas grandes y poderosas, — *"y prosperará"*. Lutero lo traduce así, — *"a través de su sabiduría, tendrá éxito con sus engaños"*. Sin duda, será el hombre más exitoso sobre la tierra. Cuando haya alcanzado ese punto, cometerá un error fatal. Permitirá que el orgullo se apodere de él a tal punto que le declarará, literalmente, la guerra al Dios del cielo.

Cuarto, Una Ciudad en Fuego, Visible Desde el Mediterráneo.
La cuarta señal de identificación se encuentra en Apocalipsis 18. Luego de que sus pecados han — *"llegado hasta el cielo"* — (versículo 5) Dios recuerda su iniquidad, — *"y será quemada con fuego"* — (versículo 8). Cuando eso suceda, vemos que los reyes de la tierra, es decir la élite política del mundo, y — *"los mercaderes de la tierra"* — que forman el sistema económico, sumados a — *"todos los que viajan en naves, y marineros, y todos los que trabajan en el mar, se pararon lejos"* (versículo 17) los cuales — *"viendo el humo de su incendio, dieron voces, diciendo: ¿Qué ciudad era semejante a esta gran ciudad?"* (versículo 18). Eso significa que el mundo entero quedará impactado por la destrucción de la Misteriosa Babilonia, y el fuego que suba de la ciudad será visto desde el gran mar, el Mediterráneo.

Solo Roma Reúne los Requisitos
Resumamos: Para poder calificar para este horrible título, "Misteriosa Babilonia", esta ciudad no sólo debe haber derramado la sangre de los mártires de Jesús, estar situada sobre siete montes y cometer fornicación política y religiosa con los líderes del mundo, sino que también debe ser vista, cuando esté ardiendo en llamas, desde el mar. No hay otra ciudad sobre la faz de la tierra que cumpla con los cuatro criterios mencionados. Sólo Roma.

A través de la historia de la Iglesia, los hombres de Dios han identificado al sistema romano como el sistema del Anticristo.

Más aún, es la única ciudad en el mundo dentro de la cual hay una nación reconocida. Estoy hablando del Vaticano. Muchas personas se equivocan, ya que no entienden que el Vaticano, el cuartel central de la iglesia católica, no sólo es una organización religiosa, sino un estado político establecido y reconocido por todas las naciones del mundo, inclusive por las Naciones Unidas.

El Exito de Roma
Hoy en día, vemos el continuo crecimiento de la Unión Europea, la cual fue fundada en la doctrina de Roma.

Por ejemplo, es muy interesante que aun el presidente de los Estados Unidos, pese a ser de una nación notoriamente protestante, sea recibido para una audiencia con el papa en el Vaticano. Si los líderes de ambas naciones estuvieran al mismo nivel, entonces podrían encontrarse en igualdad de condiciones. Sin embargo, ese no es el caso. Una audiencia es algo que se le otorga a un individuo que está en una posición menor a la del que la concede. Por lo tanto, los líderes de los Estados Unidos han cometido fornicación, literalmente, con esta figura política y religiosa que proclama ser la única representación legítima de Cristo en la tierra, posición contraria a la clara enseñanza de la Biblia.

El catolicismo representa un gran problema para los que creen firmemente en la Biblia y viceversa. Un artículo de un periódico muestra claramente esta confrontación:

Un nuevo documento del Vaticano acerca de cómo interpretar la Biblia condena el enfoque fundamentalista como algo que distorsiona y puede llevar al racismo. El documento de 130 páginas de extensión — es la última novedad en materia de estudio bíblico por parte de la iglesia católica romana. En algunas partes, su lenguaje es inusualmente duro, reflejando el desafío que representan los fundamentalistas para la iglesia.

"Diciendo poco pero usando muchas palabras, lo que hace el fundamentalismo es invitar a las personas a cometer un suicidio intelectual", dice el documento de la Comisión Bíblica Pontificia. Los autores reservan su lenguaje más duro para las denominaciones cristianas fundamentalistas, las cuales han representado un desafío para la iglesia romana, particularmente en América Latina.

— "El enfoque fundamentalista es peligroso, ya que es atractivo para las personas que buscan en la Biblia las respuestas ya listas para los problemas de la vida".[16]

— The State, Marzo 19, 1994, pg.D8

Roma Versus la Escritura

Leer un artículo de esta naturaleza en nuestro periódico muestra la efectividad de la actividad misionera que cree en la Biblia.

El lenguaje brutal y opresivo que usa el Vaticano en este reporte revela su gran temor a perder la influencia que posee sobre cientos de millones que son arrastrados por sus falsas doctrinas, tales como la infalibilidad del Papa, el purgatorio, la eucaristía, el rosario, la adoración de los muertos, la adoración de María, sumadas a otras actividades religiosas que son contrarias a la preciosa Palabra de Dios.

La doctrina del Vaticano, en el cenit de su evidente maldad, llevó a la venta de "indulgencias", lo cual sería el perdón de los pecados a través del pago de cierto dinero al tesoro de roma.

Sí, por supuesto, el enfoque fundamentalista (de la Biblia) es peligroso para el Vaticano, ya que puede liberar a las almas perdidas de las ataduras de una religión hecha por hombres y llevarles a la libertad en Cristo Jesús a través de la predicación del evangelio.

Roma Une las Religiones

También sabemos de la actividad del Papa Juan Pablo II con respecto a la unidad de todas las religiones. La meta no es tan sólo tener todas las iglesias protestantes unidas bajo el Concilio Mundial de Iglesias y, luego, bajo la Iglesia Católica Romana. La intención va mucho más allá, de hecho está procurando unir a TODAS las religiones del mundo bajo la tutoría romana. Todas las naciones y sus religiones deben estar unidas en una, para poder cumplir la profecía bíblica: *"Y la adoraron todos los moradores de la tierra"* — (Apocalipsis 13:8). En el libro *Global Peace and the Rise of Antichrist (La Paz Global y el Surgimiento del Anticristo)*, Dave Hunt escribe en la página 129:

> La edición Mayo/Junio de 1988 de *The Catholic World (El Mundo Católico)* estuvo dedicada, en su totalidad, al budismo. Todos sus artículos mostraban su simpatía hacia esta creencia, e incluían citas del Papa a favor de la misma. Se llegó, incluso, a titular un artículo con la expresión "El Buda es Reverenciado Como Un Santo Cristiano". Juan Pablo II tiene una mentalidad muy abierta con respecto al budismo y a todas las otras religiones. Considera que la Deidad Tibetana Budista Yoga de su buen amigo el Dalai Lama, junto con las oraciones de los médicos brujos, los espiritistas, y todo otro tipo de "fe" generan una profunda energía espiritual que crea un nuevo clima de paz.
>
> — El Papa Juan Pablo II se quitó su calzado para sentarse, en forma solemne y silenciosa, con el supremo patriarca de los budistas tailandeses en un monasterio budista en Bangkok. — El pontífice católico romano alabó luego la antigua y venerable sabiduría de la religión asiática.[17]

El Poder Unificador de Babilonia

La Misteriosa Babilonia es el poder religioso del último imperio mundial y esto, por primera vez en la historia, puede llevarse a cabo. Sin embargo, no es un poder basado en una fuerza militar opresiva y brutal. Es un sistema que es respaldado voluntariamente por los habitantes de todo el mundo.

Nadie puede negar que la democracia, por ejemplo, ha llegado a ser el dios de la política. ¡Ay de aquella nación que rehuse implementar la democracia! Si bien hay todavía algunos rebeldes por aquí y por allí, a la larga será imposible resistir esta nueva y democrática estructura de poder global que está comenzando a implementarse en el mundo. En este mismo momento, muchas naciones son castigadas por las Naciones Unidas por no implementar la democracia.

Fue imposible para los Estados Unidos, por ejemplo, rechazar los tratados de el NAFTA (North american Free Trade Agreement) o el GATT (General Agreement on Tariffs and Trade). Estos y otros tratados que se firmarán en el futuro son sólo parte de un proceso que prácticamente llevará al mundo a una unión perfecta. Finalmente, los hombres creerán que han logrado — con su propio poder y libre albedrío — paz, estabilidad, y prosperidad como nunca antes disfrutaron en la historia.

Los pueblos del mundo no tendrán que ser forzados a adorar, alabar, y *maravillarse* frente a la bestia. *Voluntariamente* querrán ser parte de este nuevo sistema mundial y adorarán, con mucho entusiasmo, a la bestia y a su imagen.

Babilonia Mundial

El poder de la Misteriosa Babilonia, a pesar de que espiritualmente tendrá su cuartel central en Roma, no estará restringido a esa área geográfica. Como hemos visto, será a nivel mundial.

Cuando analizamos la historia, inmediatamente nos damos cuenta que sólo Europa ha afectado al mundo entero. Los chinos nunca fueron a Africa para establecer nuevas colonias. Los africanos no fueron a las Américas a conquistar nuevas tierras. Tampoco los indígenas de las Américas fueron a Asia o Europa para establecer su dominio. Sólo Europa, ese pequeño continente, fue capaz de someter prácticamente al mundo entero. Esto es así debido al poder del sistema romano.

Después de muchas guerras, especialmente la Segunda Guerra Mundial, Europa aprendió que la unidad no se logrará a través de las armas. Por lo tanto, vemos el ferviente progreso hacia una Europa unificada por medios de influencia política y financiera. Si bien hace 25 años atrás, esto parecía un sueño utópico, hoy en día ya no es así. La Unión Europea es una realidad tal que la pregunta que se se formula no es con respecto a su existencia, sino que la pregunta crucial es: "¿Cuándo serán aceptadas más naciones en la Unión Europea?" Cuanto más crezca la Unión, más naciones intentarán ser parte de ella.

Los Cuernos y los Reyes
Ya hemos considerado el capítulo 13 de Apocalipsis para hablar del Anticristo, de Satanás, del falso profeta y de la imagen de la bestia. Sin embargo, resulta necesario concentrarse en una parte de la Escritura, que muy a menudo es mal interpretada, de la cual Daniel también habla. Nos estamos refiriendo a la bestia — *"que tenía siete cabezas y diez cuernos; y en sus cuernos diez diademas"* — (versículo 1).

Nosotros entendemos, basados en la palabra profética, que los diez cuernos — los cuales son los diez reyes mencionados en Apocalipsis 17:12 — no representan a diez naciones europeas, sino más bien a diez poderosas y diferentes estructuras. Sería irreal asumir, por ejemplo, que Norteamérica pudiera ser una de las naciones que formara parte de la Unión Europea, debido a su posición geográfica. Por lo tanto, se establecerá una poderosa estructura aliada en varias partes del mundo, pero todas bajo el liderazgo de la Unión Europea.

Así como la civilización romana europea ha conquistado al mundo, el nuevo sistema que está siendo establecido ahora conquistará al mundo de igual forma, no a través del poder militar, sino más bien a través de la política, de la religión y de un sistema económico superior al de los demás.

Alguien podría preguntarse: "¿Es verdad que Europa conquistó al mundo?" Mi respuesta es: "¡Por supuesto que sí!" No existen dudas en cuanto a Europa misma y los continentes de cultura europea, tales como las Américas y Australia, y también sabemos que Africa y Asia deben seguir de igual manera los pasos de la civilización romana para poder competir en un mundo moderno.

China no tiene chance de ser parte de la economía mundial a menos que actúe "a la europea", es decir, que se vista, se comunique y gobierne de acuerdo al modelo romano.

Usted no ve a los africanos, por ejemplo, involucrarse en algún negocio de trascendencia mundial, usando sus propios métodos culturales. Todo el sistema político económico está basado en el modelo europeo romano.

Si bien es cierto que la historia registra que en Asia existe una sofisticada variedad de culturas, los chinos, japoneses y otros usan hoy día métodos de negocios y comunicación que son básicamente europeos.

Europa Tendrá el Liderazgo
Hay quienes pueden tener algunas dudas todavía de que el sistema del nuevo mundo que está siendo establecido, a través de la Unión Europea, ha de gobernar al mundo. Pero yo estoy convencido de que en pocos años ya no habrán más dudas. Es evidente en este momento, por lo menos en lo financiero, que Europa ha superado a U.S.A.. Estados Unidos ya no es la nación que puede dictar la estructura financiera y económica del mundo, como lo ha hecho en el pasado.

Tal acontecimiento, de todos modos, es necesario para que se cumpla la palabra profética.

No sólo Europa, sino el mundo entero debe seguir el lineamiento de la civilización romana europea. Aun la nación más poblada del mundo, China, actualmente gobernada por el sistema comunista, se está acercando en forma paulatina, pero segura, al sistema romano europeo. El siguiente artículo noticioso muestra, con claridad, cómo China está en el camino que la lleva a Roma:

> La persistencia tiene su fruto. Eso es lo que la Unión Europea está experimentando en su negociación con Asia.

Casi 10 meses de sufridas negociaciones han resuelto el largo conflicto existente con respecto a los 2.000 millones de dólares en seda y lino que la China exporta al mercado de la Unión Europea.

Grandes aumentos en las cuotas de importación por parte de la U.E. han apaciguado a los chinos y han silenciado las protestas de los importadores europeos.

Al mismo tiempo, la U.E. logró un acuerdo de cooperación por parte de China referente a la nueva restricción de la misma.

Los oficiales dicen que los tres acuerdos que concluyeron el 20 de enero — abarcando casi 9.000 millones de dólares de comercio por parte de la U.E., en textiles y ropas — se llevaron a cabo sin mucha amargura. Fue un asunto de persistencia más que de tratados, dijo un oficial de comercio de la U.E.[18]

— Far Eastern Economic Review, Febrero 2, 1995, pg. 52

Durante las últimas cuatro décadas, hemos sido testigos de los cambios casi infartantes entre Europa y U.S.A..

Cuatro años atrás, no había duda alguna en la mente de nadie con respecto a la superioridad estadounidense. En nuestros días, eso ya no es verdad. Estados Unidos se está volviendo cada día más y más dependiente de Europa.

Este es el progresivo cumplimiento de la profecía bíblica, la cual documenta que todas las naciones de la tierra estarán unidas a través del "poder fornicador" del sistema europeo, al cual se lo identifica en la Escritura como la Misteriosa Babilonia.

Rebelión Final

¿Cuál es, entonces, el verdadero propósito de la Misteriosa Babilonia y su mundo? Es la rebelión final de las fuerzas satánicas en contra del Dios vivo y Su Ungido. El Salmo 2 aclara este punto: *"¿Por qué se amotinan las gentes, y los pueblos piensan cosas vanas? Se levantarán los reyes de la tierra, y príncipes consultarán unidos contra Jehová y contra su ungido, diciendo: Rompamos sus ligaduras, y echemos de nosotros sus cuerdas"* (Salmo 2:1-3). Esto es precisamente lo que está comenzando a suceder. El mundo se está uniendo y no precisamente a través del propósito destructivo del comunismo, las dictaduras o algún otro sistema. La verdadera razón por la cual la humanidad se está uniendo es para oponerse finalmente al creador del cielo y de la tierra. Con firmeza le dirán NO a su Hijo, el Ungido, a través del cual hay eterna salvación, genuina paz y prosperidad.

La gente del mundo, en su estado de ebriedad, no siente la intoxicación, sino que continuará protestando, rebelándose y persistiendo en su entenebrecida imaginación, la cual se opone a la Palabra de Dios.

La unidad del mundo bajo el Anticristo se hará tan fuerte y estarán tan engañados que tendrán, inclusive, el coraje de hacerle la guerra al cordero: *"Pelearán contra el Cordero, y el Cordero los vencerá, porque él es Señor de señores y Rey de reyes; y los que están con él son llamados y elegidos y fieles"* (Apocalipsis 17:14).

Evitando el Engaño Que Barrerá al Mundo
La Misteriosa Babilonia se revela más y más en nuestros días. Sólo aquellos que se mantienen a sí mismos puros, a través del Señor Jesucristo, son capaces de ver y entender que el Señor está a punto de volver por su Iglesia. Toda la potencia de la maldad será revelada en el momento en que la Iglesia de Cristo Jesús sea arrebatada.

Jesús dijo: *"Vosotros sois la luz del mundo"*. La Iglesia es el elemento que detiene el completo desarrollo de la rebelión. En el momento en que esta "luz" sea quitada del camino, prevalecerá sobre la tierra la más completa oscuridad y el engaño. Entonces, finalmente, el Diablo podrá implementar sus intenciones en toda su plenitud. Nosotros, sin embargo, no ignoramos sus maquinaciones y esa es una razón más por la cual deberíamos estudiar continuamente la Sagrada Palabra de Dios al respecto de los eventos del porvenir.

Quiero enfatizar que esta maldad es presentada en una forma tan positiva que, si fuera posible, aun los elegidos serían engañados. El poder de la Misteriosa Babilonia se basa en su capacidad de engañar: — *"pues por tus hechicerías fueron engañadas todas las naciones"* (Apocalipsis 18:23).

Los cristianos que creen en la Palabra de Dios, conocen el resultado final. Nos regocijamos en lo que ha de venir: *"Por lo cual alegraos, cielos, y los que moráis en ellos. ¡Ay de los moradores de la tierra y del mar! porque el diablo ha descendido a vosotros con gran ira, sabiendo que tiene poco tiempo"* (Apocalipsis 12:12).

CAPITULO 9

Europa en la Profecía

Resumen

La asombrosa resurrección del imperio romano, a nivel mundial, se está haciendo visible por medio de la formación de la Unión Europea. Este capítulo muestra cómo las naciones que tenían éxito anteriormente, no podrán competir con el nuevo imperio romano, sino que tendrán que sujetarse a esta nueva y poderosa estructura política, económica y religiosa. El continente más pequeño del mundo, Europa, es el único que satisface las especificaciones bíblicas sobre el resurgimiento del imperio romano.

Europa En la Profecía

Al leer el título de este capítulo, Europa En la Profecía, alguno pudiera preguntarse: "¿Por qué no Estados Unidos En la Profecía", o "Africa En la Profecía", o "América Latina en la Profecía?" La respuesta es sencilla: La Biblia enfoca principalmente la venida del Mesías a Israel. Por lo tanto, las naciones que rodean a Israel y su relación con la tierra de la redención son el principal foco de la profecía bíblica. Israel es el centro de tres continentes — Europa, Asia y Africa. Asia es mencionada varias veces en la Biblia, lo mismo que muchas naciones africanas.

Egipto, por ejemplo, tiene un gran significado ya que Israel se formó como nación en esa tierra, y luego de 430 años partió hacia la tierra prometida. También, el Señor Jesús fue protegido de la ira del rey Herodes en la tierra de Egipto.

¿Y qué decir del gran imperio turco que gobernó todo el Medio Oriente, incluyendo a Israel y Jerusalén? ¿Y qué de Gran Bretaña? Solía decirse que el sol nunca se ponía en el imperio británico. Ciertamente Estados Unidos puede considerarse una estructura poderosa y mundial que ha dejado una marca significativa en el planeta. Muchas otras naciones también han logrado cosas grandes y poderosas. Esto no puede negarse. Sin embargo, éstas y otras naciones no son mencionadas en relación a Israel ya que ellas no existían durante el tiempo de la primera venida de Jesús, o no demostraron mayor trascendencia mientras que Cristo estuvo en la tierra.

El centro de la actividad política, económica y militar durante el tiempo de Cristo no era Jerusalén sino Roma. El poder del imperio romano se esparció a lo largo de la mayor parte de lo que hoy es conocido como Europa, sumado a los países del Mediterráneo, incluyendo Jerusalén y la tierra de Israel.

Cuatro Imperios Gentiles

Esta es la razón principal por la que podemos concentrarnos en "Europa en la Profecía". Si bien la historia registra hechos asombrosos logrados por muchas naciones diferentes, la Biblia reconoce sólo cuatro poderosas estructuras gentiles durante la historia: Babilonia, el imperio Medo Persa, Grecia y Roma. Por lo tanto, no debemos desenfocar nuestra mirada del lugar geográfico más importante en la tierra, y la mayor potencia que jamás haya existido, Europa.

También haríamos bien al recordar que las Américas, del Norte y del Sur, la mayor parte de Africa, y Australia son una realidad política gracias al poder de Europa.

La Visión de Daniel

El profeta Daniel nos dio una visión muy importante de las cuatro potencias gentiles. El estaba cautivo en Babilonia y anhelaba volver a la tierra de Israel.

Con seguridad, su corazón estaba en Jerusalén y en el templo que, durante su tiempo, fue destruido. Pero allí en una tierra extranjera, Dios usó a Daniel para mostrarnos la totalidad de la poderosa estructura de las naciones gentiles, desde su comienzo hasta su mismo final.

Babilonia

El rey Nabucodonosor era el supremo gobernador de Babilonia, el primer imperio mundial de los gentiles que se menciona en la Biblia.

El desarrollo de la palabra profética comienza con su sueño. Luego de que Nabucodonosor despertó, no pudo recordar los detalles. Inmediatamente llamó a sus sabios consejeros, los previsores, el departamento de inteligencia de aquel entonces.

"Hizo llamar el rey a magos, astrólogos, encantadores y caldeos, para que le explicasen sus sueños. Vinieron, pues, y se presentaron delante del rey" (Daniel 2:2).

Luego de escuchar los hechos — que el rey había tenido un sueño, pero que no sabía su contenido — confesaron que eran incapaces de describirlo o interpretarlo: *"Porque el asunto que el rey demanda es difícil, y no hay quien lo pueda declarar al rey, salvo los dioses cuya morada no es con la carne"* (Daniel 2:11).

Esto es lo mismo que sucede hoy día. Los políticos, los intelectuales, los líderes del mundo, y los medios de noticias están en una total oscuridad cuando se trata de conocer el futuro. Debemos, entonces, consultar a quien tiene el futuro en su mano. — *"Preguntadme de las cosas por venir"*. Así nos invita El en Isaías 45:11.

El Sueño de Nabucodonosor
No había nadie capaz de describir los detalles del sueño del rey, en consecuencia, nadie podía interpretarlo. Entonces, aquel joven judío, Daniel, entró en escena, siendo llamado por Nabucodonosor. Aquí está lo qué él dice: *"Tú, oh rey, veías, y he aquí una gran imagen. Esta imagen, que era muy grande, y cuya gloria era muy sublime, estaba en pie delante de ti, y su aspecto era terrible. La cabeza de esta imagen era de oro fino; su pecho y sus brazos, de plata; su vientre y sus muslos, de bronce; sus piernas, de hierro; sus pies, en parte de hierro y en parte de barro cocido. Estabas mirando, hasta que una piedra fue cortada, no con mano, e hirió a la imagen en sus pies de hierro y de barro cocido, y los desmenuzó. Entonces fueron desmenuzados también el hierro, el barro cocido, el bronce, la plata y el oro, y fueron como tamo de las eras del verano, y se los llevó el viento sin que de ellos quedara rastro alguno. Mas la piedra que hirió a la imagen fue hecha un gran monte que llenó toda la tierra"* (Daniel 2:31–35).

Cómo es que Europa Está Surgiendo para Asumir el Liderazgo
Vemos que el resultado final de la poderosa estructura de las naciones es la destrucción. No hay nación, no importa si es pequeña o grande, que tenga un futuro asegurado en base a sus méritos. Ni siquiera el renovado imperio romano tendrá al final un futuro positivo. Pero como está profetizado en Daniel, Roma será una gran y poderosa estructura, con vínculos en Israel.

Los oficiales del gobierno israelí han alabado a la Unión Europea, y expresaron su anhelo de que la misma juegue un papel importante en el proceso de paz. Observemos los siguientes comentarios, hechos por el anterior Primer Ministro de Israel, Shimon Peres, hace pocos años atrás:

> "Creo que el papel de la Comunidad Europea en la reestructura del nuevo Medio Oriente es de importancia mayúscula y esencial", dijo durante una conferencia de prensa con el presidente europeo Jacques Delors. La Comunidad Europea ha prometido millones de dólares en ayuda para los palestinos si Israel cede territorios en el Banco Occidental, Gaza y los Altos del Golán.[19]
> — Wire reports, Noviembre 26, 1993

Con esta declaración, Peres expuso a todo el mundo la verdadera intención de la Unión Europea, es decir, rendir territorio de la tierra prometida a cambio de una paz negociada.

Oro, Plata, Bronce e Hierro

Daniel interpretó el sueño a Nabucodonosor, rey del imperio babilonio, y podemos leer los detalles en el siguiente pasaje: *"Tú, oh rey, eres rey de reyes; porque el Dios del cielo te ha dado reino, poder, fuerza y majestad. Y dondequiera que habitan hijos de hombres, bestias del campo y aves del cielo, él los ha entregado en tu mano, y te ha dado el dominio sobre todo; tú eres aquella cabeza de oro. Y después de ti se levantará otro reino inferior al tuyo; y luego un tercer reino de bronce, el cual dominará sobre toda la tierra. Y el cuarto reino será fuerte como hierro; y como el hierro desmenuza y rompe todas las cosas, desmenuzará y quebrantará todo. Y lo que viste de los pies y los dedos, en parte de barro cocido de alfarero y en parte de hierro, será un reino dividido; mas habrá en él algo de la fuerza del hierro, así como viste hierro mezclado con barro cocido. Y por ser los dedos de los pies en parte de hierro y en parte de barro cocido, el reino será en parte fuerte, y en parte frágil. Así como viste el hierro mezclado con barro, se mezclarán por medio de alianzas humanas; pero no se unirán el uno con el otro, como el hierro no se mezcla con el barro. Y en los días de estos reyes el*

Dios del cielo levantará un reino que no será jamás destruido, ni será el reino dejado a otro pueblo; desmenuzará y consumirá a todos estos reinos, pero él permanecerá para siempre, de la manera que viste que del monte fue cortada una piedra, no con mano, la cual desmenuzó el hierro, el bronce, el barro, la plata y el oro. El gran Dios ha mostrado al rey lo que ha de acontecer en lo por venir; y el sueño es verdadero, y fiel su interpretación" (Daniel 2:37-45).

Nos damos cuenta de que la descripción no comienza con los pies y luego se eleva hacia la cabeza, sino que comienza con la cabeza y desciende hasta los pies. En otras palabras, lo mejor primero y lo peor después: — *"Tú, oh rey, eres rey de reyes"* — (versículo 37), — *"tú eres aquella cabeza de oro"* (versículo 38).

De esta manera, por medio de los componentes de esta imagen, se hace evidente la absoluta superioridad del rey Nabucodonosor: Primero oro, luego plata, después de eso bronce y, finalmente, hierro y barro. Estos cuatro imperios son identificados con claridad y no hay dudas, entre la mayoría de los entendidos bíblicos, al respecto de quiénes son:

Oro .... Babilonia
Plata .... Imperio Medo Persa
Bronce .... Grecia
Hierro .... Roma

El más significativo de los cuatro es el último, el imperio de hierro. El profeta Daniel habla más acerca de este último que de los otros tres juntos.

El Misterio del "Hierro y Barro"

También es extremadamente importante el hecho de que se le añade un *quinto* componente. Al hierro se le agrega el barro. Pero en el principio, este barro no era parte del imperio de hierro. No encontramos al barro mezclado con el hierro en las piernas, sino sólo en los pies y en los dedos.

Pese a que éste es un imperio, hay un cambio significativo al final. Esto, sin duda alguna, indica la resurrección o el resurgimiento de aquel imperio.

Si bien el comienzo del cuarto imperio era de hierro, y la política de *Pax Romana* estaba basada en una superioridad militar absoluta, la última parte de este imperio aún tiene la fuerza militar del "hierro", pero se le añade el barro.

¿Qué representa el barro? Estoy convencido de que el barro representa a los judíos. Sin duda, el nuevo mundo es un típico producto judío, el líder del mundo democrático. Ampliaré este punto unas páginas más adelante.

Dictadura Versus Democracia
Cuando comparamos este último imperio, especialmente la última sección del último imperio mundial, con los anteriores, tenemos que admitir que la mezcla de "hierro con barro" es sumamente pobre en calidad. En realidad, estos dos materiales no pueden mezclarse de manera efectiva.

El oro es muy preciso, mientras que el hierro está disponible por doquier. Ahora, el barro es aún mucho más común. Cuando pensamos acerca de estos asuntos quedamos impactados ya, que en términos generales, rechazamos y aun condenamos las dictaduras, pero alabamos nuestro sistema democrático.

En el lenguaje de la democracia, el rey de Babilonia es descrito como un opresor o un dictador brutal, bajo el cual las personas sufrieron enormemente. En contraste, la democracia es considerada como la libertad máxima para la humanidad. Tenemos una muy buena opinión de la democracia ya que "nosotros, el pueblo" ("we the people" como dice la constitución estadounidense — nota del traductor) tenemos el poder.

Votamos a los líderes para que ocupen posiciones públicas y que nos gobiernen de acuerdo a las leyes que nosotros hemos establecido según nuestras preferencias. Este tipo de gobierno no hubiera funcionado durante el tiempo de los romanos, ya que la práctica de la democracia estaba limitada a la clase más alta. Ellos seguían gobernando con "vara de hierro" a su propia tierra y a aquellos que habían conquistado.

El Comunismo y los Judíos
El primer gran cambio se llevó a cabo en 1848, cuando Karl Marx y Frederick Engels publicaron el *Manifiesto Comunista*. Lejos de ser algo sorprendente, los judíos fueron los primeros en promover este sistema ya que les prometía una oportunidad de ser iguales a los demás. Este fue el primer gran intento, en los tiempos modernos, de que los judíos se integraran a los gentiles. Más adelante, el comunismo fue tomado por una élite, con un liderazgo fervorosamente antisemita, que originó una gran persecución de los judíos. Por tanto, en vez de libertad, experimentaron una severa opresión.

Comunismo: La Anti-religión
Una de las principales razones que animó esta persecución fue que los judíos eran un pueblo religioso, ya sea que lo confesaran o no. El comunismo, sin embargo, rechazaba todo tipo de religión y le llamaba "el opio de los pueblos." Es así, que el empuje de los judíos para obtener libertad e igualdad tuvo un desarrollo más satisfactorio en U.S.A. Se garantizaba la libertad religiosa y la democracia no sólo estaba en la etapa de ser establecida en Estados Unidos, sino que, a menudo, era exportada a otras naciones. El progreso de la democracia llegó a ser, eventualmente, la condena de muerte para el comunismo.

La Democracia Reina
Hoy día ya no existen dudas acerca de cuál de los sistemas es superior. Indiscutiblemente lo es la democracia. Actualmente, casi todos los días, somos testigos de cómo, bajo este sistema democrático, el mundo se está unificando. Esto es absolutamente necesario, ya que las naciones del mundo deben estar unidas para cumplir la profecía bíblica que nos dice que — *"éstos tienen un mismo propósito"* — (Apocalipsis 17:13) en los tiempos finales.

Para poder facilitar esta unión de propósitos, los hombres están trabajando con más fervor para poder comunicarse mejor.

Un artículo en la revista *Popular Science (Ciencia Popular)* muestra cómo los hombres quieren revertir el efecto de la torre de Babel:

REVERTIMIENTO DE LA TORRE DE BABEL

Un intérprete de idiomas y una computadora científica, Hiraaki Kitano sueña con una máquina que combine ambas disciplinas: Una computadora manual y un traductor de idiomas que puedan derribar de una vez por todas las barreras idiomáticas. Al decirle palabras en inglés a la computadora, por ejemplo, ella dirá las mismas palabras traducidas al español, francés, o japonés.

Si bien existen traductores electrónicos con ciertas limitaciones hoy en día, ninguno de ellos usa el alto grado de sofisticación tecnológico de reconocimiento de voz y texto hablado que será necesario para realizar traducciones bilingües simultáneas en forma rápida y precisa. En la Universidad Mellon en Pittsburgh, Kitano se está usando una supercomputadora y un dispositivo auxiliar que permite el reconocimiento y la síntesis de la voz, cosa de poder desarrollar un nuevo sistema de traducción.[20]

— Popular Science, Enero 1994

Sin duda, los hombres lograrán su meta, la cual es erradicar el resultado de la torre de Babel, el surgimiento de muchos idiomas. Fue el Señor mismo que confundió el único idioma para poder separar a los diferentes pueblos. Génesis 11:6 dice: *"Y dijo Jehová: He aquí el pueblo es uno, y todos éstos tienen un solo lenguaje; y han comenzado la obra, y nada les hará desistir ahora de lo que han pensado hacer."*

El proceso que lleve a un idioma mundial no tiene por qué ser un lenguaje en sí mismo, sino más bien la eliminación de las barreras que impiden el entendimiento mutuo. Esto se logrará, paulatinamente, a través de este sistema que emplea la inteligencia artificial de un software.

El León, el Oso y el Leopardo — Espantoso y Terrible

Como ya mencionamos anteriormente, el último reino es una extensión del cuarto reino, pero tiene algunas diferencias. El reino de hierro y barro es definitivamente distinto. Tiene diferentes características, siendo el único gobierno que mezcla dos componentes.

Más adelante en Daniel 7, el profeta da información adicional que ha recibido para reforzar la idea de que el reino será diferente a los otros: *"Daniel dijo: Miraba yo en mi visión de noche, y he aquí que los cuatro vientos del cielo combatían en el gran mar. Y cuatro bestias grandes, diferentes la una de la otra, subían del mar. La primera era como león, y tenía alas de águila. Yo estaba mirando hasta que sus alas fueron arrancadas, y fue levantada del suelo y se puso enhiesta sobre los pies a manera de hombre, y le fue dado corazón de hombre. Y he aquí otra segunda bestia, semejante a un oso, la cual se alzaba de un costado más que del otro, y tenía en su boca tres costillas entre los dientes; y le fue dicho así: Levántate, devora mucha carne. Después de esto miré, y he aquí otra, semejante a un leopardo, con cuatro alas de ave en sus espaldas; tenía también esta bestia cuatro cabezas; y le fue dado dominio. Después de esto miraba yo en las visiones de la noche, y he aquí la cuarta bestia, espantosa y terrible y en gran manera fuerte, la cual tenía unos dientes grandes de hierro; devoraba y desmenuzaba, y las sobras hollaba con sus pies, y era muy diferente de todas las bestias que vi antes de ella, y tenía diez cuernos"* (Daniel 7:2–7).

Lo asombroso, acá, es el hecho de que los primeros tres imperios pueden ser fácilmente identificados: Un león, un oso y un leopardo. Pero la cuarta bestia no puede ser nombrada o descrita con las características de algún animal ya existente. Tiene una diversidad increíble.

"¿Cuál Es el Problema Con la Democracia?"

A esta altura, el lector pudiera preguntarse: "¿Cuál es el problema con la democracia?" Eso es exactamente lo que Patti Lalonde me escribió luego de chequear este capítulo. Me dijo:

Hoy en día las naciones del mundo son casi todas democráticas y la democracia no parece haber sido tan mala. Estoy contenta de haber nacido en un país democrático, en vez de en uno comunista o bajo una dictadura. ¿Cuál es el problema con la democracia?[20]

En realidad, no hay nada de malo con la democracia. Asegura más libertad, justicia, y felicidad para el individuo que cualquier otro sistema.

Sin embargo, creer en la democracia al extremo de convencerse de que el mundo vivirá en paz y armonía bajo sus efectos es el punto de partida del engaño.

Por tanto, cuando contemplamos la democracia desde una perspectiva crítica, no necesitamos buscar actividades ocultas o diabólicas que han de manifestarse o que traerán el reinado del Anticristo, sino más bien las actividades normales tales como comer y beber, casarse y darse en casamiento, comprar y vender, plantar y edificar.

Es en ese éxito aparente que el gran engaño se llevará a cabo.

Los Tiempos de Noé
Observemos un ejemplo bíblico. Lucas 17:26–27 dice: *"Como fue en los días de Noé, así también será en los días del Hijo del Hombre. Comían, bebían, se casaban y se daban en casamiento, hasta el día en que entró Noé en el arca, y vino el diluvio y los destruyó a todos."*

No se menciona ningún pecado en particular en este pasaje, simplemente las actividades normales de la vida diaria. Todavía comemos y bebemos, nos casamos y nos damos en casamiento.

Nada ha cambiado, desde los días de Noé, con respecto al comportamiento humano. Como creyentes en Jesús, hacemos las mismas cosas, pero hay una importante diferencia.

Si bien vivimos nuestras vidas como lo describe el pasaje que acabamos de ver, nos estamos preparando para la venida del Señor: *"—aguardando la esperanza bienaventurada y la manifestación gloriosa de nuestro gran Dios y Salvador Jesucristo"* (Tito 2:13).

Lot y Sodoma

Jesucristo también comparó su segunda venida con los días de Lot: *"Asimismo como sucedió en los días de Lot; comían, bebían, compraban, vendían, plantaban, edificaban; mas el día en que Lot salió de Sodoma, llovió del cielo fuego y azufre, y los destruyó a todos. Así será el día en que el Hijo del Hombre se manifieste."* (Lucas 17:28–30).

Una vez más vemos al Señor enumerando las actividades diarias que la gente hace, y de nuevo enfatizó: *"Así será el día en que el Hijo del Hombre se manifieste."*

Los días de Noé y los días de Lot nos son dados como ejemplo por nuestro Señor Jesús como señales de los tiempos más terribles que han de venir, lo cual es llamado la Gran Tribulación.

Es en vano, por tanto, buscar incansablemente alguna agenda política escondida, o alguna conspiración por parte de los banqueros y los líderes del mundo.

Más bien, somos instruidos a observar las actividades normales, de todos los días, en las cuales las personas ponen su esperanza de un mundo mejor, donde haya más justicia, paz y prosperidad, sin el Príncipe de Paz, el Señor Jesucristo.

Para identificar este reino final en la profecía, se requiere que analicemos un nuevo sistema político y que enfoquemos una filosofía incomparable a lo largo de la historia de la humanidad. Tal sistema y filosofía están siendo desarrolladas en Europa en nuestros días.

Europa Hoy en Día

La Unión Europea no sólo está uniendo las economías y las políticas geográficamente, sino que se está llevando a cabo algo que era difícil de imaginar: También se están uniendo religiosamente. ¡El continente con mayor diversidad se está unificando!

Además, Europa, poniendo su mira hacia el este, está preparando a los países que anteriormente fueron comunistas para que se integren a la Unión Europea.

El gobierno romano original hubiera hecho esto por medio de la fuerza. Sin embargo, ahora se está logrando en forma pacífica a través de la democracia.

El *Daily Mail (Correo Diario)* del 2 de Abril de 1994 dijo:

> Hungría es el PRIMER PAIS EX COMUNISTA que intenta unirse a la Unión Europea, alegando que necesitan ser miembros para "GARANTIZAR LA SEGURIDAD Y LA INTEGRIDAD". La proposición de Hungría de cambiarse al sistema económico occidental será imitada muy probablemente este mismo mes por Polonia y más adelante por la República Checa.[21]

Aquí tenemos un excelente ejemplo de la democracia extendiéndose hacia el oriente, en vez de tener al comunismo moviéndose hacia el occidente, lo cual fue el temor de algunos por décadas. Desde que el comunismo decayó, hay solamente UNA alternativa: La democracia.

El darnos cuenta que la democracia es la clave para el sistema del nuevo mundo, el cual abre la puerta para que Satanás coloque al Anticristo como su cabeza, da de lleno en nuestro blanco.

Concerniente a nuestros gobiernos, se nos ha enseñado en las escuelas, iglesias y universidades que la libertad del mundo se puede llegar a dar tan sólo cuando los hombres puedan elegir a sus líderes bajo un sistema democrático.

Los Elogios de la Democracia

Muy frecuentemente he escuchado a los creyentes orar en sus iglesias, alabando a Dios por "el gobierno democrático". Deseo expresarme con suficiente claridad: Mi elección también es la democracia. Tome en cuenta que ésta no es una declaración hecha por alguien que ha sido enseñado que la democracia es la mejor opción. Yo, personalmente, he experimentado mucho sufrimiento a través del nacional socialismo y del comunismo. ¡Sé lo que eso significa porque yo estuve allí!

Sería culpable, sin embargo, si ocultara la realidad bíblica expresada a través de la profecía de que cuando los hombres se gobiernen a sí mismos y hagan como les parezca, lo cual es cada día más nuestro caso, el resultado provocará la mayor catástrofe que el mundo haya conocido.

Tres Pruebas de los Tiempos Finales

Alguien podría preguntar: "¿Está Ud. seguro de que la Biblia habla de la democracia como el último gobierno gentil?" Sí, estoy absolutamente seguro, ya que es el último imperio mundial. ¿Cómo sé que es el último? Aquí están las tres razones principales:

Primero, los judíos volverán a la tierra de Israel:
"Y yo las sacaré de los pueblos, y las juntaré de las tierras; las traeré a su propia tierra, y las apacentaré en los montes de Israel, por las riberas, y en todos los lugares habitados del país" (Ezequiel 34:13).

Segundo, la tierra fue resucitada de los muertos:
"Mas vosotros, oh montes de Israel, daréis vuestras ramas, y llevaréis vuestro fruto para mi pueblo Israel; porque cerca están para venir" (Ezequiel 36:8).

Tercero, Jerusalén es una ciudad judía luego de 2500 años:
"Y en aquel día yo pondré a Jerusalén por piedra pesada a todos los pueblos; todos los que se la cargaren serán despedazados, bien que todas las naciones de la tierra se juntarán contra ella" (Zacarías 12:3).

La Palabra de Dios dice que éstas cosas sucederán antes de la Tribulación, los últimos siete años durante los cuales el nuevo mundo, dominado por el modelo romano europeo, existirá como el último imperio. El cumplimiento de la profecía es la prueba de que estamos viviendo los últimos tiempos y, por lo tanto, el sistema de gobierno que prevalece durante los mismos debe ser el último.

El Barro

Hemos establecido que el último imperio mundial consiste en una mezcla de hierro y barro. Mostramos que el hierro simboliza a la antigua estructura romana. El barro, sin embargo, representa el poder del pueblo, la idea que se personalizó a través de la práctica de la democracia.

Dondequiera que la democracia se haya practicado por generaciones, Ud. encontrará una gran cantidad de judíos en prosperidad.

Pienso, por lo tanto, que el barro representa al pueblo judío, en su intento de integrarse totalmente al nuevo sistema mundial.

La Biblia nos da una respuesta muy clara con respecto a lo que el barro representa: *"Ahora pues, Jehová, tú eres nuestro padre; nosotros barro, y tú el que nos formaste; así que obra de tus manos somos todos nosotros"* (Isaías 64:8).

No hay otro grupo de gente que se haya integrado tanto la las naciones del mundo como los judíos. Sin embargo, lo milagroso es que nunca perdieron su identidad.

El rey de Prusia, Frederick el Grande, le pidió una vez a su consejero: "Dame una prueba de que hay un Dios", y el consejero le respondió, "Los judíos su majestad, los judíos."

Uno no necesita investigar mucho para encontrar que en casi todas las naciones del mundo, allí en el centro del éxito, se puede encontrar un grupo de judíos. Antes de 1948, año en el que se estableció la nación de Israel, los judíos no habían tenido poder político sobre sí mismos.

Siempre habían estado sujetos a otras naciones. Con el establecimiento del Estado de Israel, esto cambió dramáticamente. Israel se transformó en una nación y ha resistido contra una mayoría abrumadora de enemigos.

Israel resucitó, literalmente. Pasó de un desierto improductivo a ser una potencia en materia de agricultura. Partiendo de la nada, los judíos formaron un poder militar que no puede ser secundado por nadie en el mundo. De hecho, no hay fuerza aérea en el mundo que pueda compararse con la habilidad de los pilotos de Israel.

Pese a que es una nación nueva, ya no es considerada como si estuviera en vías de desarrollo y da ayuda generosa a muchos países.

El producto bruto nacional per capita sobrepasará al de los Estados Unidos en pocos años. Israel es el milagro de nuestros días. También se mueve en forma poderosa hacia la alta tecnología, una buena señal para el futuro.

Actualmente, más y más naciones están estableciendo relaciones diplomáticas y económicas con Israel.

El Pacto de Roma Con Israel

El servicio de noticias Reuter escribió acerca del acuerdo de Israel con el Vaticano, el 29 de Diciembre de 1993:

> En un paso remarcable, luego de 2.000 años de relaciones tirantes entre los judíos y los cristianos, el Vaticano y los negociantes israelíes aprobaron un documento en el cual se reconocieron formalmente el uno al otro. Al documento, el cual es el paso más importante en las relaciones entre Israel y el Vaticano desde que se fundó el Estado Judío en 1948, le dieron la aprobación final las delegaciones que trabajaron en el acuerdo durante 17 meses.
>
> El vocero del Vaticano, Joaquín Navarro-Valls expresó que el acuerdo puede hacer las cosas más fáciles para que el Vaticano juegue un papel más activo en la construcción de la paz en el Medio Oriente. En el preámbulo, el Vaticano e Israel están de acuerdo en el carácter singular y el significado universal de la Tierra Santa.[22]

Israel se intoxicó de júbilo cuando las relaciones entre el Vaticano y Jerusalén fueron establecidas. Shimon Peres formuló la siguiente declaración:

> — Este es un hecho histórico. No es tan sólo un acuerdo en el establecimiento de las relaciones entre el Vaticano y el Estado de Israel, sino que también es un cambio en las distantes, retorcidas y dolorosas relaciones entre dos grandes religiones — la cristiana y la judía — Deseo que llegue el día en el cual se una un tercer integrante a este acuerdo: El integrante musulmán.[23]
>
> — Christians & Israel, Volume 3, No. 1, Winter 1993, p.5

El Precio es la Paz
Israel está dispuesto a negociar. El precio es la paz. El camino para lograr esta paz es la negociación. El precio para Israel es dar una gran porción de la tierra prometida y la soberanía sobre Jerusalén. El resultado final: Paz para Israel y la oportunidad para que el mundo árabe convierta al Medio Oriente en una potencia mundial.

Los Cuatro Imperios Mundiales Vivos Hoy en Día
Es muy interesante que aún existe un remanente de los cuatro imperios mundiales, el cual se puede identificar en ciertas entidades. Más interesante aún es que los cuatro han estado involucrado en conflictos militares en décadas recientes.

El Irak de nuestra época, por ejemplo, ocupa el área de la antigua Babilonia (el imperio de oro). Persia (el imperio de plata) es el Irán moderno. Estas dos naciones estuvieron involucradas en una guerra que duró desde 1980 hasta 1988. Grecia (el imperio de bronce) estuvo en guerra contra Turquía en 1974, debido a la isla de Chipre. Aún hoy, existe una permanente tensión entre ambas naciones. Roma (el imperio de hierro) estuvo muy involucrada durante el conflicto del Golfo contra Irak en 1991. Roma, identificada en la Biblia como la "Misteriosa Babilonia", se opuso a la antigua Babilonia (Irak) en esta guerra.

¿Roma Atacando a Irak?
Déjeme explicarle cuál es la prueba que sostiene nuestra declaración de que Roma fue la fuerza que atacó a Irak. Hay muchas razones válidas:

Primero: los Estados Unidos, que suplieron la mayor fuerza militar, operaron bajo el auspicio de las Naciones Unidas. Debemos recordar que el 87% de los ciudadanos estadounidenses son descendientes de inmigrantes europeos, los cuales, a su vez, son descendientes de los romanos.

Segundo: fueron Europa (Roma) y Japón quienes subvencionaron la guerra contra Irak. Los soldados norteamericanos fueron, literalmente, mercenarios romanos.

Me doy cuenta de que ésta es una declaración que puede aturdir, pero basada en la ley internacional, es correcta. Si un soldado lucha por los intereses de otro país y recibe su salario de otra nación, es considerado un mercenario. Los soldados estadounidenses recibieron su paga de Europa (Roma) y pelearon por los intereses de una tercera nación, la cual fue Kuwait.

Por primera vez en la historia moderna, se pudo ver prácticamente a todas las naciones del mundo unidas contra una nación, Babilonia (Irak). No pasemos por alto este importante hecho.

Si bien para la coalición aliada fue una victoria notoria sobre Irak, para el Estado de Israel, la guerra terminó demasiado pronto. El *Kansas City Star (La Estrella de Kansas City)* publicó este reportaje el 15 de Enero de 1995:

BUSH ASOMBRA A SHAMIR
El anterior Primer Ministro israelí Yitzhak Shamir dijo que él y su gabinete "casi caen de sus sillas" cuando el presidente Bush decidió ponerle fin, en 1991, a la guerra del Golfo Pérsico, antes de que el líder Saddam Hussein fuera derribado. El comandante de su fuerza aérea describió los vuelos secretos de reconocimiento de Israel sobre Irak, los contactos clandestinos con el rey Hussein de Jordania y los difíciles sobornos con los norteamericanos, los cuales querían mantener a Israel fuera de la lucha, a cualquier precio.[24]

La intención de Israel era eliminar la amenaza militar de Irak, pero eso no sucedió. Una vez más, las potencias extranjeras dictaron el curso de acción de Israel.

Como acabamos de ver, existe un remanente de todos los imperios gentiles en nuestros días. Los mismos deben poder ser identificados, de lo contrario, la profecía de Daniel 2 no puede ser cumplida ya que, específicamente, dice que los cuatro imperios mundiales, incluyendo el quinto, el de hierro y barro, serán destruidos por la piedra, la cual es el Señor Jesucristo. Uno no puede destruir algo que no existe.

La Misteriosa Babilonia en los Tiempos de Jesús
La palabra profética señala que el mismo pueblo que destruyó la ciudad de Jerusalén y el santuario, el templo judío, estará nuevamente en el poder cuando esas cosas sean restauradas. Leamos Daniel 9:26-27: *"Y después de las sesenta y dos semanas se quitará la vida al Mesías, mas no por sí; y el pueblo de un príncipe que ha de venir destruirá la ciudad y el santuario; y su fin será con inundación, y hasta el fin de la guerra durarán las devastaciones. Y por otra semana confirmará el pacto con muchos; a la mitad de la semana hará cesar el sacrificio y la ofrenda. Después con la muchedumbre de las abominaciones vendrá el desolador, hasta que venga la consumación, y lo que está determinado se derrame sobre el desolador."*

El versículo 26 describe la historia. El templo en Jerusalén fue destruido por — *"el pueblo de un príncipe que ha de venir"*. El "pueblo" que destruyó el templo y a Jerusalén en el año 70 D.C. fue el pueblo romano. El "príncipe" se refiere al Anticristo, el cual vendrá en el futuro del reavivado imperio romano. Habla de un cierto pacto que será confirmado por el "príncipe" por una semana de años (7 años).

Cuando dice que — *"con la muchedumbre de las abominaciones vendrá el desolador"* — se refiere a algo que aún no ha ocurrido. Eso sucederá durante la Gran Tribulación.

El Señor Jesús enfatiza este hecho en Mateo 24:15: *"Por tanto, cuando veáis en el lugar santo la abominación desoladora de que habló el profeta Daniel"*. Por eso, el mismo pueblo debe gobernar nuevamente cuando Cristo regrese. Roma gobernaba cuando Jesús vino por primera vez, y Roma debe gobernar cuando Jesús regrese.

Me aventuro a decir, a la luz de todo esto, que Israel y los antiguos países romanos del Mediterráneo serán aceptados en la Unión Europea en el futuro. Cuando esto se lleve a cabo, Europa (Roma) dominará las finanzas mundiales, el comercio mundial, la política militar mundial y, como siempre, la religión mundial. También debemos añadir las fuentes de energía mundiales.

La Misteriosa Babilonia no se encontrará en Irak

Ya hemos establecido en los capítulos siete y ocho quién es la Misteriosa Babilonia. Pero debemos enfatizarlo una vez más ya que, en los últimos años, se han escrito muchos libros que identifican a Nueva York como la Misteriosa Babilonia. Otros han señalado que Saddam Hussein estaba reedificando algunas de las ruinas de la Babilonia original. En base a eso se interpretó que esta sería, cuando estuviera terminada, la Misteriosa Babilonia. Se propuso que la ciudad sería reconstruida y llegaría a ser la ciudad más significativa, ya que permitiría establecer una autoridad mundial.

De acuerdo a nuestro entendimiento de las Escrituras, ni Nueva York, ni Babilonia en Irak, ni ninguna otra ciudad, excepto Roma, satisface las descripciones bíblicas de la "Misteriosa Babilonia."

Leamos nuevamente Apocalipsis 18:3: *"Porque todas las naciones han bebido del vino del furor de su fornicación; y los reyes de la tierra han fornicado con ella, y los mercaderes de la tierra se han enriquecido de la potencia de sus deleites."*

Aquí tenemos una identificación única. La mezcla entre la política y la religión. La palabra clave es "fornicación". La palabra griega aquí sugiere prostitución, lujuria desordenada o idolatría. Aquí está la conexión: En Roma, había una iglesia vibrante. Era tan dinámica que el apóstol Pablo testificó: *"a todos los que estáis en Roma, amados de Dios, llamados a ser santos: Gracia y paz a vosotros, de Dios nuestro Padre y del Señor Jesucristo. Primeramente doy gracias a mi Dios mediante Jesucristo con respecto a todos vosotros, de que vuestra fe se divulga por todo el mundo"* (Romanos 1:7–8). Pero en el año 324 D.C. la iglesia se *integró* al sistema político del Emperador Constantino. A partir de allí, la iglesia romana ha cometido "fornicación" con los reyes y los mercaderes de la tierra.

Mientras tanto, se puede ver cómo el Vaticano está alcanzando el liderazgo religioso mundial, a través del siguiente informe periodístico:

El Papa Juan Pablo II habló con entusiasmo de su amistad con la comunidad judía y su respeto por la fe de la misma, reconociendo el derecho de la existencia del Estado de Israel, y recordando los malos recuerdos de su juventud sobre el holocausto en la ocupada Polonia — su "mayor deseo", le dice a sus amigos y visitantes en estos días, es ir lo más pronto posible allí (Jerusalén) en una peregrinación religiosa.

El visitó la Tierra Santa, como obispo, hace más de 20 años, pero un regreso a Jerusalén, como Papa, tiene un significado pacífico y espiritual muy crucial para él. Israel ya lo ha invitado a una visita de Estado.

"Confiamos" dijo el Papa, "que al acercarse el año 2.000, Jerusalén será la ciudad de la paz para todo el mundo y que todos los pueblos podrán reunirse allí, en particular los creyentes de las religiones que encuentran sus raíces en la fe de Abraham."[25]

— The Herald, 4/4/94.

Si bien la declaración del Papa incorpora matices ecuménicos, uno no puede dejar de ver su enfoque político al enfatizar que "Jerusalén será la ciudad de la paz para todo el mundo".

Cometeríamos un gran error si no entendiéramos el profundo deseo del Papa, el Vaticano, la Unión Europea e Israel de lograr la unidad y la paz, a cualquier precio.

Europa

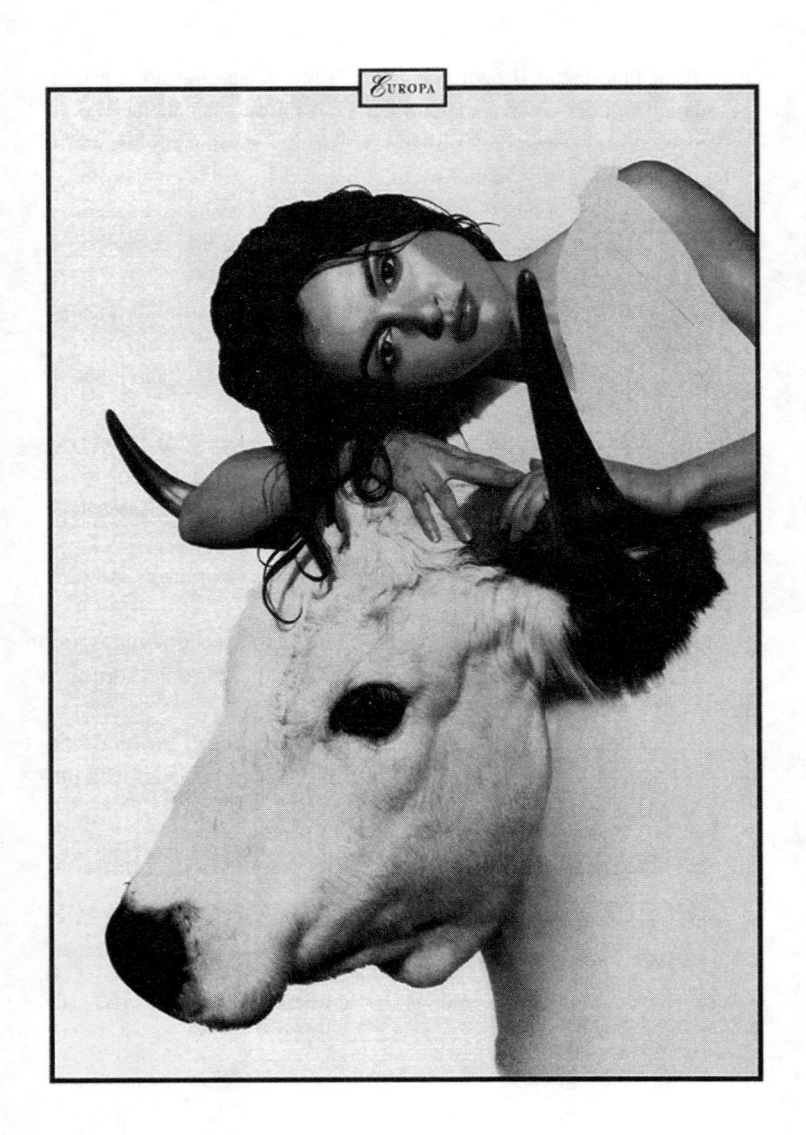

CAPITULO 10
Cómo Europa Dirigirá al Mundo

Resumen

El asombroso desarrollo de la Unión Europea nos lleva, por un lado, al convencimiento de que el comunismo mundial no resurgirá con la influencia que tenía en 1991. Por otro lado, tenemos la evidencia indiscutible de que Estados Unidos perderá el liderazgo capitalista del mundo. Es así que se abre la puerta para que Europa dirija el orden del nuevo mundo.

Cómo Europa Dirigirá al Mundo

Me gustaría remarcar la frase: *"Estos tienen un mismo propósito"*. Precisamente en nuestros días estamos siendo testigos de la unión de las naciones, la cual llevará finalmente al cumplimiento de la profecía como se describe en el versículo anterior. Los europeos son los que procuran la unidad con más ahinco.

América, Imagen de la Unidad

Durante los últimos 100 años, Europa ha mirado hacia Estados Unidos con ojos de envidia. Los estadounidenses tenían mejores casas, autos más grandes, más lujo y el país estaba en paz. El sueño de unir a Europa resurgió una vez más debido al ejemplo del "Nuevo Mundo".

Pese a que la población de Estados Unidos tiene básicamente raíces europeas, les iba mucho mejor que a sus primos de Europa. ¿Cuál era la razón? La respuesta se puede encontrar en el viejo adagio: "Unidos prevaleceremos, divididos caeremos."

Los "Estados" Unidos Nunca Llegaron a Ser Estados en Realidad

La idea original del rol del estado y el gobierno federal nunca se materializó, afortunadamente. Los "estados" nunca llegaron a ser estados soberanos. Si se hubiera logrado, Estados Unidos hubiera experimentado problemas similares a Europa.

Cada estado se hubiera constituido en una nación soberana e independiente, con su propia moneda, leyes independientes, fronteras definidas y una fuerza militar propia. Uno se podría imaginar cómo los diferentes estados hubieran elegido el lenguaje y la cultura de la mayoría de la gente que se estableciera allí, ya sea que fueran italianos, alemanes, franceses, españoles, polacos, húngaros u otros grupos étnicos. En realidad se hubiera tenido un duplicado de Europa.

Estados Unidos estaba en camino a tornarse en una serie de estados independientes, pero la idea fue obstaculizada por la guerra civil la cual, al final, hizo que la nación se solidificara como una sola potencia. En vez de ser estados en el sentido literal de la palabra, Estados Unidos se tornó un grupo de provincias supervisadas por Washington D.C., sin que tuvieran en realidad el derecho de ser soberanos e independientes.

Unidad Tan Sólo Por Medio de la Paz, No de la Guerra
Europa en cambio, durante el tiempo del éxito estadounidense, en vez de unificarse estaba más dividida que nunca. Se lucharon las dos guerras mundiales, las cuales no contribuyeron a unir a los pueblos. Después de la segunda guerra mundial, Europa Oriental y Occidental fueron divididas por causa del comunismo.

Pero estos trágicos eventos cambiaron la conciencia europea. Se entendió que la paz y la prosperidad no podría establecerse a través de la fuerza militar.

Después de 2.000 años de conflictos, y luego de contemplar el progreso de Estados Unidos, específicamente desde el comienzo del 1900, se despertó finalmente el espíritu unificador europeo.

El primer paso hacia la unidad fue el Tratado de Roma, firmado en 1957. En aquel comienzo se hicieron proposiciones de cooperación a nivel comercial, sin que hubieran síntomas de una posterior unidad a otro nivel.

Europa: El Comienzo del Ultimo Imperio
Apocalipsis 17:13–14 nos da una descripción del gobierno de la última estructura de poder de los gentiles: *"Estos tienen un mismo propósito, y entregarán su poder y su autoridad a la bestia. Pelearán contra el Cordero"*. Para poder pelear contra el Cordero se necesita unidad, una característica que la historia no le atribuye a Europa.

Más adelante daré más detalles con respecto al desarrollo progresivo de la Unión Europea pero, en este momento, quiero enfatizar el poder dinámico de la misma, con relación al futuro cercano. Nuestro periódico local, *The State (El Estado)*, publicó la siguiente historia el 12 de Diciembre de 1994:

Líderes de las 12 (al momento ya suman 15) naciones de la Unión Europea concordaron en comenzar las tratativas con respecto a la membresía de seis países de Europa Oriental, sin establecer un tiempo para que alguno de ellos se una.

Los principales oficiales de los seis países europeos que ahora tienen acuerdos de asociación con la Unión Europea — Polonia, la República Checa, Slovaquia, Rumania, Bulgaria y Hungría — se reunieron con los líderes en Villa Hugel. La Unión Europea expresó su anhelo de incluir a estos seis países, además de tres repúblicas bálticas y Slovenia, a través de una serie de estudios y reuniones frecuentes que vean cómo prepararles para ser miembros del grupo comercial y de cooperación política más grande del mundo...[26]

Obviamente, éstas son viejas noticias pero nos sirven para reconocer, en forma indiscutible, que el espíritu de unidad en Europa se ha hecho una realidad en nuestros días.

Por qué Europa Debe Dirigir el Mundo

Prácticamente, todas las naciones pueden identificar, en su propia historia, que su momento de mayor gloria fue durante el imperio romano mundial. Aquel imperio, con toda su potencia, sabiduría, gloria y cultura fue, sin duda, la plataforma central, no sólo para la historia europea, sino para todo el mundo.

Roma y Europa merecen que se les dé el crédito de ser los fundadores de la civilización occidental y de ser, también, los padres de la democracia. Hoy en día, la democracia es la ideología mundial indiscutible en casi todos los sistemas políticos, pero es Europa quien tiene la mayor influencia en la civilización occidental.

1) Es el centro del mundo, ubicado entre el Este y el Oeste
2) Es el centro de la filosofía, que ha dado forma a la civilización progresista del mundo.
3) Es el centro del comercio y las finanzas

4) Es el centro y el líder de la religión del mundo. No hay individuo en la tierra con tanto poder religioso ni que tenga una influencia tan directa sobre la política como el Papa de Roma.

En Sudamérica y América Central, por ejemplo, muchas naciones no permiten que alguien sea presidente, a menos que sea católico romano. Sus culturas son dominadas prácticamente por la filosofía del Vaticano.

Es importante notar que Roma no se limita a Europa. ¡Tiene influencia a nivel mundial! Cuando el Papa viaja por el mundo atrae multitudes, más que cualquier otra persona, inclusive los principales líderes políticos.

Millones de personas se rigen por cada una de sus palabras. Es considerado como alguien infalible y su iglesia proclama que él es el único representante de Cristo en la tierra. Una multitud de personas se postra a sus pies y besa su anillo. Anhelan ser tocados y bendecidos por esta imagen en ropas blancas.

Europa Imita a Israel
Me gustaría dejar en claro aquí que esas cuatro características que mencionamos anteriormente estaban preparadas para Israel.

Israel es el centro de la Tierra:
1) *"Así ha dicho Jehová el Señor: Esta es Jerusalén; la puse en medio de las naciones y de las tierras alrededor de ella"* (Ezequiel 5:5). Lutero traduce Ezequiel 38:12 como "Morando en el medio de la tierra", y la Biblia Hebrea dice: "Viviendo en el centro de la tierra".

Israel es el centro de la sabiduría. Nadie puede comparar su sabiduría con la del Rey Salomón:
2) *"Toda la tierra procuraba ver la cara de Salomón, para oir la sabiduría que Dios había puesto en su corazón"* (1 Reyes 10:24).

Israel debe ser el centro del comercio y las finanzas:
3) *"Ya que Jehová tu Dios te habrá bendecido, como te ha dicho, prestarás entonces a muchas naciones, mas tú no tomarás prestado; tendrás dominio sobre muchas naciones, pero sobre ti no tendrán dominio"* (Deuteronomio 15:6).

Israel es el centro de la verdadera religión:
4) *"Y le fue dado dominio, gloria y reino, para que todos los pueblos, naciones y lenguas le sirvieran; su dominio es dominio eterno, que nunca pasará, y su reino uno que no será destruido"* (Daniel 7:14). Esto se refiere al reino del Mesías en Israel, no al "príncipe" que vendrá del nuevo imperio romano.

Europa Quiere Reemplazar a Israel
La sombra profética que está siendo trazada muestra que Europa (el nuevo imperio romano), intenta imitar a Israel. No es de sorprenderse, por lo tanto, que la bandera de Europa contenga doce estrellas en un círculo, y no quince, o cualquiera que fuera el número final de las naciones que pertenezcan a la Unión Europea. La constitución Europea establece que sólo doce estrellas representen a todas las naciones que se asocien a la Unión. No necesitamos mucha imaginación para ver que las doce estrellas imitan a Israel en dos sentidos: Primero, las doce tribus de los hijos de Israel, y segundo, los doce apóstoles del Cordero. Como ya hemos mencionado, el espíritu unificador de Europa no se limita geográficamente a Europa. Permítame explicarle:

El Oeste
Hace más de 500 años atrás, el judío romano católico, Cristóbal Colón, descubrió América. Todo el continente (tanto el norte como el sur), fue reclamado por España en nombre de la iglesia romana. La población de Estados Unidos, Canadá y las naciones de Sudamérica está compuesta principalmente por descendientes europeos.

Nuestros gobiernos se basan en principios romanos. El supremo consejo de la antigua Roma se denominaba Senado. Este sistema es usado en forma idéntica en nuestros días en Estados Unidos y Canadá. También se emplea en Italia, Francia, Irlanda, Sudáfrica y Australia, por nombrar tan sólo unos pocos.

También es obvio que los edificios de gobierno a lo largo de la U.S.A. son extremadamente similares a la arquitectura del Vaticano. La mayor parte de los edificios de gobierno están coronados con una cúpula como la de la Catedral de San Pedro en Roma. De esa manera, nuestra historia nos sujeta al imperio romano. Y pese a que han existido tiempos de aparente separación, el occidente volverá a sus raíces bajo el nuevo imperio romano.

El Este
Australia también tiene sus raíces en la civilización europea. El noventa por ciento de su población es descendiente de europeos.

Si analizáramos los gobiernos de Japón, Corea, Hong Kong, India, Taiwan, y otros países asiáticos progresistas, encontraríamos que ellos también se fundamentan en los principios de la civilización europea occidental.

La infraestructura de casi todas las naciones — ya sea gubernamental, educacional, de transporte, de comunicaciones, de negocios, de leyes, etc. — está basada en la forma europea de hacer las cosas.

India, la democracia más grande del mundo, es una creación británica. Pese a que por muchas décadas han tratado desesperadamente de implementar el hindi como su idioma oficial, el inglés sigue siendo todavía la lengua oficial para la comunicación. Aquellos cuya lengua materna no es el hindi, sino el bengalí, gujarat, kashmirí, telugu, sanskit, y otros 1652 dialectos adicionales, rehusan aceptar al hindi como el idioma nacional en India. Por lo tanto, deben comunicarse en inglés.

El Sur
Hacia el sur de Roma tenemos Africa. Cincuenta por ciento del continente habla francés. Cuarenta por ciento habla inglés. (Africa, también

está saturada por la civilización europea.) Por lo tanto, Africa también está bajo la jurisdicción del espíritu de Roma.

Los países del sur de Europa ven a Africa como un continente descuidado. Los miembros de la Unión Europea quisieran encontrar la forma para que dichas naciones africanas se unan al grupo. Las naciones del Mediterráneo especialmente, han expresado desde hace tiempo su desacuerdo con la Unión Europea, argumentando que la misma está mirando hacia el lado equivocado.

Ellos sostienen que mientras su enfoque sea hacia Europa Oriental, se levanta una amenaza mucho mayor desde el sur. A menos que Europa actúe, dicen ellos, los fundamentalistas islámicos utilizarán su poder en los países del norte de Africa, desatando una ola de emigración. *The European (El Europeo)* escribió en el fascículo del 9 de marzo de 1995:

> ¿Tendrán éxito los gobiernos del sur en persuadir a sus colegas del norte de la Unión Europea para que coloquen más recursos en las problemáticas naciones musulmanas del Maghreb — Argelia, Marruecos, Libia y Túnez — atravesando la frontera que ha reemplazado a la cortina de hierro?
>
> Su objetivo es persuadir a la Unión Europea para que provea ayuda para desarrollar industrias en los países del Maghreb ya que, de esa manera, la prosperidad reducirá la emigración hacia Europa y el apoyo al fundamentalismo.[27]

Más y más europeos están reconociendo su responsabilidad y el peligro de descuidar las naciones del norte de Africa. Los fundamentalistas islámicos han llegado a ser el mayor peligro para la seguridad mundial, especialmente desde la caída de la Unión Soviética. Pero los musulmanes no se van a unir a ningún dictador. Se debe encontrar un proceso de negociación religioso, y eso tan sólo se puede lograr a través del Vaticano, el líder de la religión más grande del mundo. De esta forma vemos, una vez más, a Roma y su influencia mundial.

Religión

Si Europa es el centro del mundo para los gentiles, Italia es el centro de Europa, con Roma en el centro de Italia y el Vaticano como centro de Roma.

El Vaticano es el cuartel central para la iglesia católica y para la cristiandad (que no cree en la Biblia). Parece ser que la mayoría de las denominaciones cristianas se integrarán, tarde o temprano, a la poderosa estructura del Vaticano. Y, realmente, Roma no sólo proclama ser el único líder del cristianismo, sino que, en forma indiscutible, se está transformando en el líder de todas las otras religiones también. ¿Cómo se logrará esto? Hospedando otras religiones que estén fuera del cristianismo, tales como el Islam, hinduismo, budismo y otras. Esta especie de "gran paraguas multicolor" era típico del espíritu de Roma en los días antiguos. La idea era: "Puedes adorar a tu propio dios, siempre que lo hagas en el nombre del César".

La filosofía que se está haciendo popular en nuestros días es la que pregona que todos los pueblos, sin importar a qué religión se adhieran, adoran al único Dios verdadero. Sólo usan nombres diferentes para sus deidades, pero todos tienen algo en común en su fe. Aquí tenemos un ejemplo:

> El Papa Juan Pablo II se quitó su calzado para sentarse, en forma solemne y silenciosa, con el supremo patriarca de los budistas tailandeses en un monasterio budista en Bangkok — El pontífice romano católico alabó luego la sabiduría "antigua y venerable" de la religión asiática.[28]
> — Courier Journal, 11 de Mayo de 1984, pg.A7

Por supuesto, el papa Juan Pablo II no es la única fuerza que apoya el ecumenismo. El Obispo Episcopal del Arca Nueva, John D. Spong escribió:

> En otoño de 1988, adoré a Dios en un templo budista. Mientras el aroma del incienso llenaba el aire, me arrodillé delante de tres imágenes de Buda, sintiendo que el humo podría llevar mis oraciones al cielo. Fue un momento santo para mí — más allá de los credos que cada religión

usa, hay un poder divino que nos unifica — No voy a hacer ningún intento para convertir al budista, al judío, al hindú o al musulmán. Estoy contento de aprender de ellos y de caminar con ellos, lado a lado, hacia el Dios que vive, según yo creo, más allá de las imágenes que nos atan y nos enceguecen.[29]

— The Voice, Diocese of Newark, Enero 1989

Al hablarle a la audiencia hindú en la Universidad de Calcuta, el Papa Juan Pablo II dijo:

La misión de la India es crucial, debido a su intuición de la naturaleza espiritual del hombre. Realmente, la mayor contribución de la India al mundo puede ser el ofrecer su visión espiritual del hombre. El mundo haría bien en atender voluntariamente a esta sabiduría milenaria y, al hacerlo, encontrar un enriquecimiento para la vida humana.[30]

— L'Observatore Romano, 10 de Febrero de 1986, pg.5

Creo que no haríamos más que gastar papel si continuáramos diciendo más acerca de la pretendida unidad de las religiones del mundo bajo el liderazgo de Roma.

Economía
A pesar de las severas dificultades y de los obstáculos que a veces parecen insuperables, Europa está luchando por una unidad total. Están trabajando para implementar una moneda única. Las fronteras se están haciendo cada vez más transparentes. La palabra unidad es la clave absoluta.

En este momento, Europa es el líder económico del mundo. Debemos recordar que esto es tan sólo el comienzo. Las quince naciones miembros no son la Unión Europea del futuro. Muchas más naciones están haciendo fila, esperando la oportunidad de ser parte de la Unión.

Esto incluye a muchas naciones del este europeo. Por ejemplo, déjeme mostrarle que tan desesperada está la nación mediterránea de Turquía por formar parte de la Unión Europea. El anterior Primer Ministro, Tansu Ciller, entrevistado por *The European (El Europeo)*, dijo:

Es muy difícil para mi pueblo entender cómo los países que formaban parte del bloque comunista pueden estar antes que Turquía, la cual tiene una prolongada asociación con la Unión Europea y es compañera de la OTAN.[31]

— The European, 12/15/94, pg.1

Estados Unidos En Serios Problemas

Cuando se hizo evidente que Europa estaba emergiendo como un super estado económico, Estados Unidos se dio cuenta de que debería hacer algunos cambios drásticos para seguir en carrera. Es por eso que se formó el ALCN (Acuerdo de Libre Comercio Norteamericano) tan rápidamente. El mismo unía a Canadá, EE.UU. y Méjico en un vínculo común de comercio.

Hubieron muchos reportes durante las últimas dos décadas que indicaban que Estados Unidos estaba en un serio problema, siendo uno de los más grandes la incapacidad por parte de nuestro gobierno de balancear el presupuesto. En pocos años, se nos dijo, el gobierno no será capaz siquiera de pagar los intereses de la deuda nacional. Está tomando prestado cada año del presupuesto anual. Esto no debe sorprendernos, porque el antiguo sistema económico anglo-americano debe dejar lugar al nuevo sistema híbrido europeo social-capital.

No podemos negar el hecho de que nuestra economía se está tornando inferior a la europea. Estados Unidos ya no está dominando el terreno financiero:

> El comunismo ha muerto y aún está por descubrirse un nuevo orden económico. La cuestión del capitalismo como algo opuesto a una economía planificada desde el centro es similar a la rivalidad entre los intereses públicos y privados o entre la corporación y el gobierno. Estamos en la encrucijada de reestructurar dos fuerzas conflictivas. Existen tres tipos de corporaciones que están compitiendo: El tipo anglo-estadounidense que está basado en compartir propiedades; el tipo japonés, el cual es muy influenciado

por las consideraciones sociales; y el tipo europeo, el cual está entre los dos anteriores.[32]

— The European, 26 de Mayo de 1994, pg.25

Tiempos de Cambios
Cuando la BMW, la fábrica alemana de autos, estaba buscando una "nación con mano de obra barata" para colocar otra planta de armado, eligieron los Estados Unidos (Carolina del Sur). La superioridad del sistema romano europeo fue claramente demostrado por el siguiente hecho: Una hora de fábrica en Alemania le cuesta a la BMW $ 30 dólares. Pero en Carolina del Sur, BMW tan sólo paga entre $ 12 y $ 15 dólares la hora. Estados Unidos es en estos momentos un país donde hay mano de obra barata disponible en abundancia.

Costo por Hora en Dólares Estadounidenses para Empleados de Fábrica:

	1985	1995
Alemania	$9,60	$31,88
Suiza	9,66	29,28
Bélgica	8,97	26,88
Austria	7,58	25,38
Finlandia	8,16	24,78
Noruega	10,37	24,38
Dinamarca	8,13	24,19
Holanda	8,75	24,18
Japón	6,34	23,66
Suecia	9,66	21,36
Luxemburgo	7,72	20,06
Francia	7,52	19,34
Estados Unidos	**13,01**	**17,20**
Italia	7,63	16,48
Canadá	10,94	16,03
Australia	8,20	14,40

Irlanda	5,92	13,83
Reino Unido	6,27	13,77
España	4,66	12,70
Israel	4,06	10,59
Nueva Zelandia	4,47	10,11
Grecia	3,66	8,95
Corea	1,23	7,40
Singapur	2,47	7,28
Taiwan	1,50	5,82
Portugal	1,53	5,35
Hong Kong	1,73	4,82
Méjico	1,59	1,51
Sri Lanka	0,28	0,45

(Nota: Los últimos números para Luxemburgo y Sri Lanka son de 1994)

Esto no significa que Estados Unidos esté yendo "barranca abajo" como algunos insisten en decir. Más bien sucede todo lo contrario. Hoy en día, el ciudadano estadounidense promedio recibe más dinero que nunca en la historia. Vive en una casa mejor y el auto que maneja es un producto extremadamente superior al que tenía hace veinticinco años. Nunca tuvimos tanto lujo ni poder de compra por hora de trabajo, a pesar de que algunas estadísticas muestran resultados diferentes.

Cuando se analizan las estadísticas, debemos considerar que una casa nueva en nuestros días no se puede comparar con una casa nueva hace treinta años. La conveniencia, el lujo y el equipamento que se encuentra en el hogar de un estadounidense promedio es algo con lo que ni siquiera se soñaba hace treinta años.

Repetimos, Estados Unidos no está yendo "barranca abajo", sino que está ascendiendo. Sin embargo, Europa asciende mucho más rápido. En realidad, cuando consideramos el potencial del mercado de Africa y Asia, especialmente China, comenzamos a darnos cuenta que la prosperidad económica del mundo no se está aproximando al final sino que recién está comenzando.

Poder Militar

En cuanto a las fuerzas militares, podemos resumir la situación con las siguientes palabras: Políticamente hablando, el poder militar está siendo transferido del bloque que proclamaba "Dios está Muerto" (comunismo) al que sostiene que "Todos Somos Dioses" (democracia).

Además, el clamor por tener una fuerza militar mundial se hace sentir más y más. Un artículo en *The State (El Estado)*, del 3 de diciembre de 1993 formulaba la siguiente pregunta:

¿EXPANSION DE LA OTAN?

Estados Unidos propuso transformar la alianza de la era de la guerra fría en un compañerismo militar y político masivo de unas 40 naciones, para satisfacer las necesidades de seguridad de Europa. La iniciativa, que procura que los países de oriente, que antiguamente eran adversarios de la OTAN, se unan a las operaciones que intentan mantener la paz y ayudar a los presupuestos de defensa, fue presentada informalmente por los ministros de relaciones exteriores de los miembros de la alianza como "un gran paso hacia adelante", dijo el Secretario General Manfred Woemer.[33]

Básicamente, no hay una gran diferencia entre la OTAN y las Naciones Unidas. Ambas tienen el mismo objetivo: La paz para todo el mundo, a cualquier precio.

Las Fuerzas Armadas del Mundo Unido

Las Naciones Unidas son una fuerza que merece ser reconocida. Hay un razonamiento lógico que dice: "No se puede tener dos ejércitos luchando si tan sólo existe uno".

Un ejército mundial no es una teoría que existe solamente en la mente de algún escritor de ciencia ficción, sino que se está haciendo una realidad hoy en día. El único impedimento para un ejército mundial, en este momento, es el ejército de los Estados Unidos. Sin embargo, la inferioridad financiera de Washington debilitará tarde o temprano el brazo fuerte de EE.UU.

Bajo el liderazgo del Anticristo, el mundo proclamará con orgullo y seguridad: *"¿Quién como la bestia, y quién podrá luchar contra ella?"* (Apocalipsis 13:4). De cualquier forma, una vez más, la clave para el dominio mundial no se obtendrá a través de las armas de guerra. Será lograda a través de la política y la necesidad económica.

La Unión Soviética, por ejemplo, no fue derrotada por ninguna fuerza militar. Simplemente se quedó sin recursos económicos. Alguno podría argumentar que es Rusia y no Estados Unidos el impedimento para un ejército mundial.

Ese podría haber sido el caso antes del colapso de la Unión Soviética, pero ya no es aplicable debido a que Rusia tiene un problema financiero aún mayor al de EE.UU. Han aprendido que con un partido dictador, el pueblo no cooperará voluntariamente, por tanto, la resurrección de una estructura poderosa igual o superior a la del occidente está descartada. El desesperado intento de Estados Unidos por mantener su gloria pasada es lo que en este momento impide la unidad militar del mundo. Tarde o temprano, esto tendrá que cambiar, porque el mundo tiene que llegar a ser uno también militarmente. Un superpoder militar sólo puede existir si está respaldado por un supersistema financiero.

Cómo Debe Ver el Creyente Estos Eventos
¿Cómo debe ver la Iglesia de Cristo Jesús estos acontecimientos? Mi respuesta contiene dos palabras: "¡Con gozo!" No hay ningún lugar en la Biblia en el que encontremos que los cristianos tienen alguna promesa política, militar o geográfica. Somos tan sólo peregrinos que vamos de paso.

La unidad que vemos en aumento en lo político, económico, militar y religioso es sólo otra gran señal de que vamos a reunirnos con nuestro Señor antes de lo que pensamos. Estoy convencido de que las palabras de Lucas 21:28 son para nosotros en esta época: *"Cuando estas cosas comiencen a suceder, erguíos y levantad vuestra cabeza, porque vuestra redención está cerca."*

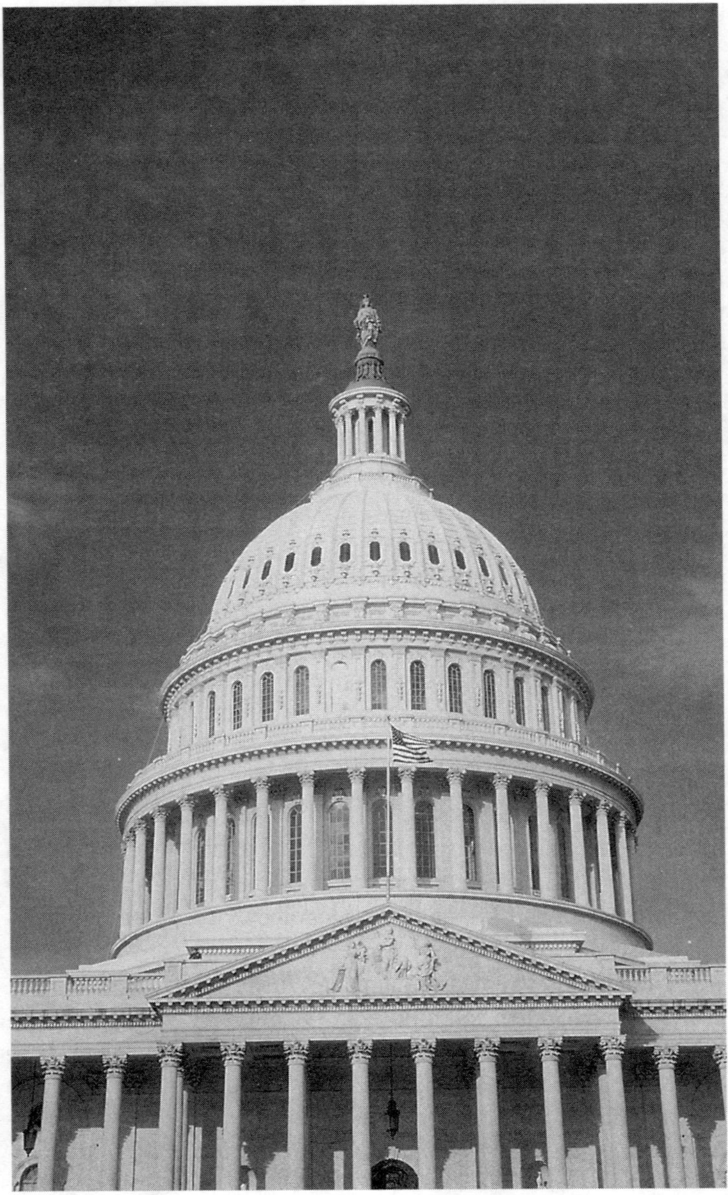

CAPITULO 11

El Surgimiento de la Unidad Global

Resumen

La relación de Estados Unidos con Roma revela hechos sorprendentes. El ochenta y ocho por ciento de nuestros antepasados vinieron de Europa. Cuando Europa estuvo dividida, Estados Unidos estuvo unido. Este capítulo resalta los cambios actuales en Europa y su consiguiente significado para Estados Unidos. Mostraremos además cómo el surgimiento de la unidad global está edificando sobre la economía del nuevo mundo, la cual es apoyada por la exitosa filosofía: "Unidos prevaleceremos, divididos caeremos".

El Surgimiento de la Unidad Global

Me gustaría remarcar una vez más las cinco palabras de Apocalipsis 17:13: *"—estos tienen un mismo propósito—"*. Este es un milagro increíble de los tiempos finales, es decir, la unión casi perfecta de los pueblos de la tierra, luego de que la Iglesia se haya ido. Esta unidad asombrosa, sin embargo, no es otra cosa que la *imitación* de Satanás de la Iglesia de Cristo Jesús.

Leamos las palabras de la oración sumosacerdotal de nuestro Señor Jesús en Juan 17: En el versículo 22 dice: *"La gloria que me diste, yo les he dado, para que sean uno, así como nosotros somos uno."*

Luego en el 23 dice: *"Yo en ellos, y tú en mí, para que sean perfectos en unidad, para que el mundo conozca que tú me enviaste, y que los has amado a ellos como también a mí me has amado."* Para que Satanás pueda engañar a las naciones del mundo, debe producir algo que se parezca a *"— sean* (el mundo) *perfectos en unidad —"*.

La Europa Unificada Imita a la Iglesia

Las acciones del diablo en el reino de las tinieblas y a través del espíritu del Anticristo son una imitación del Espíritu de Dios. Sabemos que el diablo no tiene capacidad de crear. El es un gran imitador. Es un mentiroso y el padre de la mentira. Intentará imitar la unidad que posee la Iglesia, pero tan sólo será un fraude.

¿Deberíamos sorprendernos entonces cuando vemos a Roma (Europa) apuntando hacia una meta de dominio mundial a través de un esfuerzo unido? Este dominio no tiene comparación con los que existieron anteriormente en la historia.

Repito, ya estamos viviendo dentro de este orden del nuevo mundo. En el pasado, un país conquistaba a otro, tomando posesión de su territorio y sujetando a sus ciudadanos a su gobierno.

Se podría decir lo mismo de Estados Unidos. Nuestros antepasados vinieron, conquistaron la tierra, destruyeron toda oposición por medio de la fuerza de las armas, y establecieron una nueva nación.

El Orden del Nuevo Mundo Gobierna

Hoy en día, las batallas desencadenadas para conquistar nuevos territorios no se efectúan con armas de guerra. La batalla se lleva a cabo en las oficinas políticas y en las juntas de las corporaciones, así como también a través de los medios de comunicación. En nuestros días es casi imposible conquistar un país a través de la fuerza militar.

Tomemos a Saddam Hussein, por ejemplo, y su intento de tomar Kuwait. Casi todo el mundo estuvo de acuerdo en oponerse a su movimiento agresivo y lo derrotaron militarmente. ¿Por qué se le opuso el mundo? Porque sus acciones eran una amenaza para los esfuerzos que se hacían por obtener un *nuevo mundo* pacífico.

Incluso, ayudar a otra nación sin apoyo popular tampoco da resultado, como en el caso de Estados Unidos y su guerra en Vietnam. Rusia tuvo una experiencia similar en Afganistán. Finalmente, tuvieron que emprender la retirada en forma vergonzosa.

Ahora estamos en un mundo nuevo, en el cual se aplican diferentes reglamentos. Después de lograr la unidad política, ya no serán necesarias las diversas opiniones políticas o los partidos opositores. Los pueblos del mundo creerán que finalmente han encontrado el sistema que puede crear una sociedad pacífica y próspera a lo largo de toda la tierra.

No habrá necesidad de cargar con los inmensos costos que surgen de mantener los diversos gobiernos, las instituciones, las infraestructuras comerciales, la economía, el comercio, la industria, las finanzas y el ejército.

Unidad en la Diversidad

Hitler no tomó Alemania por la fuerza; fue elegido democráticamente. Cuando vio que el pueblo realmente le apoyaba con todo su corazón, mente y alma, abolió todos los demás partidos políticos.

Cuando el Anticristo tome el poder, será algo semejante, y como resultado todos los pueblos serán prácticamente uno. Esto está en la misma línea que el "políticamente apropiado" slogan de nuestros días — "unidad en la diversidad."

Alguno podría no estar de acuerdo y decir que China, por ejemplo, es un país comunista, el cual se opone a la democracia capitalista. Eso es cierto, pero tal declaración ignora el hecho de que la economía de China está basada principalmente en principios capitalistas. Allí se está creando un gigantesco mercado de exportación que usa el sistema social capital.

Una forma modificada de comunismo se ha vuelto una alternativa legítima en su arena política, entremezclándose con el sistema democrático global que está siendo edificado.

Cuatro países que anteriormente eran del este europeo han reelegido a los comunistas como gobierno. Más de un tercio de los ciudadanos del este de Alemania anhelan el regreso del comunismo. Sí, el comunismo está siendo incorporado dentro de la idea de "unidad en la diversidad".

Corporaciones Globales que Lideran
Las corporaciones multinacionales nos están mostrando el camino. "Integrémonos" dicen, "permitamos que un gabinete de directores tome las decisiones en nombre de muchas firmas pequeñas". Aquí uno enfrenta al éxito, y no se puede discutir con él. Las corporaciones más grandes están surgiendo y continuamente compran aquellas que son más pequeñas. Tenemos corporaciones multinacionales que se han vuelto tan poderosas que están comenzando a regir la economía, la industria, las instituciones financieras, y aun el ejército, en los países donde operan.

No podemos negar el hecho de que el conflicto militar con Irak tuvo una motivación económica. Muy difícilmente podríamos aceptar, por ejemplo, que Estados Unidos y Canadá fueron al golfo a librar a los pobres y oprimidos kuwaitíes. Creer eso sería como creer en Papá Noel.

La Identidad de la Corporación Global
En un fascículo en alemán de la revista Focus, decía que la junta de directores de Mercedes Benz estaba siendo desafiada, por algunos expertos, a considerar un posible cambio en el procedimiento de imprimir su producción con el famoso "Made in Germany" (Hecho en

Alemania). Se argumentaba que muchos productos hoy en día se están haciendo en muchos países. La proposición sugería que se cambiara el "Made in Germany" por "Made by Mercedes" (Hecho por Mercedes). Si bien esto no ha sucedido aún, hay posibilidades de que suceda en un futuro cercano.

La mayoría de las corporaciones internacionales, como Mercedes Benz, tienen más facilidad de producción o armado, en docenas de países del mundo. Como consecuencia, se puede ver el surgimiento de una nueva tendencia a medida que las multinacionales se expanden y se tornan más poderosas.

Los empleados están siendo identificados ahora con la compañía para la cual trabajan, a tal punto que se están integrando completamente al nombre de la misma. Por ejemplo, John Doe, quien trabaja para General Motors en Detroit, Michigan, es identificado simplemente como "John Doe de General Motors". Es así que la unidad basada en la ciudadanía decrecerá y dará lugar a la unidad por medio de una alianza de corporaciones globales.

Historia del Exitoso Siglo 20
La historia del mayor éxito de una nación en este siglo, sin duda alguna, es la historia de los Estados Unidos de América. Ya hemos hablado sobre el conflicto en el que Europa estuvo involucrada por muchos siglos. El descubrimiento de América abrió dos avenidas importantes para el desarrollo de los eventos finales.

- La energía de los europeos tenía que expandirse y los vastos territorios de las Américas les ofrecían la oportunidad perfecta.
- Por primera vez desde el imperio mundial romano, los europeos tuvieron que trabajar juntos, pese a la diversidad de sus culturas, lenguaje, herencia y mentalidad. América del Norte, con un clima similar al de Europa, ofrecía las mejores oportunidades.

Lo que ocurrió durante estos cortos 200 años, específicamente los últimos 100, ya es historia. El experimento de tener europeos trabajando juntos, viviendo juntos y unidos bajo una misma nacionalidad llegó a ser un éxito devastador.

No es de sorprenderse, por lo tanto, que muchas organizaciones globales de importancia, tales como las Naciones Unidas, fueran fundadas aquí en los Estados Unidos.

Si europeos de naciones tan diferentes, incluyendo africanos y asiáticos, se unieron y formaron una nación exitosa, entonces ¿por qué no se podría aplicar este mismo principio en Europa?

Pero aún hay más. Este sistema de unidad, creado de la diversidad, podría ser aplicado también al mundo entero.

Estados Unidos no sólo tuvo un tremendo éxito industrial, agrícola, político y religioso, sino que el resultado de haber creado una nueva identidad de la unión de diversos pueblos del mundo es aún más asombroso.

Mezcla del Exito de las Naciones
Soy muy consciente de que mi análisis de Estados Unidos es, en alguna manera, prejuicioso. No estoy en algún país extranjero, que esté lejos de la U.S.A., tratando de analizar la nación y su gente, sino que he sido parte de ella por los últimos 32 años. Este se ha convertido en mí país.

Las cosas más lindas que le pueden suceder a alguien, me han sucedido a mí en Estados Unidos. Encontré al Señor Jesús en este país, o más bien, él me encontró a mí. Aquí encontré a mi esposa, Ruth, y mis tres hijos, Joel, Micah y Simon, también nacieron aquí. No sólo son norteamericanos por causa de los papeles, como en mi caso, sino que ellos piensan, actúan y exhiben una forma de ser estadounidense.

De todos mis viajes por el mundo y mis asociaciones con diferentes personas, nunca he encontrado gente más recta, amable y generosa que los estadounidenses.

Además, estoy convencido de que hay innumerables personas en el mundo que han llegado a la misma conclusión. Por lo tanto, la pregunta que surge es: "¿Por qué no tener una sociedad mundial?"

"¿Qué hay de malo con un nuevo orden mundial en el cual todas las personas se puedan mover libremente a cualquier país que deseen?"
"¿Por qué no podemos ser una familia mundial?"
 Estas preguntas, querido amigo, son bien lógicas y legítimas. Son éstas precisamente y muchas otras las razones por las que no tengo ni tiempo ni energía para oponerme a esas ideas. Son en realidad el cumplimiento de la profecía bíblica. Me dice que el mundo se está haciendo uno. Subsecuentemente, Jesús debe volver pronto y, por lo tanto, debo invertir todo mi tiempo, mis energías y finanzas en proclamar el evangelio liberador del Señor Jesús a todos los pueblos, en todas partes.

Historia Exitosa: U.S.A.
Permítame acentuar el éxito de la historia de Estados Unidos de América. Los aproximadamente 38 millones de personas que llegaron a U.S.A. desde 1820 a 1940, incluían los siguientes grupos mayoritarios de personas:

6,0 millones de Alemanes	4,7 millones de Italianos
4,5 millones de Irlandeses	4,2 millones de Británicos
3,5 millones de Rusos (de la ex Unión Soviética)	
2,5 millones de Austríacos	1,5 millones de Suecos

 Sin embargo, todos ellos llegaron a ser uno: Una nación, con un idioma, una moneda, un gobierno, una economía, un ejército, y todos bajo una bandera.
 Mientras Estados Unidos comenzaba a prosperar, alrededor de finales del 1800, y ya no era considerada una tierra primitiva, pobre e inculta, Europa estaba en problemas. Estados Unidos no sólo se transformó en una nación digna de reconocimiento, sino que en el proceso superó a todas las otras naciones del mundo, incluyendo a Europa. Estados Unidos era el líder global indiscutible a comienzos del 1900 y mantuvo su liderazgo por unos 70 años. ¿Qué pasó después? Déjeme explicarle.

El Cambio de Guardia

Si bien muchos de nosotros, específicamente en el área de la enseñanza profética, buscamos desesperadamente una respuesta al hecho de que Europa haya superado a Estados Unidos, propongo que miremos este acontecimiento como el sencillo cumplimiento de la profecía bíblica.

¿Cómo puede ser que Estados Unidos se sujete a Europa, si el primero es más poderoso? ¿Cómo puede Europa llegar a ser el poder central del mundo si no se ha distanciado de las demás naciones, incluyendo a Estados Unidos?

La respuesta lógica a estas dos preguntas es suficiente para probar, sin sombra de duda, que nos estamos acercando a las últimas etapas de los tiempos finales, en las cuales se establecerá un gobierno mundial por medio de un sistema democrático social y capital.

¿Cuál es la Tierra de las Oportunidades?

Estados Unidos es aún la tierra de las grandes oportunidades, pero no para todas las personas, especialmente aquellos que tienen una buena educación o que son talentosos se ven cada vez más limitados a ingresar a este país. Nos referimos al artículo de la revista *The State (El Estado)* del 6 de julio de 1995, en la página B10:

> Estados Unidos está dejando de ser la tierra de las oportunidades para aquellos extranjeros cuyas habilidades les abren las puertas para llegar hasta aquí, dijeron fuentes oficiales.
>
> Las nuevas estadísticas del Departamento de Justicia muestran que los profesionales altamente capacitados de otros países tienen menos oportunidades de calificar para obtener la ciudadanía estadounidense.
>
> En el último año fiscal, el número de inmigrantes admitidos legalmente a este país por razones de empleo, bajó un 16 por ciento, principalmente debido a que los posibles candidatos no reunían los requisitos para llenar la solicitud, dijeron los oficiales.

El Departamento de Justicia notificó que desde 1993, el número de visas otorgadas a científicos, académicos, gerentes y otros con alguna capacitación especial bajó de 147.012 a 123.291, atribuyendo este hecho a la escasez de candidatos.

"Hubieron menos vacantes" dijo Greg Gagne, vocero del Servicio de Inmigración y Naturalización.

Los expertos en el área de trabajo dijeron que la caída en el número de candidatos profesionales refleja un declive en el número de vacantes para puestos de alta responsabilidad en la economía estadounidense, ya que la demanda de una fuerza laboral no muy capacitada continúa siendo alta.[34]

Las nuevas estadísticas inmigratorias revelan las tendencias proféticas. El éxito de Estados Unidos como nación se debió principalmente a la mezcla de nacionalidades. Casi 37 millones vinieron de Europa, cuya vasta mayoría estaba en procura de una vida mejor.

La clave para el éxito fue la unidad como ya hemos visto. Por lo tanto, es lógico preguntarse lo siguiente: "Si gente de diferentes nacionalidades pudo integrarse exitosamente, creando así una nueva nación, ¿por qué los europeos no pueden unirse en su propio continente?"

Esa es la razón por la que Europa está en el proceso de tornarse una y, por tanto, el centro del éxito está mudándose una vez más hacia Europa.

La revista *Money (Dinero)* de julio de 1994 anunció que 250.000 estadounidenses se iban definitivamente de Estados Unidos en procura de mejores oportunidades en algún otro país.

Roma (Europa) tiene que ser quien gobierne el mundo para que la profecía bíblica sea cumplida. Las naciones que puedan desafiar a Europa, como es el caso de Estados Unidos, deben decrecer en importancia. Actualmente estamos viendo precisamente esta tendencia. Europa nunca pudo desafiar a Estados Unidos en base a sus propios méritos cuando estaba dividida en naciones individuales y soberanas. Pero una Europa Unida es capaz de desafiar a cualquiera. La idea, como la que tiene EE.UU. de llegar a tener — *"un mismo propósito"* — ya ha comenzado a echar raíces.

Europa Unida Bajo Roma
Es importante acentuar que el sueño de una Europa unida no es nuevo. Ya fue una realidad bajo el imperio romano.
 No hay nación europea que pueda escribir su historia sin mencionar a Roma. Fue Roma con su cultura, gloria, filosofía y política la que moldeó la civilización europea. De hecho, hubo un cierto grado de liberación para el pueblo durante la era romana. Probaré esto bíblicamente en un momento.
 Los grandes filósofos y estadistas, a lo largo de la historia han hablado de la unidad del imperio romano, este bloque poderoso que no podía ser desafiado por ninguna nación del mundo.
 "¿Cómo fue que Roma se hizo tan poderosa?" podríamos preguntar. La respuesta podría darse con tan sólo una palabra: "Unidad". Cuando Roma conquistó a las naciones del Mediterráneo, Europa, partes de Asia y el Norte de Africa, no esclavizó a la gente, como comúnmente se dice, sino que les dio libertad. Nuestra forma de pensar ha sido muy influenciada por las películas de Hollywood, las cuales muestran a los soldados romanos azotando y sometiendo a la gente. Eso sucedía sólo como excepción.
 Incluso podemos ver que hasta mediados de 1900, azotar a los ofensores era la ley en muchos países, entre los cuales se encontraba Gran Bretaña. Por ejemplo, los judíos de Palestina, que se opusieron a la ocupación militar de su tierra por parte de Gran Bretaña, fueron a menudo azotados.

Ciudadanía Romana: El Deseo de Europa
La gente oprimida nunca logró nada. Roma consiguió edificar un imperio glorioso debido al hecho de que la gente quería formar parte de esta historia de éxito, por tanto servían al César con todo su corazón. Estaban sumamente orgullosos de ser llamados romanos. Prácticamente se rindieron ellos mismos a la jurisdicción

de Roma y le dieron la bienvenida a la nueva libertad que el César garantizaba.

La Conexión de Hitler
Eso también sucedió durante el tiempo de Hitler. La gente literalmente adoraba a Adolf Hitler en Alemania, Austria y en muchos otros países. Querían que este hombre reinara a toda costa. Incluso hasta oraban por él, ya que creían que era el hombre que Dios había enviado para su salvación y redención, para su paz y prosperidad. Por supuesto, fueron engañados, así como también la gente está siendo engañada hoy en día por el éxito de la democracia.

Roma conquistó nación tras nación, no solamente a través del poder militar, sino por la promesa de la integración, ofreciéndoles la ciudadanía romana, protección y prosperidad. Tenían la chance de llegar a ser romanos, de integrarse a la mejor sociedad del mundo.

A los nuevos ciudadanos se les otorgaba el derecho de retener y practicar su propia religión. La filosofía — de que hay muchos dioses — era tolerada, pero sólo bajo el nombre del César.

"Yo Lo Soy (Libre) De Nacimiento", Dice Pablo
La Escritura misma nos amplía el significado que tenía el ser ciudadano romano. En Hechos 22 vemos lo que acontece con el apóstol Pablo. Leamos del versículo 25 al 29: *"Pero cuando le ataron con correas, Pablo dijo al centurión que estaba presente: ¿Os es lícito azotar a un ciudadano romano sin haber sido condenado? Cuando el centurión oyó esto, fue y dio aviso al tribuno, diciendo: ¿Qué vas a hacer? Porque este hombre es ciudadano romano. Vino el tribuno y le dijo: Dime, ¿eres tú ciudadano romano? El dijo: Sí. Respondió el tribuno: Yo con una gran suma adquirí esta ciudadanía. Entonces Pablo dijo: Pero yo lo soy de nacimiento. Así que, luego se apartaron de él los que le iban a dar tormento; y aun el tribuno, al saber que era ciudadano romano, también tuvo temor por haberle atado."*

¡Qué declaración tan poderosa! Pablo había nacido bajo la ley romana. El era un romano, había heredado su ciudadanía de nacimiento. Eso le aseguraba su libertad, lo cual se hace evidente por la reacción que tuvo el capitán en jefe, quien aparentemente era un ciudadano naturalizado, y no romano de nacimiento.

Se debía pagar una gran suma para llegar a ser ciudadano romano: — *"Respondió el tribuno: Yo con una gran suma adquirí esta ciudadanía"*. A lo cual Pablo simplemente respondió, — *"Pero yo lo soy de nacimiento"*—. El había nacido como ciudadano romano.

Estados Unidos en los Pasos de Roma
Estados Unidos siguió las pisadas del sistema romano. La ciudadanía automática le es otorgada a cualquier persona que nazca dentro del país. Aquellos que no nacen dentro del mismo, deben seguir el proceso de naturalización si desean llegar a ser ciudadanos.

La mayoría de nosotros no nos damos cuenta que nuestros antepasados (que eran inmigrantes) pagaron un tremendo precio para hacerse estadounidenses. Piense en aquellos que vinieron antes del 1800 y hasta el 1900. No sólo tuvieron que gastar mucho dinero en el pasaje, (lo cual era la más pequeña de sus preocupaciones), sino que cuando dejaron Europa, para muchos de ellos significó un adiós para siempre. Nunca habrían de tener la oportunidad de volver a su país de origen. Salieron de una Europa muy culta, bien organizada y próspera a una tierra lejana de pobreza, salvajismo, desorden y enfermedad, y todos estos desafíos debieron ser enfrentados sin el apoyo de una gran familia. Dejaron a un lado su herencia, su idioma, y lo más importante, sufrieron la pérdida de su identidad nacional, lo cual es en verdad un alto precio a pagar. Sin embargo, y esto es muy significativo, nuestros antepasados perdieron prácticamente todo con el propósito de ganar algo que anhelaban profundamente: Más libertad individual, posesión de la tierra, y también prosperidad. Desafortunadamente, éste fue el caso de pocos inmigrantes. En la mayoría de los casos sólo llegó a ser cierto para sus descendientes.

Un Nuevo Camino Para el Nuevo Mundo
Nuestros antepasados inmigrantes comenzaron algo totalmente nuevo, sin ninguna garantía de éxito.

Debieron ser personas valientes quienes creyeron en la existencia de algo nuevo. Muchos tenían fe en el Dios vivo. El quemar los vínculos con el viejo continente le dio a nuestros ancestros un espíritu creativo para hacer las cosas en forma diferente, lo cual llegó a conocerse más tarde como "la forma americana".

Contrariamente a lo que sucedió en otras tierras colonizadas, las cuales fueron alimentadas intelectual, filosófica, financiera y militarmente por su patria de origen en Europa, los antepasados estadounidenses cortaron muchas ataduras, incluyendo la de la religión tradicional.

Fe en Dios
La fe en el Dios vivo se volvió más importante que la fe en la religión tradicional de Europa.

Muchos colonizadores tomaron la Biblia como la Palabra de Dios, sin necesidad de intermediarios. Le predicaron el evangelio de la salvación, en forma sencilla, a cualquiera que tuviera oídos para oír. El resultado fue maravilloso. Cientos de miles se convirtieron a la fe viva en el Señor Jesús. ¡Estados Unidos se convirtió en la capital del evangelio de Cristo Jesús para todo el mundo!

Aun actualmente, este país es responsable de la mayor parte de la actividad misionera mundial. Sin duda, por tanto, gran parte del éxito de Estados Unidos se encuentra en la fe sencilla en el Dios vivo que poseen sus ciudadanos.

Ayuda Extranjera
No es extraño entonces que Estados Unidos, en forma contraria a casi todas las naciones, practique la compasión aun en el caso de sus enemigos. La sangre del último soldado estadounidense muerto en acción en Alemania no se había enfriado aún, cuando el gobierno

norteamericano comenzó a cargar barcos con alimentos para los conquistados alemanes.

Durante ese tiempo, ninguna otra nación del mundo dio tanta ayuda extranjera como Estados Unidos. Era el tiempo en el que era el líder indiscutible, a nivel mundial, en lo que se refiere a standard de vida.

Es sorprendente que durante las últimas siete décadas, la población de Estados Unidos haya protestado por enviar ayuda al extranjero y, actualmente, las voces de protesta se hacen oír aún con más intensidad.

Pero más asombroso aún es el hecho de que la derecha del gobierno, la cual está apoyada en su mayoría por creyentes verdaderos, se oponen vehementemente a brindar ayuda al extranjero. Deberíamos preguntarnos si esto tiene algo que ver con el hecho de que Estados Unidos esté ahora en el número dieciocho, en lo que a proveer ayuda a países extranjeros se refiere. No es de sorprenderse, por tanto, que su nivel de vida haya descendido de la posición número uno a la número ocho.

Libertad Religiosa

Otorgar libertad de religión con la finalidad de obtener una unión política, lo cual está respaldado por la Constitución, tanto para el judío como para el católico y otros, fue otro factor que contribuyó al remarcable éxito de Estados Unidos.

A pesar de que la iglesia católica perseguía a muchos protestantes en Europa, aquí se les permitió prosperar sin mayores impedimentos. Sin embargo, debido a la tolerancia religiosa, el ocultismo encontró una tierra fértil también.

Nuestro primer presidente, George Washington, y muchos de nuestros patriarcas, eran miembros de la masonería. Los mormones, los testigos de Jehová, la ciencia cristiana y muchos otros cultos son el resultado de la libertad religiosa. Pese a eso, la nueva nacionalidad hizo que los inmigrantes pasaran por alto la diversidad de religiones.

En Europa, no sólo la nacionalidad, sino principalmente la religión fue el elemento que más fuerza ejerció para detener la unidad. Actualmente, sin embargo, la historia ha cambiado dramáticamente. La religión es algo insignificante en toda Europa.

La tolerancia puede mantenerse a un alto nivel debido a que la mayoría de la gente no toma la religión en serio. El lúgubre estado del agregado religioso ha abierto la puerta para la unidad europea.

Para concluir este capítulo, me gustaría mencionar un aspecto importante. Nosotros, quienes hemos nacido nuevamente del Espíritu de Dios, somos ciudadanos celestiales. Nuestro hogar está en el cielo, ya sea que vivamos en Estados Unidos, Canadá, Méjico, Alemania, Francia, Italia, Inglaterra, o algún otro país. No importa. Tan sólo estamos de paso. Tenemos una posición eterna en el cielo. ¡Somos uno, en forma perfecta, a través del Señor Jesucristo!

¿Ha nacido usted de nuevo? Si no lo ha hecho, pertenece a la identidad política de alguna nación. Usted no tiene esperanza, ni futuro, ni vida eterna en nuestro Señor.

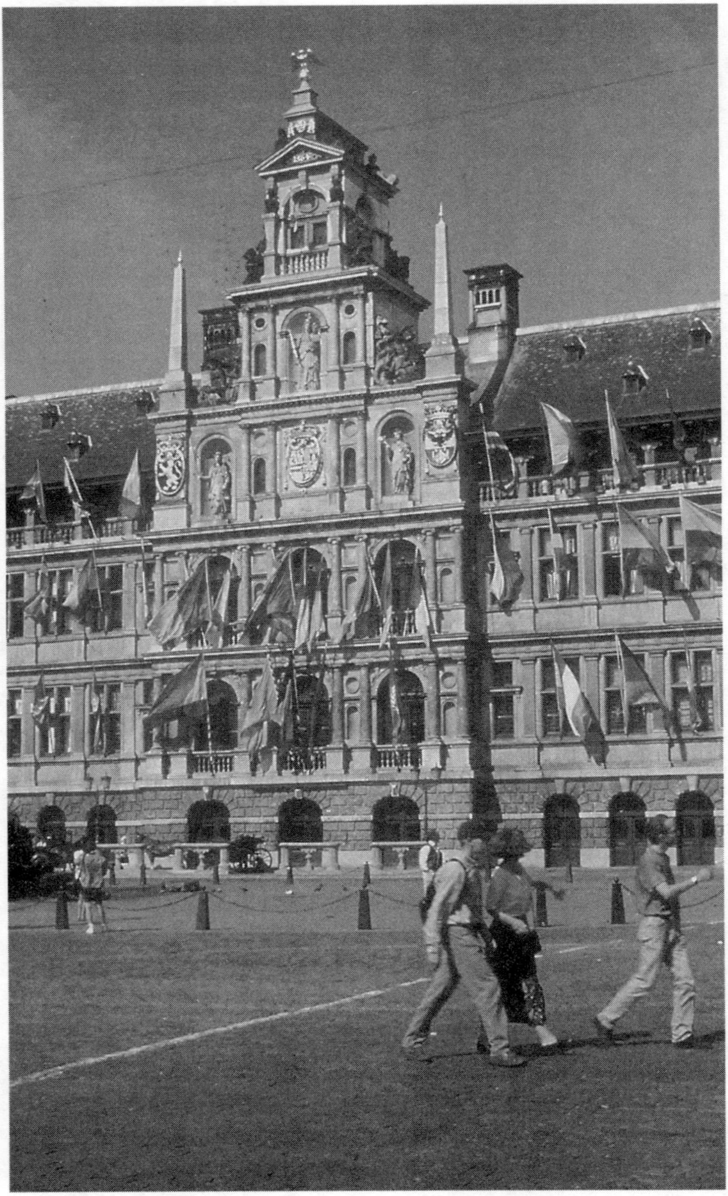

CAPITULO 12

Europa más allá del 2000

Resumen

El surgimiento del potencial europeo producirá el sistema que creará el imperio de los "diez reyes". Hemos repasado el desarrollo de Europa desde 1957 hasta el presente.

No es el capitalismo ni el comunismo, sino la *democracia social y capital* la que se está convirtiendo en la fuerza unificadora que ha de superar a las demás. Un nuevo orden mundial está en la etapa de la niñez en este momento, pero llegará a ser la filosofía engañosa de más allá del 2000.

Europa Más Allá del 2000
¿Cómo ha progresado Europa desde que fue firmado el Tratado de Roma en 1957, lo cual dio comienzo a la nueva Europa?

Los Seis Originales en 1957
El tratado romano fue firmado, originalmente, por seis países:

Bélgica	10,0 millones	*Francia*	57,2 millones
Alemania	89,2 millones	*Italia*	57,8 millones
Luxemburgo	0,4 millones	*Holanda*	15,1 millones

De esa manera, un total de 220,7 millones de personas se hicieron parte de un esfuerzo cooperativo para crear una nueva Europa. Luego del éxito inicial al establecer un mercado común, otros países europeos reconocieron el futuro prometedor de este nuevo movimiento. Fue así que muchas naciones solicitaron ser miembros.

Tres Naciones Más en 1973
En Enero de 1973 se aceptaron tres naciones más:

Dinamarca	5,2 millones	*Irlanda*	3,5 millones
Gran Bretaña	57,6 millones		

Así se agregaron 66,3 millones. En este momento la Europa unificada ya ha superado a los Estados Unidos en población.

Grecia Es el Número 10
Luego de 1973, hubo un receso de ocho años. Fue entonces que en 1981, Grecia fue incorporada a la Comunidad Económica Europea. Este paso fue bastante inusual. Pese a que Grecia pertenece a Europa, se la identificaba más bien con los países del Mediterráneo y se esperaba que fuera uno de los últimos en ser aceptado.

Grecia   10,3 millones

Cuando Grecia se unió a la Comunidad Económica Europea, la nueva Europa contó con 297 millones de ciudadanos.

Yo creo que hubo una razón específica para que Grecia fuera incorporada a Europa en 1981. Anteriormente mencioné que de acuerdo con la Biblia, Grecia constituía el tercer imperio gentil.

También vimos cómo los imperios gentiles fueron: Babilonia, el imperio Medo Persa, Grecia, y Roma, simbolizados por cuatro metales — oro, plata, bronce y hierro respectivamente.

Además, vimos que actualmente estos cuatro imperios se pueden identificar y que todos estuvieron involucrados en recientes guerras.

La enumeración de estas poderosas estructuras es muy significativa: *"Entonces fueron desmenuzados también el hierro, el barro cocido, el bronce, la plata y el oro"* — (Daniel 2:35a). La cabeza, la cual es Babilonia, no será quebrantada primero, sino los pies, la parte más débil, el sistema más deficiente. Cuando Daniel interpreta el sueño, menciona que la piedra — *"desmenuzó el hierro, el bronce, el barro, la plata y el oro"* — (Daniel 2:45). El hierro es Roma (La Unión Europea) y el bronce es Grecia.

Por lo tanto, podemos esperar que Irán (Persia), el imperio de plata, sea añadido también uno de estos días. Finalmente Irak, el cual es la antigua Babilonia, el imperio de oro, también debe ser incorporado a la Unión Europea (el imperio Romano).

Si bien estas conclusiones no son muy evidentes aún, sabemos por las Sagradas Escrituras que estos imperios estarán unidos, ya que deben estar en pie en el día del juicio final.

1986: Europa Con la Fuerza de 336,4 Millones

El desarrollo de la Unión Europea continuó. En 1986, Portugal y España también fueron aceptadas.

Portugal   9,9 millones   *España*   40,0 millones

El Mercado Común Europeo llegó, de esa manera, a tener una fuerza de 336,4 millones. Habían transcurrido menos de 30 años del

Tratado de Roma en 1957 y Europa se había convertido en el bloque económico más poderoso del mundo. Desde 1994 ha sido denominada "Unión Europea".

¿Quiénes Son los Diez Reyes?
En general existe la creencia, entre los entendidos bíblicos, que la Unión Europea es el cumplimiento de la resurrección del imperio romano. También se creía que la Unión Europea constaría tan sólo de diez naciones. Pero como acabamos de ver, cuando España y Portugal se unieron, el número se elevó a doce.

La conclusión de que la Unión Europea estaría formada por diez naciones surgió de una mala interpretación de Apocalipsis 17:12, donde se habla de diez reyes.

Declaración Hecha en 1967
El fundador de Llamada de Medianoche, el Dr. Wim Malgo, escribió en 1967:

> No pensemos que los diez países miembros del Mercado Común Europeo constituyen el cumplimiento de Apocalipsis 17:12. Más bien debemos esperar diez estructuras poderosas que han de desarrollarse por medio de la iniciativa europea, pero que serán mundiales.

Siempre he estado plenamente de acuerdo con esta declaración ya que la Biblia dice específicamente diez "reyes". Un rey no es una nación. Es una persona individual. Si bien es demasiado temprano como para identificar adecuadamente cuáles son estas estructuras poderosas, no hay duda de que Europa será la número uno. Esto no solamente debido a que tiene la población más educada, el mayor bloque económico, y otras innumerables ventajas, sino porque Europa es el fundamento de nuestra civilización moderna y está dispuesta a cambiar.

La historia nos muestra que cuando un grupo de pueblos o una nación está dispuesta a cambiar, como en el caso de Estados Unidos, se reestructura a sí misma en un nuevo proceso de pensamiento creativo.

Democracia Social y Capital

Hoy en día, Estados Unidos sueña con una "gloria pasada" mientras que Europa mira hacia adelante, hacia un futuro nuevo y desconocido. No tengo dudas de que aquel que se arriesga, es el que finalmente gana.

Hay algo que es bastante seguro: Del funcionamiento actual de los sistemas democráticos, no hay ninguno que vaya a emerger como el claro ganador en Europa. Por tanto, la negociación es la clave para el éxito del surgimiento de varios esquemas de pensamiento político solidificados en uno solo.

Debido a que Europa tiene fuertes tendencias socialistas y que planea aceptar a países ex comunistas como miembros, me aventuro a decir que se formará un nuevo sistema, el cual yo describiría como un "sistema democrático social y capital".

Ya hemos mencionado que China se opondría con vehemencia a la democracia capitalista de Estados Unidos.

Sin embargo, un sistema social y capital es aceptable.

¿Qué es el Socialismo?

Durante el tiempo de existencia de la Unión Soviética, el comunismo fue rechazado en forma directa por las naciones occidentales progresistas. El socialismo también fue rechazado, especialmente, por Estados Unidos, pero fue aceptado en Europa. Debido a que el socialismo era considerado el precursor del comunismo, Estados Unidos detestaba tan sólo pensar en él. Sin embargo, cuando investigamos el significado del socialismo, nos damos cuenta de que sin él, ninguna nación podría existir en realidad.

Durante una de nuestras conferencias proféticas, le pregunté a la audiencia: "¿Cuántos socialistas están presentes esta noche?" Vi que nadie levantó la mano. Reformulé mi pregunta y dije: "¿Cuántos no tienen ni siquiera una póliza de seguro?" Dos o tres levantaron sus manos y asumí que no habían entendido muy bien la pregunta. Entonces dije: "Ustedes han comprado una póliza de seguros para protegerse en caso de un accidente, o una catástrofe, de manera que alguien más pague sus cuentas. ¡Eso es socialismo!"

¿POSEEMOS Realmente Propiedades?

Otro ejemplo: Casualmente mi hijo Micha me preguntó al comienzo del año: "¿Has pagado el alquiler de tu casa papá?"

Le respondí: "Yo no alquilo la casa. La poseo. Pagué por ella."

Entonces él me dijo: "Trata de no pagarle tu alquiler a la oficina de impuestos y el gobierno tomará tu casa y se la alquilará a alguien más".

¡Cuánta razón tenía! Una forma de socialismo está presente en todas las sociedades, y sin él, las mismas no podrían funcionar. Ser social es una forma de socialismo. Usted debe ser sensible a las necesidades de su vecindario. Usted no puede ir por ahí haciendo lo que se le dé la gana con el pretexto de que vive en un país libre.

Digamos que usted no desea gozar de los servicios sociales que hay en su barrio. Quiere ser independiente. Corta la electricidad, el teléfono, el agua, el desagüe, el gas y todos los otros beneficios.

Entonces comienza a cavar su propio pozo de agua, instala su tanque séptico que va de acuerdo con su espíritu independiente y cocina en una cocina a leña o en su parrilla exterior. No pasaría mucho tiempo antes de que sus vecinos comenzaran a quejarse a las autoridades y lo harían con razón.

La acumulación de basura y el constante humo de su parrilla aportarían un panorama y un olor desagradable para los vecinos, y las autoridades le obligarían a adaptarse socialmente.

Incluso en las finanzas y en la industria el socialismo está en funcionamiento en los Estados Unidos. ¿Recuerda cuando el gobierno estadounidense tuvo que salir como fiador de la Corporación Chrysler para prevenir un desastre financiero? Hoy en día es un gigante industrial que prospera saludablemente. Eso también es socialismo.

¿Qué diremos de nuestros granjeros? Aquí también vemos al socialismo en acción. El gobierno garantiza los ingresos — con inmensos subsidios — para la continua existencia de granjeros que no pueden competir eficientemente en el mercado global con sus productos. Eso no lo hace una libre empresa capitalista. Eso es socialismo.

Usted nunca va a escuchar protestas contra el socialismo, especialmente si funciona. Actualmente, no sólo en Estados Unidos, sino en casi todos los países del mundo, excepto unas pocas naciones africanas, la producción de los granjeros es tan abundante que, a menudo, los productos deben ser destruidos para poder estabilizar los precios y evitar la ruina financiera.

Este tipo de socialismo siempre ha sido aceptado en Europa y su experiencia en esa área está ayudándole a prosperar cada vez más.

Europa: Quince Naciones
El primero de enero de 1995 se agregaron tres naciones más a la Unión:

| *Austria* | 8,0 millones | *Suecia* | 8,6 millones |
| *Finlandia* | 5,0 millones | | |

En el momento en que estoy escribiendo este libro, la Unión Europea ya tiene una fuerza de más de 362 millones. Y hay más naciones, especialmente del este europeo, que están esperando para unirse. Por lo tanto, debemos remarcar que, aparentemente, la Unión Europea continuará creciendo en tamaño y número. Creo que, seguramente, ha de expandirse a lo largo del globo conformando diez estructuras de poder.

Pero más importante aún es entender que no hay otro grupo de naciones que pueda proclamar ser el centro del mundo intelectual, excepto Europa. Ellas son las progenitoras de nuestra civilización occidental global. ¡Sin duda, Europa está preparándose para dominar al mundo!

Economía Unida
Daniel profetizó de este último reino hace unos 2.500 años: *"Dijo así: La cuarta bestia será un cuarto reino en la tierra, el cual será diferente de todos los otros reinos, y a toda la tierra devorará, trillará y despedazará"* (Daniel 7:23). Notemos que Daniel dice que el último reino devorará — *"toda la tierra"*—.

El crecimiento fenomenal de Europa se basa, estrictamente, en la economía y las finanzas, en este punto de la historia. La economía ya está prácticamente unida. Pese a que Europa actualmente no tiene una moneda única, está rumbo a establecer una. La siguiente nota fue publicada en *The European (El Europeo)* el 6 de julio de 1995, pg.17:

Objetivo Monetario: 1999
La cumbre de Cannes reconoció que 1999 es una fecha más realista que lo que lo era el primero de enero de 1997 para dar comienzo a la etapa final de la unión monetaria, debido a que se cambiará a una moneda local única. Como fue establecido por la Comisión Europea en mayo, los tres pasos principales para la etapa final serán realizados en un período de aproximadamente cuatro años.

∞ Finales de 1997: El Consejo de la U.E. decide qué países satisfacen la convergencia de criterios.

∞ Enero de 1998: Se anuncian las fechas para el último paso y para la presentación de la nueva moneda; el Instituto Monetario Europeo se prepara para tornarse en un Banco Central. Se intensifican los preparativos para el cambio a una moneda única, incluyendo los casos de contratos legales (tales como las hipotecas).

∞ Enero de 1999 (a más tardar): Las tasas de cambio entre los países participantes se fijan en forma irrevocable; el Banco Central Europeo toma las riendas; la moneda del Mercado Común Europeo será la que conduzca la política financiera; las deudas del gobierno también serán tratadas con la nueva moneda; lo mismo que los mercados financieros del sector privado, que cambiarán a la moneda única; sólo las transacciones al por menor aún han de realizarse en las monedas locales.

∞ Enero del 2002 (como muy tarde): Todas las transacciones hechas en los países que forman la unión se harán en la moneda única. En cuestión de semanas, las monedas y los billetes de la nueva moneda deberán sustituir los "viejos" métodos de pago. Aquellos países que no estén listos para la unión monetaria deberán continuar sus esfuerzos para llegar al mismo criterio, y sus monedas permanecerán dentro del mecanismo de cambio del sistema monetario europeo.[35]

Moneda Global
Si bien hay mucha duda e incertidumbre con respecto a que la Unión Europea llegue a cumplir los requisitos necesarios para tener una nueva moneda llamada "euro", no hace falta mucha imaginación para ver la realidad de una moneda europea si consideramos la situación de Europa hace 50 años. Con la llegada de la nueva moneda europea, veremos claramente que en un futuro, no muy distante, el precio del petróleo será pagado en euros.

En este mismo momento, la Organización de Países Exportadores de Petróleo lamenta la continua caída de los dólares estadounidenses. Hasta se están escuchando muchas voces a favor de reemplazar los dólares como la principal moneda a nivel mundial.

Actualmente, ya hay una moneda mundial en términos prácticos. Por ejemplo, cuando usted toma su tarjeta de crédito y viaja a cualquier parte del mundo, puede comprar instantáneamente casi cualquier cosa en cualquier moneda. Si tiene una tarjeta estadounidense se le pasará la cuenta a su país en su propia moneda, y el dueño del comercio, restaurante o hotel recibirá el dinero en su moneda local. No tenemos que esperar que aparezca un sistema financiero mundial porque ya está funcionando ahora mismo. El mundo ya funciona como una comunidad económica global.

Religión
Este último imperio gentil estará fuertemente saturado con el ocultismo. De hecho, se necesita de una religión diabólica para el éxito del sistema económico. Las palabras del profeta Daniel dicen: *"Y al fin del reinado de éstos, cuando los transgresores lleguen al colmo, se levantará un rey altivo de rostro y entendido en enigmas"* (Daniel 8). Obviamente, la frase, — *"entendido en enigmas"* — revela el profundo involucramiento de este rey con lo oculto. El versículo 24 continúa diciendo: *"Y su poder se fortalecerá, mas no con fuerza propia;*

y causará grandes ruinas, y prosperará, y hará arbitrariamente, y destruirá a los fuertes y al pueblo de los santos." Es extremadamente importante ver que este poder no proviene de su *"fuerza propia"*.

La identidad de este rey se nos detalla en Apocalipsis 13. Si usted lee los primeros 8 versículos del capítulo, verá repetidamente que esta *primera* bestia, el Anticristo, no tiene poder propio. El versículo 2 dice: — *"Y el dragón le dio su poder y su trono, y grande autoridad."* Versículo 4: *"y adoraron al dragón que había dado autoridad a la bestia, y adoraron a la bestia, diciendo: ¿Quién como la bestia, y quién podrá luchar contra ella?"* Esta Escritura también lo identifica claramente como un supremo gobernador militar.

Luego viene el versículo 5: *"También se le dio boca que hablaba grandes cosas y blasfemias; y se le dio autoridad para actuar cuarenta y dos meses."* Versículo 7: *"Y se le permitió hacer guerra contra los santos, y vencerlos. También se le dio autoridad sobre toda tribu, pueblo, lengua y nación."* Vemos una y otra vez que el Anticristo recibe poder directamente del gran dragón, Satanás.

El Anticristo y Europa

Basado en la Escritura de que el poder del Anticristo no es conseguido por mérito propio, suponemos que es una persona insignificante, la cual recibirá el apoyo, el prestigio y el poder necesario directamente de Satanás. Por lo tanto, es erróneo buscar a alguna personalidad importante y poderosa en nuestros días, con el objetivo de identificarle como el Anticristo venidero.

Pese a que la Biblia no nos dice abiertamente quién será el Anticristo, sí nos da las características de cómo ha de ser. Por ejemplo, en Daniel 8:24 dice: — *"causará grandes ruinas"*. Se refiere a la eliminación de cualquier otro sistema que hayamos tenido anteriormente o que tengamos en ese momento. Sabemos que el nazismo fracasó y que el comunismo nunca volverá a su antigua gloria. La forma presente del capitalismo ha de ser también sustituida con el nuevo sistema social y capital que ya está prosperando en Europa.

Exito Por Medio del Engaño
Leamos Daniel 8:25:

> Con su sagacidad hará prosperar el engaño en su mano; y en su corazón se engrandecerá, y sin aviso destruirá a muchos; y se levantará contra el Príncipe de los príncipes, pero será quebrantado, aunque no por mano humana.

Debo añadir aquí, que el éxito del Anticristo y su nuevo sistema mundial, acuartelado en Europa, no se debe tan sólo a su trabajo engañoso, sino que es permitido por Dios. Nuestro Dios tiene el control absoluto. Pese a que Satanás reina en el mundo, Dios aún está en el trono.

Antes de explicar lo que digo, déjeme leerle Amós 3:5: — *"¿Habrá algún mal en la ciudad, el cual Jehová no haya hecho?"* Esto significa que Dios conoce cada intención maligna de Satanás, y ha de permitir que las lleve a cabo según su voluntad. El engaño que ha de producirse tendrá éxito debido a que Dios abandona a la gente que continuamente rehusa escuchar la verdad y rechazan el amor que él les ha ofrecido por casi 2000 años.

Por tanto, en 2 Tesalonicenses 2:11 leemos: *"Por esto Dios les envía un poder engañoso, para que crean la mentira."*

Qué gozo nos da leer la última frase del versículo de Daniel 8:25: — *"pero será quebrantado (el Anticristo), aunque no por mano humana."*

Cuando Jesús regrese, en gran poder y gloria, no necesitará confrontar al maligno en una desesperada batalla final. Satanás fue derrotado cuando Jesús clamó en la cruz del calvario: — *"Consumado es"*. Ahora, cuando Jesús regrese a la tierra para establecer su reino milenial, el poder visible de Satanás será quebrado, y: — *"entonces se manifestará aquel inicuo, a quien el Señor matará con el espíritu de su boca, y destruirá con el resplandor de su venida"* (2 Tesalonicenses 2:8).

Enfoque en Europa

El éxito actual de Europa y su éxito aún más grandioso en el futuro señala, en forma inequívoca, que Dios está permitiendo el restablecimiento del antiguo imperio romano.

El espíritu del Anticristo, el cual proclama libertad, justicia, y prosperidad para todas las personas a través de la democracia, está siendo respaldado, de todo corazón, por la mayoría de la población mundial.

Hoy, es casi imposible que alguna nación rechace la democracia. Por tanto, debemos enfocar nuestra mirada aún más en Europa y el Medio Oriente. Allí es donde comenzó todo, y donde seguramente ha de terminar. ¡Roma gobernaba cuando Jesús nació y Roma reinará cuando el Señor vuelva!

Nuestra Esperanza

Finalmente, debo remarcar que nosotros, quienes creemos en el Señor Jesús, no integramos este sistema. Estamos *en* el mundo, pero no *somos del* mundo. No ponemos nuestra esperanza en un Estados Unidos mejor, en un nivel de vida superior, o en la implementación de la igualdad y la justicia.

Nuestro hogar es aquella morada eterna, donde nos reuniremos con Jesús. No tenemos promesas ni mandamientos con respecto a resolver los problemas políticos de este mundo. No importa qué tanto lo intentemos, nunca eliminaremos el crimen, la pornografía, la homosexualidad, la corrupción, y el horrible asesinato de los no nacidos.

No somos capaces de imponer la justicia y la libertad en este mundo, debido a que el mundo no tiene la voluntad de arrodillarse delante de Jesucristo. Sin embargo, sí debemos hacer una cosa de acuerdo a la Biblia: *"Mas vosotros, hermanos, no estáis en tinieblas, para que aquel día os sorprenda como ladrón. Porque todos vosotros sois hijos de luz e hijos del día; no somos de la noche ni de las tinieblas. Por tanto, no durmamos como los demás, sino velemos y seamos sobrios"* (1 Tesalonicenses 5:4–6).

Como creyentes, debemos entender que Dios gobierna todo el universo, pero le permite a Satanás, el gran imitador, el padre de mentira, hacer su trabajo engañoso. Por eso, el mundo está actualmente lleno de esperanza de que, por ellos mismos, basados en su propio intelecto, llegarán a una paz que nunca antes han experimentado.

La paz verdadera, según nos dice la palabra profética, la tendremos cuando Jesús regrese a establecer su reino en Israel y a gobernar al mundo con vara de hierro. Las naciones se sujetarán, en forma incondicional, al Señor. Esa es la única paz verdadera y duradera que se podrá experimentar. Es así, que el diablo está trabajando, desesperadamente, para traer una paz basada estrictamente en los logros de la humanidad. La herramienta más exitosa para lograrlo es la democracia.

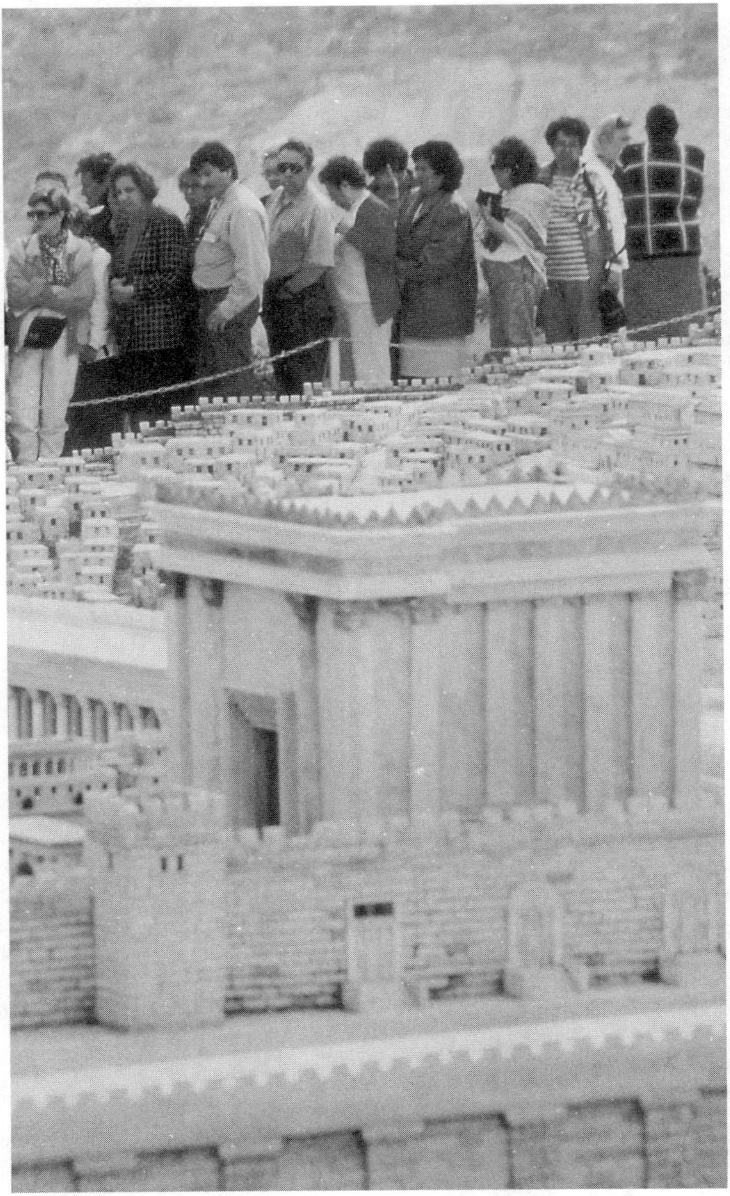

CAPITULO 13

El Plagio y el Reino Final

Resumen

Debemos darnos cuenta que para que el último imperio mundial de los gentiles sea reemplazado por el reino de Dios, el imperio que es un plagio (el gentil) debe estar establecido por completo. En ese proceso se eliminará la diferencia que se hace entre judíos y gentiles. El templo en Jerusalén será reedificado y se restablecerá el sacrificio de animales. Entonces, el conflicto encubierto saldrá a luz, con el Anticristo oponiéndose a Israel.

El Plagio y el Reino Final

Leamos Daniel 2:44: *"Y en los días de estos reyes el Dios del cielo levantará un reino que no será jamás destruido, ni será el reino dejado a otro pueblo; desmenuzará y consumirá a todos estos reinos, pero él permanecerá para siempre."*

Por favor, note que el reino del cual se habla aquí, — *"que no será jamás destruido"* — es el reino de Israel. Pese a que Israel no existió por unos 2.000 años, particularmente por el hecho de la destrucción del templo en el año 70 D.C., desde la perspectiva de Dios, este reino nunca ha dejado de existir.

Dios le confirma a Salomón el pacto incondicional que había hecho con David. En 1 Reyes 9:5 leemos: — *"yo afirmaré el trono de tu reino sobre Israel para siempre, como hablé a David tu padre, diciendo: No faltará varón de tu descendencia en el trono de Israel."* Con todo, por 2.000 años no pudimos ver a Israel como una realidad material. Sencillamente no existió en el mundo visible.

Zacarías, el padre de Juan el Bautista, confirmó: — *"y reinará* (Jesús) *sobre la casa de Jacob para siempre, y su reino no tendrá fin"* (Lucas 1:33). Sólo para asegurarnos que el reino es eterno, leamos lo que dice Daniel: *"Después recibirán el reino los santos del Altísimo, y poseerán el reino hasta el siglo, eternamente y para siempre"* (Daniel 7:18).

Este será, en los últimos tiempos, el reino por medio del cual los cuatro imperios gentiles serán destruidos: *"de la manera que viste que del monte fue cortada una piedra, no con mano, la cual desmenuzó el hierro, el bronce, el barro, la plata y el oro. El gran Dios ha mostrado al rey lo que ha de acontecer en lo por venir; y el sueño es verdadero, y fiel su interpretación"* (Daniel 2:45).

Este versículo describe el final de todo el mundo gentil en tan sólo unas pocas palabras.

Daniel Ve a Europa

Creo que ya no tenemos que explicar que todos los sistemas, ya sean dictaduras, monarquías, socialismo, nazismo, comunismo o democracia, serán destruidos y reemplazados por el reino de Dios, el cual será establecido por el Señor Jesucristo.

Acabamos de leer esa confirmación en Daniel 2. ¿Cuál es la base escritural para la creencia de que Dios establecerá su reino en la tierra? Recordemos por favor que el primer mensaje del Señor fue: — *"Arrepentíos, porque el reino de los cielos se ha acercado."* Israel, sin embargo, rechazó al Mesías, por lo tanto, rechazó su reino. Pero eso no anula las resoluciones eternas de Dios. El reino *ha de ser* establecido!

Identifiquemos el período de la historia en el que algunas de estas cosas se cumplieron y cuándo podemos esperar el cumplimiento final.

El Príncipe Venidero
Daniel nos da la respuesta en el capítulo 9, versículos 25 al 27: *"Sabe, pues, y entiende, que desde la salida de la orden para restaurar y edificar a Jerusalén hasta el Mesías Príncipe, habrá siete semanas, y sesenta y dos semanas; se volverá a edificar la plaza y el muro en tiempos angustiosos. Y después de las sesenta y dos semanas se quitará la vida al Mesías, mas no por sí; y el pueblo de un príncipe que ha de venir destruirá la ciudad y el santuario; y su fin será con inundación, y hasta el fin de la guerra durarán las devastaciones. Y por otra semana confirmará el pacto con muchos; a la mitad de la semana hará cesar el sacrificio y la ofrenda. Después con la muchedumbre de las abominaciones vendrá el desolador, hasta que venga la consumación, y lo que está determinado se derrame sobre el desolador."*

Esto ocurrió cuando los judíos reedificaron el templo en Jerusalén, luego de regresar de la cautividad en Babilonia. *"Y después de las sesenta y dos semanas se quitará la vida al Mesías, mas no por sí"*. El Mesías, Jesucristo, murió en la cruz durante el tiempo de la ocupación romana en Israel y Jerusalén. Por tanto, tenemos claramente identificado el imperio de los tiempos de Jesús.

¿Quién destruyó la ciudad y el santuario? — *"y el pueblo de un príncipe que ha de venir destruirá la ciudad y el santuario"*. Roma destruyó el "santuario", lo cual es un hecho histórico que puede demostrarse arqueológicamente. La ciudad de Jerusalén y el templo fueron destruidos por el ejército romano, bajo el mando de Tito, en el año 70 D.C.

Ahora, ¿quién es este príncipe del cual se habla en el versículo anterior? Continuemos la lectura: — *"y su fin será con inundación, y hasta el fin de la guerra durarán las devastaciones. Y por otra semana confirmará el pacto con muchos; a la mitad de la semana hará cesar el sacrificio y, la ofrenda. Después con la muchedumbre de las abominaciones vendrá el desolador, hasta que venga la consumación, y lo que está determinado se derrame sobre el desolador."* Así que el príncipe es el Anticristo, quien confirmará el pacto con Israel. Necesitamos reconocer que los versículos anteriores tratan de cuatro períodos de tiempo.

∞ El *primero* comienza con el regreso de los judíos cautivos a Jerusalén para reedificar el templo.
∞ El *segundo* período es la renovación del templo por parte del rey Herodes y bajo la jurisdicción romana.
∞ El *tercer* período comienza con la destrucción de ese templo, en el año 70 D.C., por Roma.
∞ El *cuarto* período será durante la tercera reconstrucción del templo. Eso es algo futuro aún. El sacrificio de animales será restablecido pero cesará ya que el príncipe, el Anticristo, hará que cese. Esto todavía no ha acontecido.

La Gran Tribulación: Todavía No

Existe una interpretación que dice que estas cosas fueron cumplidas cuando el segundo templo fue destruido por los romanos en el año 70 D.C. Eso no es correcto. Cuando Jesús se refiere a la profecía de Daniel: — *"cuando veáis en el lugar santo la abominación desoladora de que habló el profeta Daniel"* — revela la existencia de un nuevo templo y el restablecimiento del servicio de sacrificios, lo cual aún no ha acontecido.

Jesús nos describe el tiempo de la Gran Tribulación en Mateo 24:21: *"porque habrá entonces gran tribulación, cual no la ha habido desde el principio del mundo hasta ahora, ni la habrá."* De esta manera sabemos que la Gran Tribulación no se ha llevado a cabo aún, ni tampoco podemos aceptar la interpretación de que la misma aconteció en el año 70 D.C., cuando los romanos destruyeron Jerusalén y el santuario.

El Sacrificio es Restituido
Ahora nos encontramos con una importante pregunta. ¿Por qué el Anticristo — *"hará cesar el sacrificio y la ofrenda?"* Una teoría que yo presento es que el Anticristo puede estar bajo una enorme presión por parte del mundo religioso y de las organizaciones protectoras de animales, las cuales están activas a nivel global y expresan su desagrado frente a este aparente sacrificio brutal de animales inocentes.

Déjeme explicarle. Sería erróneo asumir que el Anticristo será un dictador opresivo. El dirigirá la sociedad democrática más sofisticada, civilizada, y bien educada de toda la historia.

Daniel dice que él ha de venir en paz y que — *"tomará el reino con halagos."* Así como sucede hoy en día, ningún líder del mundo es elegido para un cargo político a menos que venga *sin aviso* (La traducción en inglés dice "pacíficamente", nota del traductor) y presente su caso con *halagos*, haciendo promesas que, en general, son puras mentiras. La gente apoyará su política gustosamente. Promoverán su economía y su sistema jurídico. Incluso aceptarán la marca de la bestia con regocijo. No debemos pasar por alto el hecho de que el mundo entero adorará al Anticristo: — *"Y la adoraron todos los moradores de la tierra"*. Tan sólo se puede adorar en forma voluntaria.

El Anticristo, siendo un genio político, tal vez tenga que controlar cuidadosamente a la gente del mundo, así como el presidente de Estados Unidos controla a los ciudadanos y trata de satisfacerlos tanto como puede, ya que quiere ser reelecto.

El Sacrificio de Animales Eliminado
Durante la Tribulación, Israel reconstruirá el templo y practicará el sacrificio de animales, algo que es contrario a la forma de pensar del mundo entero, incluso en nuestros días. Asumir que los grupos a favor de los derechos de los animales no tendrán voz durante la Gran Tribulación sería como negar la realidad política. Por tanto, estoy absolutamente convencido de que el Anticristo será fuertemente influenciado por la gente. Su decisión de detener el sacrificio se produce en el cenit de su éxito. No hay grupos religiosos muy grandes en el mundo de hoy que practiquen el sacrificio de animales en su adoración. Cuando los judíos comiencen a hacerlo, ciertamente eso ha de diferenciarlos. Sin duda, el Anticristo tendrá el respaldo de todo el mundo cuando elimine esa práctica.

Adoración de la Autoestima y la Autoimagen
Una vez aplacados los activistas de grupos que promueven los derechos de los animales, se presentará a sí mismo como un sustituto.

Sin embargo, él no será el sacrificio. Más bien, de acuerdo con la religión que prevalecerá a nivel mundial en ese entonces y que presenta la falsa enseñanza de que el hombre es Dios, el Anticristo se proclamará *a sí mismo* como Dios. Por eso leemos en 2 Tesalonicenses 2:4 que el Anticristo — *"se opone y se levanta contra todo lo que se llama Dios o es objeto de culto; tanto que se sienta en el templo de Dios como Dios, haciéndose pasar por Dios."*

Ahora, alguien puede pensar que mi idea es demasiado improbable. Seguramente la gente no creerá ni aceptará la declaración de alguien que dice ser Dios. Si usted cree esto, tan sólo dele un vistazo a su librería local y vaya a la sección de libros religiosos, donde encontrará abundancia de libros que enseñan con claridad que el hombre es dios. Para algunas religiones, como el hinduismo, no es una idea nada extraña. En general, la mayor parte de las religiones mundiales aceptan la teoría de que el hombre tiene un "dios naturaleza" dentro de él y, por lo tanto, con el tiempo puede desarrollarse hasta llegar a ser algo divino. Para reafirmar mi declaración de que el hombre está dispuesto a aceptar a un hombre dios, permítame citarle dos páginas del libro del Dr. Dave Breese, *Know The Marks of Cults (Conozca Las Señales de las Sectas)*:

> En 1954, Sun Myung Moon fundó la "Asociación del Espíritu Santo para la Unificación del Mundo Cristiano". Este religioso millonario coreano tiene cientos de miles de seguidores en todo el mundo, a quienes les inculca la creencia de que él es el "Señor de la Segunda Venida", la segunda venida de Jesucristo personalizada. Moon se apartó de su trasfondo presbiteriano y pentecostal para organizar una secta que gira en torno a una teología que le presenta a él como la gran esperanza para la raza humana. El y su segunda esposa son considerados como los nuevos Adán y Eva, y sus seguidores son los primeros hijos de un mundo nuevo y perfecto.
>
> El Juez Rutherford de los Testigos de Jehová se presenta a sí mismo como el "vaso escogido por Dios" y a la organización Watchtower (El Atalaya) como a la fuente distribuidora de la verdad.
>
> Joseph Smith de los mormones dijo que Juan el Bautista le había dado el sacerdocio de Aarón. Como si esto no fuera suficiente dijo, más adelante, que había recibido de Pedro, Santiago y Juan un sacerdocio más elevado, el de Melquisedec. Sus seguidores dicen, una y otra vez, que él ha hecho más por la salvación de este mundo que cualquier otro hombre que haya vivido en la tierra, excepto Jesús.
>
> El difunto L. Ron Hubbard del culto a la ciencia se presentó a sí mismo como una autoridad superior a Jesucristo o la Biblia. Este escritor de ciencia ficción obtuvo un grupo devoto de seguidores los cuales depositaron millones de dólares en sus manos.
>
> El Gurú Maharaj Ji se presentó como el "maestro perfecto" y el "señor del universo" y así es considerado por sus miles de seguidores en Estados Unidos y el mundo entero. Es irónico que esta exaltada personalidad, siendo un joven, tuviera que pedir permiso a un juez local para casarse con su secretaria de 24 años.
>
> Meher Baba de la fe Bahai dijo: "No hay duda de que soy Dios personificado — yo soy el Cristo — digo inequívocamente que YO

SOY infinitamente conciente; hago esta declaración porque SOY infinitamente conciente, soy todo y estoy más allá de todo — Antes que yo estaba Zoroastro, Krishna, Rama, Buda, Jesús y Mahoma — Mi presente forma avatárica es la última encarnación de un ciclo de tiempo, por lo tanto mi manifestación será la más grandiosa."

Una de las señales de una secta es que eleva a la persona y a las palabras de un líder humano a un nivel mesiánico. La predecible característica del miembro de una secta es que pronto estará citando a su líder, ya sea que fuere el Padre Divino, el Profeta Jones, Mary Baker Eddy, el Juez Rutherford, Herbert Armstrong o Buda, su autoridad máxima. El líder mesiánico humano usa el poder de su inteligencia o personalidad y con él impone sus ideas y directrices en aquel que es ignorante.[36]

Uno no necesita mucha imaginación para ver lo que sucederá cuando la luz del mundo, la Iglesia, sea quitada. Bajo el camuflaje de la oscuridad espiritual, el Anticristo no tendrá problemas en engañar al mundo entero y hacer que todos estén de acuerdo con él, con respecto a la eliminación del pueblo escogido de Dios, los judíos, y con respecto a su proclamación de ser Dios.

CAPITULO 14
Unidad Verdadera y Falsa

Resumen

Para que el *mundo* pueda estar unido se deben corregir ciertos aspectos, tales como la política, la economía y la diversidad religiosa. Al mismo tiempo, el impulso por lograr una unidad "cristiana" está apartando a la Iglesia de su misión y facilitando las cosas para el Anticristo. Este capítulo disipa la niebla y presenta, en términos claros, lo que en realidad significa la unidad bíblica.

Unidad Verdadera y Falsa

En Sofonías 3:8 leemos: *"Por tanto, esperadme, dice Jehová, hasta el día que me levante para juzgaros; porque mi determinación es reunir las naciones, juntar los reinos, para derramar sobre ellos mi enojo, todo el ardor de mi ira; por el fuego de mi celo será consumida toda la tierra."*

Este versículo describe la razón por la cual se reúnen los pueblos del mundo. Está dirigido a Israel, diciéndole que debe esperar en el Señor, y ser paciente, pese a ser una nación perseguida, oprimida y presionada, hasta que el Señor reúna a todas las naciones para el juicio.

Nosotros, en este momento, no podemos ver la reunión de todas las naciones contra Israel, pero Sofonías, el profeta, lo vio hace 2.600 años. El propósito de esta reunión no sólo es oponerse a Israel sino que la verdadera razón es estar — *"contra JEHOVA y contra su ungido"* — (Salmo 2:2). ¿Cuándo sucederá esto? ¡Su clímax tendrá lugar en la batalla de Armagedón, al final de la Gran Tribulación!

El comienzo de la reunión de las naciones fue cuando Cristo fue crucificado: *"Porque verdaderamente se unieron en esta ciudad contra tu santo Hijo Jesús, a quien ungiste, Herodes y Poncio Pilato, con los gentiles y el pueblo de Israel"* (Hechos 4:27). Esta Escritura revela muy profundamente la verdad de la cruz y de sus participantes. Herodes, el rey de Jerusalén que era mitad judío; Pilato, el gobernador romano; los gentiles; y por último, Israel. ¡Allí estaba el mundo entero reunido contra el ungido!

Salvación o Juicio

Las naciones serán reunidas por Dios y entonces derramará *toda* su ira sobre toda la tierra. Esto tiene un doble propósito. Primero, es por la salvación de Israel y segundo, es por el juicio del mundo.

Un evento similar, pero en una escala menor, sucedió hace miles de años cuando Israel salió de la esclavitud de Egipto. También hubo un doble propósito en ese evento: El juicio y la destrucción de Egipto, y la salvación de Israel.

Las Resoluciones de Dios Nunca Cambian
Nunca debemos pensar que en nuestros días Dios se ha desentendido en alguna forma de su pueblo Israel, o del mundo, o de su Iglesia. El permite que los hombres ejerzan su libre albedrío. El hombre puede elegir decirle "Sí" o "No" a Dios. El es amor, y el amor sólo se da cuando se fundamenta en una decisión propia. Este hecho, sin embargo, no interfiere con el desarrollo diario de nuestro mundo. Sin importar cómo las naciones, Israel, o la Iglesia de Cristo Jesús se comporten frente a Dios el Creador, sus resoluciones eternas nunca cambiarán.

El Amor de Dios
Tampoco deberíamos pensar que podemos cambiar las resoluciones de Dios por medio de nuestras oraciones. Cuando oramos, Dios nos cambia a nosotros, nuestras actitudes, nuestro acercamiento hacia él, nuestra forma de pensar e incluso nuestra apariencia. Tan pronto como comenzamos a orar y entramos en la presencia del Santo Dios nos damos cuenta, como lo hacían los profetas de antaño, que no somos más que polvo. Por tanto, comenzamos a temblar y a derramar nuestro corazón delante del semblante del creador. Experimentamos un cambio, pese a que el mundo a nuestro alrededor no cambie.

También haríamos bien en reconocer las buenas noticias: Pese a la rebelión de los hombres y su comportamiento desobediente y arrogante contra su creador, Dios no deja de amar al hombre.

El próximo versículo, Juan 3:16, es hermoso, y resume con poder el mensaje de toda la Biblia en 30 palabras: *"Porque de tal manera amó Dios al mundo, que ha dado a su Hijo unigénito, para que todo aquel que en él cree, no se pierda, mas tenga vida eterna."*

Dios es amor, por tanto él da. Por causa de su amor él le da vida eterna. Es un regalo que no puede ganarse por medio de buenas obras, de actividades religiosas ni de ninguna otra cosa. ¡Es incondicionalmente gratuito! Pese a esto, a menudo descuidamos nuestra íntima comunicación con Dios, y así nos enfriamos de a poco, perdiendo la visión del hecho de que Dios realmente nos ama.

Este amor de Dios no puede compararse a ninguna cosa en la historia de la humanidad. Nuestro Señor está sufriendo hace tiempo. El no está atado al tiempo como nosotros lo estamos. Pero cuando venga el tiempo para que se lleven adelante sus resoluciones, ordenará el cumplimiento de las profecías.

El Evangelio Debe Ser Predicado

Esta es la razón por la que continuamos proclamando el evangelio de la salvación en Jesucristo a todo el mundo cuando tenemos oportunidad, y dondequiera que la tengamos la aprovechamos. La edición internacional de *Llamada de Medianoche* que se edita en inglés para los países de Asia y Africa, por ejemplo, es para las personas que no tienen los medios económicos para pagar su suscripción. Ellos leerán el mensaje de que Dios les ama. Se les invita a responder al evangelio, y muchos lo hacen. Así los cristianos están siendo preparados para la venida de Cristo Jesús.

Trabajo Hasta que Suene la Trompeta

Cuando suene la trompeta, será muy tarde para que alguien se añada a la Iglesia, si no es creyente en ese momento: *"Porque el Señor mismo con voz de mando, con voz de arcángel, y con trompeta de Dios, descenderá del cielo; y los muertos en Cristo resucitarán primero. Luego nosotros los que vivimos, los que hayamos quedado, seremos arrebatados juntamente con ellos en las nubes para recibir al Señor en el aire, y así estaremos siempre con el Señor"* (1 Tesalonicenses 4:16-17). Por lo tanto, mientras estemos aquí, es nuestro santo deber proclamar el evangelio a todos los hombres en todas partes y por todos los medios posibles. Basándonos en lo que vemos con respecto al cumplimiento de la profecía bíblica, ¡no nos queda mucho tiempo!

Ya sea que seamos predicadores o maestros, pastores o diáconos, directores de coro o miembros laicos, estamos obligados a llevar el nombre de Cristo con nuestras oraciones y apoyo financiero. Debemos trabajar mientras aún es de día, porque la noche viene, en la cual nadie puede trabajar.

Lo Bueno y lo Malo de la Maldad

El progreso de la maldad, tal como lo vemos en nuestros días, tiene un efecto negativo, pero algunas veces este efecto también es positivo. Esa es una de las razones por las cuales, cuando vemos que el mundo se vuelve uno, entendamos el por qué.

Veamos lo que Dios le prometió a Abraham, quien es llamado padre de todos los creyentes. Leemos: *"Entonces Jehová dijo a Abram: Ten por cierto que tu descendencia morará en tierra ajena, y será esclava allí, y será oprimida cuatrocientos años."* El versículo 16 nos da la razón específica de los 400 años de cautiverio: *"Y en la cuarta generación volverán acá; porque aún no ha llegado a su colmo la maldad del amorreo hasta aquí"* (Génesis 15:13).

Esta es una profecía asombrosa ya que Israel ni siquiera existía en el momento en el que fue pronunciada. La promesa le fue dirigida a una persona, Abraham, quien no tenía hijos.

¿Por Qué 400 Años como Esclavos?

De aquí surgen preguntas tales como: "¿Por qué Dios llevó a Israel a una esclavitud de 400 años?" O, "¿por qué Dios no quitó a los amorreos desde un principio?" Ya hemos mencionado que Dios es amor. El tenía que darle a los amorreos otra oportunidad, la cual duró 400 años, hasta que completaron la medida de su maldad y pecado contra Dios.

Recuerde, ¡siendo aún pecadores, Cristo murió por *nosotros*! Durante esos 400 años, Israel tuvo que aprender a obedecer, a ser un siervo. Usted no puede ser obediente a Dios si no aprendió a obedecer a los hombres. Los niños son enseñados en la Biblia a ser obedientes a sus padres y los padres son enseñados a ser obedientes a los gobernadores, de acuerdo a Romanos 13.

Israel aprendió, en forma directa, cómo son los hombres malvados. Fueron hechos esclavos de los egipcios y, a cambio de eso, los egipcios asesinaron sus hijos recién nacidos sin misericordia. ¡Esa fue una lección que nunca olvidaron!

Sodoma y Gomorra

Otro vívido ejemplo de la progresión del mal en la historia son las ciudades de Sodoma y Gomorra. Estas ciudades estaban tan llenas de maldad que integraban la lista para ser destruidas.

Pero la destrucción de estos lugares por parte de Dios, se vio obstaculizada por la presencia del justo Lot. Así que ¿qué hizo Dios? Leamos estas asombrosas palabras en Génesis 19:22, en las que un ángel enviado por Dios le da este mensaje urgente a Lot: *"Date prisa, escápate allá; porque nada podré hacer hasta que hayas llegado allí. Por eso fue llamado el nombre de la ciudad, Zoar."*

¡Quedo totalmente abrumado cuando veo la fidelidad de nuestro amado Dios! La ejecución de su juicio era impedida por la acción de Lot: — *"nada podré hacer hasta que hayas llegado allí"*.

El Justo Lot

Lot era un hombre que no estaba preparado. Tenía dudas. Pese a que es llamado justo, su testimonio para con su familia no era muy efectivo: *"Entonces salió Lot y habló a sus yernos, los que habían de tomar sus hijas, y les dijo: Levantaos, salid de este lugar; porque JEHOVA va a destruir esta ciudad. Mas pareció a sus yernos como que se burlaba."* (Génesis 19:14). Sus propios yernos no tomaron su advertencia en serio.

Lot siguió con su indecisión hasta el último minuto. Leemos en el próximo versículo: *"Y al rayar el alba, los ángeles daban prisa a Lot, diciendo: Levántate, toma tu mujer, y tus dos hijas que se hallan aquí, para que no perezcas en el castigo de la ciudad"* (versículo 15).

Los ángeles incluso tuvieron que emplear la fuerza física: *"Y deteniéndose él, los varones asieron de su mano, y de la mano de su mujer y de las manos de sus dos hijas, según la misericordia de Jehová para con él; y lo sacaron y lo pusieron fuera de la ciudad"* (versículo 16).

¿Cuándo llegará el juicio sobre nuestro mundo? ¡Cuando los justos sean quitados de la tierra! Esa es otra razón urgente por la que debemos apresurarnos a estar listos para el arrebatamiento.

La Iglesia Detiene al Anticristo
En el Nuevo Testamento, también encontramos un elemento que detiene el desarrollo final de la maldad, es decir, al Anticristo. En 2 Tesalonicenses 2:6–7 dice: *"Y ahora vosotros sabéis lo que lo detiene, a fin de que a su debido tiempo se manifieste. Porque ya está en acción el misterio de la iniquidad; sólo que hay quien al presente lo detiene, hasta que él a su vez sea quitado de en medio."*

Solo después de que la Iglesia, la cual es la luz del mundo, sea *"quitada de en medio"*, tendrá lugar la revelación del Anticristo: *"Y entonces se manifestará aquel inicuo, a quien el Señor matará con el espíritu de su boca, y destruirá con el resplandor de su venida"* (versículo 8).

El Anticristo es la encarnación del poder de las tinieblas y no puede ser revelado en toda su maligna capacidad mientras todavía haya luz. Tampoco se puede desarrollar todo el poder del maligno mientras no cuente con la unidad de la gente que lo estará respaldando. Apocalipsis 13:8 dice: *"Y la adoraron todos los moradores de la tierra".*

Esta unidad no vendrá instantáneamente, pero la preparación para la misma está en pleno desarrollo actualmente.

La unidad no se puede lograr estando la Iglesia presente; ¡debe ser arrebatada!

La Perfecta Unidad de la Iglesia
El movimiento ecuménico, el Concilio Mundial de Iglesias, y varios movimientos y organizaciones que están trabajando para unificar el cristianismo, están en realidad yendo contra la voluntad de Dios. ¿Por qué? Porque la Iglesia, el cuerpo de creyentes, ya está perfectamente unida en el Señor Jesucristo.

Podemos asistir a iglesias de diferentes denominaciones, o ser miembros de otros grupos que se reúnen para escuchar la Palabra de Dios y partir el pan, pero ya estamos perfectamente unidos en el Señor Jesucristo.

El Cumplimiento de la Unidad de la Iglesia
Si ya somos perfectamente uno, cómo explicamos Juan 17:23: *"Yo en ellos, y tú en mí, para que sean perfectos en unidad".* Parecería indicar

que Jesús desea que las iglesias se unan. Para entender esto, debemos leer los versículos anteriores, tales como el 20: *"Mas no ruego solamente por éstos, sino también por los que han de creer en mí por la palabra de ellos."* Aquí Jesús está profetizando que otros creerán en él por medio de la predicación de sus discípulos. ¡En Juan 17, se refiere a la idea de que "sean uno" cuatro veces!

Los Gentiles Son Añadidos a la Iglesia
Cuando la Iglesia de Jesucristo nació, en Pentecostés, todos los miembros eran judíos. Más adelante, los gentiles fueron añadidos y surgió un nuevo problema.

Muchos Judíos que creyeron en Jesús tenían la opinión de que los gentiles tenían que hacerse judíos primero. En otras palabras, tenían que guardar la ley para ser salvos: *"Pero algunos de la secta de los fariseos, que habían creído, se levantaron diciendo: Es necesario circuncidarlos, y mandarles que guarden la ley de Moisés"* (Hechos 15:5). El apóstol Pablo, sin embargo, deja bien en claro que esa creencia era errónea: *"Y Dios, que conoce los corazones, les dio testimonio, dándoles el Espíritu Santo lo mismo que a nosotros; y ninguna diferencia hizo entre nosotros y ellos, purificando por la fe sus corazones"* (Hechos 15:8–9). Por lo tanto, los creyentes gentiles se hicieron uno con los creyentes judíos.

Esta unidad perfecta es demostrada más adelante por el apóstol Pablo cuando dice en Gálatas 3:28: *"Ya no hay judío ni griego; no hay esclavo ni libre; no hay varón ni mujer; porque todos vosotros sois uno en Cristo Jesús."* Esto no es algo que se logrará en el futuro. Es una realidad aquí y ahora, así como lo fue hace 2.000 años, durante el tiempo de los apóstoles.

Unidad Espiritual
Es importante remarcar que esta unidad es una unión espiritual en Cristo. No se aplica a nuestra carne o sangre, nacionalidad, costumbres o cultura. Cuando la Biblia dice: — *"no hay varón ni mujer"* — no quiere decir que el hombre deja de ser hombre y la

mujer deja de ser mujer. Un griego sigue siendo un griego y un judío sigue siendo un judío. Así que la acusación que se escucha a menudo por parte de los incrédulos de que la iglesia está dividida ya que hay muchas denominaciones no tiene base alguna. La Biblia habla de la perfecta unidad en Cristo. Notemos la última frase: *"todos vosotros sois uno en Cristo Jesús."*

Esta realidad destruye la filosofía de un sistema ecuménico, y también las muchas organizaciones eclesiásticas que buscan la unidad e intentan disolver las fronteras denominacionales. Las diferencias que existen no tienen una relación directa con la Iglesia de Jesucristo.

Para resumir, cuanto más cerca estoy de Jesús, más cerca estoy de mis hermanos y hermanas en el Señor. Esta unidad no es necesaria en la carne y en la sangre, lo cual es algo horizontal, sino que esta unidad ya existe en forma perfecta en sentido vertical. ¿Cuál es la diferencia entre la comunión horizontal y la vertical? La horizontal se refiere a nuestra relación con nuestros hermanos y hermanas en el Señor, ya sea en el este, oeste, norte o sur. Esta unidad no es necesaria, ya que estamos sobre la tierra en nuestra carne y sangre.

La comunión vertical, sin embargo, es espiritual y es la que realmente importa. En nuestro espíritu, estamos ligados en una fe a nuestro Señor Jesús, el cual está sentado a la derecha del Padre.

La Unidad Debe Estar Ligada a Jesús

Experimenté esta unidad muchísimas veces al viajar a diferentes países. Cuando nos reunimos con otros creyentes no nos preguntamos: "¿En qué iglesia o comunidad se congrega? ¿A qué grupo pertenece?" En Jesucristo, nuestra unidad ya es perfecta. Por lo tanto, nuestro tema es la preciosa Palabra de Dios, el cumplimiento de la profecía bíblica, el pronto regreso de nuestro Señor Jesús, o el hecho de que nuestra tarea en la tierra está casi terminada.

Como cristianos, también deberíamos luchar por la unidad, pero no en la forma que el mundo lo hace. La meta debe ser estar unido a una sola persona, el Señor Jesucristo. Cuanto más unido a él estemos usted y yo, sirviéndole con temor y temblor, más cerca estaremos en nuestra comunión.

La unidad en la organización es necesaria para que un ministerio o iglesia pueda funcionar. Pero este tipo de unidad no debe compararse con la unidad espiritual de la iglesia, de la cual la Biblia habla muy claramente.

La Unidad del "Varón Perfecto"
Muy frecuentemente, Efesios 4:13 no es bien interpretado: *"hasta que todos lleguemos a la unidad de la fe y del conocimiento del Hijo de Dios, a un varón perfecto, a la medida de la estatura de la plenitud de Cristo."* Cuando tan sólo citamos una parte de la Escritura *"hasta que todos lleguemos a la unidad de la fe"* — podemos justificar el objetivo y el trabajo del movimiento ecuménico y sus grupos asociados. Pero esta Escritura enfatiza específicamente al individuo — *"a un varón perfecto"*. ¿Qué significa esto? La unidad verdadera no se mide por cuán cerca usted está en asociación con su hermano y hermana en términos de organización o en la interpretación de la doctrina, sino que la verdadera unidad en Cristo crece hasta ser — *"un varón perfecto"*.

Esta unidad perfecta de la Iglesia de Jesucristo es absolutamente única y no puede ser imitada. Satanás, sin embargo, quiere imitar a Dios. Por eso, intenta formar una iglesia mundial.

Fue Dios el que originó las diferentes naciones, idiomas y pueblos: *"De éstos se poblaron las costas, cada cual según su lengua, conforme a sus familias en sus naciones"* (Génesis 10:5). El incluso dividió la tierra en continentes: *"Y a Heber nacieron dos hijos: el nombre del uno fue Peleg, porque en sus días fue repartida la tierra; y el nombre de su hermano, Joctán"* (Génesis 10:25).

El espíritu de la unidad internacional y transcultural, en el mundo de hoy, es contrario a la voluntad de Dios. La Iglesia de Jesús está vinculada a un sólo pueblo de la tierra: Israel. La Iglesia es el pueblo celestial de Dios, mientras que Israel es su pueblo terrenal.

Si bien es cierto que la unidad del mundo, a nivel humano, traerá más prosperidad, más confort, y menos posibilidades de guerra, es obvio que, de acuerdo a las páginas de las Sagradas Escrituras, no es Dios quien intenta que el mundo sea uno. La unidad divina sólo ha de darse en Sus términos.

MIL
pesetas
1000
2000
NIPPON GINKO
1000
B 60964346D 2
WASHINGTON, D.C.
FIVE

CAPITULO 15

¿Cómo Llegará el Mundo a Ser Uno?

Resumen

Descubriremos que la democracia, la cual ha producido la mayor paz y prosperidad que el mundo ha conocido, ha de esparcirse mundialmente bajo el gobierno del Anticristo. Eso llevará a que se introduzca la marca de la bestia, la cual será aceptada con alegría por multitudes que creen que es una vía para aumentar la paz y la prosperidad. También veremos que el comunismo fracasó debido a la falta de preocupación por el dinero, y cómo las tarjetas de crédito son el primer paso hacia una sociedad sin dinero en efectivo.

¿Cómo Llegará el Mundo a Ser Uno?

Una de las cosas más difíciles de entender para los ciudadanos que han vivido en un sistema de libertad, como lo es la democracia, es el hecho de que la misma sufrirá cambios durante el tiempo del Anticristo, el cual es un período limitado de paz y prosperidad.

La unidad mundial se está logrando de diferentes maneras, y a diferentes niveles. Un artículo del *Kansas City Star (La Estrella de Kansas City)* del 26 de abril de 1992 nos da una idea de cómo esto se está dando:

> Reina una nueva economía. Debido a las diferencias del pasado y a las circunstancias presentes, Japón y Europa estarán imponiendo la economía capitalista con estrategias muy distintas a aquellas utilizadas por el mundo anglosajón.
>
> Obligarán a los líderes de la economía del siglo XIX y XX, el Reino Unido y Estados Unidos, a cambiar la manera en la que ejercen el juego económico.[37]

La nueva economía capitalista incorporará diferentes estrategias y está alterando, en forma real, la manera en la que los líderes de la economía han actuado hasta el momento.

Lo que vemos desarrollarse actualmente no tiene precedentes. El éxito, como ya lo hemos señalado, radica en rechazar las formas tradicionales y antiguas y buscar nuevas y desconocidas avenidas para alcanzar prosperidad, éxito y unidad.

Durante la mayor parte de este siglo, Estados Unidos ha sido el líder económico mundial. Antes de EE.UU., Gran Bretaña tenía el poder del mundo en sus manos. Si otras naciones trataban de interferir, eran silenciadas a la fuerza.

Por ejemplo, cuando los holandeses establecieron New Amsterdam, lo que hoy es Nueva York, los británicos sencillamente les dijeron que se fueran y no tuvieron otra alternativa que hacerlo.

Esta forma de esgrimir el poder era la norma en la política, la economía, el ejército y la religión hasta comienzos de 1900.

Estados Unidos, como mencionamos anteriormente, ya no es el líder indiscutible del mundo. No podemos negarlo. Nuestras deudas nacionales testifican en contra de cualquier otra posición. Gran Bretaña, que llegó a ser un imperio mundial, es ahora una de las naciones más pobres de Europa. El standard de vida de Inglaterra es sustancialmente más bajo que el de Suiza, Suecia, Alemania y Noruega, por ejemplo. Así que, como lo señaló el artículo del *Kansas City Star*, el viejo sistema angloamericano está fallando y será superado por el nuevo sistema social y capital que se está desarrollando en Europa.

El Venidero Mundo Europeo
La nueva y poderosa estructura europea cumplirá las predicciones proféticas que nos hablan de un sistema mundial que ha de implementarse. Cuando esté establecido, caerá en manos de una persona extremadamente audaz, la cual los estudiosos bíblicos llaman el Anticristo.

El cuarto gran imperio gentil, que está resurgiendo actualmente, no necesita ser llamado imperio mundial romano. Tampoco es necesario llamarlo el orden mundial, o el nuevo orden mundial.

Estos y otros nombres que están siendo acuñados se unificarán en uno sólo.

Ya sea que la unidad del mundo sea promovida por ciertas organizaciones como el Illuminati, Bilderbergers, el Club de Roma, la G–7, las Naciones Unidas, o cualquier otro organismo, la meta y el resultado ha de ser el mismo.

No es necesario distinguir entre cada uno de ellos y analizar sus objetivos, ya que es el mismo espíritu mundial el que está detrás de ellos, aquel que promovió la construcción de la torre de Babel. En forma justificada e inequívoca podríamos denominar a este movimiento, que lleva a la unidad mundial, como una señal de los tiempos finales.

El Anticristo tendrá un éxito particular en los últimos días, en los cuales hará que el mundo sea uno. Esto, sin embargo, no significa necesariamente que todo lo que está en el mundo ahora sea maligno y deba ser rechazado por los cristianos, ya que nosotros estamos *en* este mundo pero no somos *de* él.

Todos los Gobiernos son Ordenados Por Dios
Al analizar el mundo, nunca debemos olvidar que — *"no hay autoridades sino de parte de Dios, y las que hay, por Dios han sido establecidas"* (Romanos 13:1). Si tomamos una posición política, como cristianos, entonces estamos participando activamente en el proceso político y somos "del mundo". Estoy perfectamente consciente de que seré reprobado por hacer tal declaración, pero creo que la misma es bíblica.

José sirvió como esclavo en un gobierno extranjero y también lo hizo Ester.

De Daniel sabemos que fielmente sirvió a dos gobiernos dictatoriales que destruyeron su propio país y lo llevaron a la cautividad.

Y por encima de todo, Jesús fue obediente al gobierno extranjero, opresivo y dictatorial de Roma.

Los gobiernos, sean cual sean, están ordenados por Dios, pero cada uno es colocado bajo la jurisdicción del maligno porque él es el dios de este mundo. Es el príncipe de los poderes de las tinieblas. Sin duda, hay varias diferencias entre los diferentes gobiernos y, seguramente, los gobiernos comunistas hicieron más maldades que los democráticos. Pero estas cosas no tienen una relación directa con la Iglesia de Jesucristo.

Usando Todas las Cosas Con Libertad
Si bien el mundo es malo, los negocios están corrompidos y todos los gobiernos están bajo la jurisdicción de Satanás, la Biblia aclara que podemos usar todas las cosas con libertad en lo que a nuestro servicio a Dios se refiere. Así leemos en 1 Corintios 3:22: *"Sea Pablo, sea Apolos, sea Cefas, sea el mundo, sea la vida, sea la muerte, sea lo presente, sea lo por venir, todo es vuestro."*

Podemos usar todas las facilidades modernas, invenciones y productos para el avance del evangelio, sin necesidad de analizar cada cosa en busca de algo diabólico.

Por ejemplo, hemos tenido casos de personas que deciden no suscribirse a la revista *Llamada de Medianoche* por la sencilla razón de que aceptamos el pago a través de tarjetas de crédito. Estas personas asumen que estamos apoyando el sistema del diablo. Si bien no apoyamos el sistema, estaríamos ciegos si negáramos el hecho de que ya existe una economía mundial.

Moneda Nueva
Se ha escrito mucho acerca de la proposición de una nueva moneda. Si bien, en muchas partes del mundo, se acuñan nuevas monedas con frecuencia, en Estados Unidos este hecho está fuera de lo imaginable. Nos hemos acostumbrado a los dólares por varias generaciones, así como también a la moneda británica. Sin embargo, ambas monedas están perdiendo poder en forma continua y los expertos financieros casi no tienen dudas de que han de ser remplazadas por una nueva moneda. En conexión con esto hay un artículo interesante:

> Las consecuencias de una moneda universal serán la simplicidad de toda la aritmética, las operaciones y facilidades otorgadas a los viajeros, la facilitación de las transacciones internacionales y la simplificación de las tasas de cambio. Cuando tengamos una moneda universal, el comercio recibirá tal estímulo que sobrepasará todos los récords alcanzados hasta ahora.[38]

Tal vez usted piense que esto es algo nuevo, o una predicción super optimista. Si esa es su forma de pensar, está definitivamente equivocado. Esto fue dicho en Francia, en el mes de Marzo de 1870, por el Sr. Feer Herzog, Ministro de Finanzas de Suiza.

¡Ya en aquel tiempo, había gente que soñaba con una Europa unificada y una moneda unida!

Comunismo Mundial

Lo que realmente es único en nuestros días es el hecho de que las fuerzas del capitalismo y el comunismo, que antes solían competir entre sí, están uniéndose desde la caída del comunismo internacional. El sistema comunista no pudo competir con el capitalista ya que ignoró la política monetaria.

En 1969, en nuestro primer fascículo de la edición estadounidense de *Llamada de Medianoche*, escribimos un artículo titulado: "Comunismo: Condenado a Fracasar." Hoy, ya hemos sido testigos de su colapso.

En 1969, esto era inimaginable, ya que se escuchaba mucho acerca de la gran amenaza comunista. Rusia contaba con mayores adelantos que Estados Unidos en la producción de armamento y en viajes espaciales, y se estaba apoderando de un país tras otro. Estados Unidos perdió la guerra contra la pequeña nación de Vietnam del Norte, mientras que los comunistas lograban continuas victorias en muchas partes del mundo.

"¿Por qué entonces" podríamos preguntar "falló el comunismo"? Hubieron muchas razones, pero una específica que me gustaría mencionar aquí es el hecho de que el comunismo falló en considerar que el hombre es básicamente malo, egoísta y que ama el dinero. El capitalismo, por otro lado, se maneja bajo el principio del "amor al dinero". Durante el gobierno de Reagan, se publicó un libro titulado, *Greed Is Good (La Avaricia es Buena)*.

El Comunismo En Contra de Dios

El comunismo se reveló contra Dios. En voz alta proclamaron "Dios está muerto". Cuando mi suegra vivía, iba con frecuencia a visitar a sus parientes que vivían del otro lado de la cortina de hierro, en Alemania Oriental. Nunca dejó de llevar consigo literatura de *Llamada de Medianoche* pese al hecho de que estaba prohibido, y fue descubierta en varias oportunidades. Pero las autoridades no la arrestaron debido a su edad.

Estando en Alemania Oriental, ella siempre aprovechaba la oportunidad para realizar largas caminatas, especialmente en los campos del interior. En una ocasión, vio grandes carteles en un campo de trigo, los cuales habían sido puestos por los comunistas. Los mismos decían, "Ohne Gott und Sonnenschein bringen wir doch die Ernte ein!" (Aún sin Dios y sin que brille el sol levantaremos nuestra cosecha.) Los comunistas en realidad desafiaban a Dios.

Su confianza se vio fortalecida por el hecho de que acababan de importar cosechadoras nuevas de Rusia, las cuales se suponía eran capaces de cosechar el trigo durante estaciones húmedas, o incluso lluviosas.

Entonces un día comenzó a llover, lo cual no era inusual. Pero la lluvia continuó por siete días. El resultado era predecible. La cosecha se perdió. Fueron incapaces de cosechar el grano, aun con las máquinas rusas más sofisticadas.

De la noche a la mañana, todos aquellos carteles desaparecieron repentinamente. Los comunistas, profundamente avergonzados, los habían quitado.

No necesito decirle que mi suegra, que era creyente, alabó al Señor, regocijándose en su corazón al ver a esta gente tonta siendo derrotada por la poderosa mano de Dios.

El Capitalismo en Contra de Cristo

Mientras tanto, el sistema capitalista no está contra Dios, sino más bien contra Cristo. El sistema de la democracia capital hará surgir al Anticristo, por lo tanto, propongo que lo miremos más atentamente en nuestros días.

El sistema comunista se basaba en la productividad del trabajador. Karl Marx, un judío alemán, dijo en 1848:

> Si los trabajadores del mundo se unieran, serían capaces de hacer surgir el paraíso en la tierra.

Pero el comunismo fracasó porque no se centró en el amor al dinero. En cambio, inventaron su propio sistema financiero, el cual no estaba respaldado por incentivos personales hacia el individuo, siendo que uno de los ingredientes más importantes en una economía de trabajo es la competición. Sin embargo, el comunismo la rechazó. "Todos son iguales", decían.

Cierto grado de avaricia es esencial para hacer que una economía capitalista funcione adecuadamente. Las personas que buscan un enriquecimiento personal, generalmente trabajan mucho más que el ciudadano promedio. Muchos hombres de negocios exitosos trabajan 12, 14 o incluso 16 horas diarias. Algunos trabajan 6 a 7 días por semana. Piensan en sus ganancias y riquezas individuales todo el tiempo. Están dedicados a triunfar, y sí, aman el dinero.

La Lección del Creyente
Los creyentes tienen que aprender una lección aquí. Nosotros deberíamos trabajar noche y día también, pero por valores eternos. El oro y la plata corruptibles perecen, pero las almas preciosas que son salvas a través de la sangre del Señor Jesucristo son eternas, y ellas constituyen nuestra corona de joyas, nuestra recompensa por toda la eternidad.

Por supuesto que todos necesitamos dinero, ya sea que seamos comunistas, capitalistas o cristianos. El Ministerio de Llamada de Medianoche no funcionaría sin dinero. Tenemos que pagar para imprimir las revistas, los libros y los folletos. Necesitamos dinero para el sustento de los misioneros y para el correo.

Usted y yo necesitamos dinero casi para todo. Pero el dinero debería servir solamente para mantener nuestro nivel de vida, y lo más importante, para llevar adelante la obra del Señor. Esa es la razón por la cual el Señor le da riquezas, para que pueda trabajarlas, hacer dinero y participar en la extensión del evangelio.

El Control Máximo
El dinero jugará un rol muy importante en el sistema mundial venidero. Leemos en el último libro de la Biblia: *"Y hacía que a todos, pequeños y grandes, ricos y pobres, libres y esclavos, se les pusiese una marca en la mano derecha, o en la frente; y que ninguno pudiese comprar ni vender, sino el que tuviese la marca o el nombre de la*

bestia, o el número de su nombre" (Apocalipsis 13:16–17). Este es, obviamente, el sistema más colosal para el control del dinero en referencia a los tiempos finales.

La marca de la bestia, o el número de su nombre, se tornarán una necesidad financiera absoluta. Personalmente no creo, sin embargo, que esta marca sea puesta a la fuerza en la gente. El público en general reconocerá la ventaja de este sistema y lo recibirá con alegría.

Es significativo que lo primero que se menciona es la adoración. Las personas que reciban la marca de la bestia estarán totalmente convencidas de que es lo más apropiado que pueden hacer. ¿Por qué? Porque el sistema de la marca de la bestia eliminará muchos de los males de nuestra sociedad. Piense en esto: El fraude en los impuestos agrava nuestra deuda nacional y hace más pesada la carga para los ciudadanos honestos. El terrible tráfico de drogas recibirá finalmente un golpe mortal. Sus actividades malignas serán paralizadas ya que no habrá más efectivo. Casi todos los crímenes en torno al dinero serán instantáneamente detenidos. Debido a éstos, y otros beneficios obvios, las multitudes recibirán con alegría la marca de la bestia.

Tarjetas de Crédito — El Primer Paso Hacia la Moneda Global
Actualmente es necesario tener una tarjeta de crédito si se desea viajar, especialmente al extranjero. Le sería muy difícil hacer reservaciones de vuelo o de hotel sin tener una. Cuando usted está en un país extranjero, la moneda más económica y práctica, es su tarjeta de crédito. Le evitará pasar por todo el proceso de cambiar su moneda a la moneda local, por lo cual las casas de cambio obtienen una elevada ganancia.

Ya hablamos anteriormente acerca de la moneda global, y señalamos que la tarjeta de crédito es el comienzo de una moneda unificada. Desafortunadamente, alguien podría usarla tan sólo imitando su firma. Por lo tanto, es casi natural predecir que este sistema ha de ser mejorado. Un sistema de crédito que no pueda ser perdido o robado se ofrece a *sí mismo* como algo seguro para las transacciones. ¡Una marca corporal permanente! ¡Este sistema global será el más exitoso en términos financieros, políticos y económicos que el mundo haya conocido!

Tan sólo piense por un momento en la inmensa cantidad de dinero que podría ahorrarse al operar un gobierno mundial con solamente una fuerza militar. Piense en el recorte de los impuestos, el dinero que quedaría disponible para usos benéficos. Es por esta razón que las naciones del mundo aceptarán con gusto la marca de la bestia en el nuevo sistema de gobierno mundial, el cual promete paz y prosperidad en la tierra.

Unidad Eterna
Pero mientras el mundo se une y se prepara para darle la bienvenida al Anticristo, el padre de mentira, nosotros los creyentes estamos: *"aguardando la esperanza bienaventurada y la manifestación gloriosa de nuestro gran Dios y Salvador Jesucristo"* (Tito 2:13). Los cristianos nos estamos preparando para la venida de nuestro Señor, mientras que el mundo se prepara para la venida del Anticristo.

Cuando Jesús clamó en la cruz del Calvario, hace 2.000 años: *"Dios mío, Dios mío, ¿por qué me has desamparado?"*, pagó el precio completo por los pecados de la humanidad. El Calvario saldó el pago por el pecado y nos unió a todos aquellos que creemos.

Pero la unidad del hombre, en nuestros días, está basada en su *propia* capacidad intelectual, la cual está oscurecida por el pecado, y subsecuentemente llevará al Armagedón.

Desde el hombre más rico de la tierra, hasta el más pobre abandonado y sin casa, el dinero todavía es la palabra clave. Pero ya sea Sam Walton (fundador de la cadena Wal Mart) quién fue considerado el hombre más rico del mundo, o el hombre más pobre de la tierra, el cual vive bajo un puente, no hay diferencia entre ellos a la hora de la muerte. La única cosa que cuenta en ese momento es creer en Jesucristo.

CAPITULO 16
Profecías del Juicio Final

Resumen

Mantengamos limpia nuestra tierra, insisten, respetemos la naturaleza, y entonces comenzará la sanidad mundial. En este capítulo consideramos los errores de éstas y otras creencias. Vemos cómo el mundo está siendo llevado a creer en rumores en vez de en hechos.

- Hambre Global
- Extinción de Recursos No Recuperables
- Aumento Vertiginoso en la Polución
- La Venidera Epoca Glacial
- El Agujero de la Capa de Ozono en la Antártida; U.S.A.
- Calor Global

Falsas Profecías del Juicio Final
Como un ejemplo vívido de las mentiras de Satanás, miremos a los militantes que apoyan el movimiento por el medio ambiente.

Muchos de sus reclamos al respecto de la polución del mundo están basados en información falsa. Documentaremos algunas de estas creencias.

Por supuesto, admitimos que existe un problema al respecto de la polución en el aire, en nuestros ríos y en nuestras corrientes, y que también se talan grandes extensiones forestales.

Pero el hecho es que la vegetación ha aumentado, los ríos y los lagos están más limpios y nuestro aire es más puro que hace 50 años atrás.

Las personas creen que si luchan por un mundo mejor, aire más puro, agua más limpia y más vegetación, se les otorgará una especie de salvación en la tierra. Sin embargo, se permite y aun se incentiva todo tipo de polución espiritual, moral y ética.

Es mi opinión que este movimiento que enfatiza por demás el cuidado del medio ambiente, es el camuflaje del diablo para el verdadero problema que el hombre enfrenta, y ese es el pecado del cual rehusa arrepentirse.

Ahora, ¿no es extraño que el mundo esté tan unido y tan resuelto cuando se trata del status ecológico del planeta Tierra, pero por otro lado sencillamente ignore a Dios?

La respuesta se encuentra probablemente en el hecho de que la mayoría de estas personas no son cristianas. Ellos no conocen acerca de la esperanza de un hogar celestial, toda su preocupación está relacionada con el aquí y ahora — esta Tierra.

Observemos algunas de las falsas profecías que fueron emitidas en los últimos años concernientes al medio ambiente. *The Futurist (El Futurista)* enero/febrero de 1995, en las páginas 14-17, se opone a los alarmistas al dar respuestas científicas a las siete mentiras más creídas acerca del medio ambiente.

Es importante remarcar aquí que *The Futurist* no es publicado por una organización religiosa que crea en la Biblia. De hecho, no son ni siquiera simpatizantes de la religión. Pese a eso, me gustaría compartir sus comentarios con usted:

Siete Profecías Falsas . 1 — Hambre Global
"La batalla para alimentar a toda la humanidad ha terminado. En los años 70 el mundo sufrirá hambre — cientos de millones de personas morirán de hambre pese a los programas de ayuda que se han realizado hasta ahora", predijo el alarmista de la población Paul Ehrlich en su libro, *The Population Bomb (La Bomba de la Población)*, 1968.

¿Qué sucedió en realidad? Si bien la población mundial se duplicó desde la segunda guerra mundial, la producción de comida se triplicó. El precio real del trigo y el maíz bajó un 60%, y el precio del arroz bajó a la mitad.

Siete Profecías Falsas . 2 — Extinción de Recursos No Recuperables
En 1972, el notorio informe del Club de Roma, *The Limits to Growth (Los Límites del Crecimiento)*, predijo que debido al nivel de crecimiento el mundo agotaría ciertos productos brutos — el oro para 1981, el mercurio para 1985, el estaño para 1987, el zinc para 1990, el petróleo para 1992, y el cobre, plomo y gas natural para 1993.

¿Qué sucedió en realidad? La humanidad ni siquiera está cerca de agotar algún recurso mineral. Es más, el Instituto Mundial de Recursos estima que el precio promedio de todos los metales y minerales bajó más del 40% entre 1970 y 1988. Como todos sabemos, la caída de los precios significa que los materiales abundan en vez de escasear.

Siete Profecías Falsas . 3 — Aumento Vertiginoso en la Polución
En 1972, *The Limits To Growth* también predijo que la polución se descontrolaría con el aumento de la población y de la industria: "Casi todo agente de polución que ha sido medido como una función de tiempo parece aumentar en forma exponencial."

¿Qué sucedió en realidad? Desde la publicación de *The Limits To Growth*, la población de Estados Unidos aumentó un 22% y la economía creció más del 58%. Con todo, en vez de haber aumentado tal como se predijo, los agentes de polución decrecieron dramáticamente.

Las emisiones de dióxido de sulfuro disminuyeron un 25% y las de monóxido de carbón un 41%. Los componentes orgánicos volátiles — principales contribuyentes a la formación del smog — han sido reducidos en un 31%, y las partículas tales como el humo, el hollín y el polvo disminuyeron un 59%. En la última década el smog bajó un 50% en Los Angeles

Siete Profecías Falsas . 4 — La Venidera Epoca Glacial
El público se olvida que la principal amenaza climatológica de la que hablaban los pesimistas ecológicos en los 70 era el comienzo de la época glacial. Esta nueva época glacial sería el resultado de la polución de la humanidad, la cual bloqueaba la luz del sol.

¿Qué sucedió en realidad? Las temperaturas globales, luego de haber decrecido por 40 años, dieron un rebote al final de los años 70, impidiendo de esa forma la temida época glacial. ¿Acaso provocó esto cierta alegría? ¡NO! Ahora se supone que debemos temer un calor global. Ya sea que nos congelemos o que nos friamos, el problema siempre es atribuido al capitalismo industrial, y la solución es el socialismo internacional.

Siete Profecías Falsas . 5 — El Agujero de la Capa de Ozono en la Antártida
Se han corrido aterradores rumores de que el agujero en la capa de ozono de la atmósfera terrestre acabará con toda la vida del mundo. John Lynch, administrador de la programación de aerología polar (Fundación Nacional de Ciencia), declaró en 1989, "Esto es aterrador. Si los agujeros en el ozono continúan creciendo así, llegarán a tragarse al mundo."

¿Qué sucedió en realidad? En 1985, científicos británicos detectaron niveles reducidos de ozono en la estratósfera, sobre la

Antártida. ¿Podría llegar el agujero en la capa de ozono de la Antártida a "tragarse al mundo"? No, "es un fenómeno que está localizado," de acuerdo con Guy Brasseur del Centro Nacional de Investigación Atmosférica. Se piensa que el "agujero de ozono" es el resultado de las reacciones catalíticas de algunos productos químicos a base de cloro, las cuales tan sólo pueden darse en nubes muy altas, a temperaturas muy frías (menos de -80°C, o -176°F) y en presencia de la luz solar. Es un fenómeno transitorio que dura sólo un poco más de un mes, durante la primavera austral.

Siete Profecías Falsas. 6 — Agujero en la Capa de Ozono sobre EE.UU.
En 1992, la NASA sorprendió a los estadounidenses al declarar que un agujero en la capa de ozono como el que está sobre la Antártida podría abrirse sobre los Estados Unidos. La revista *Time (Tiempo)* mostró la historia en la portada (16 de febrero de 1992), advirtiendo "el peligro brilla a través del aire — La amenaza ya no es futura; la amenaza está aquí y ahora." El entonces senador Albert Gore reaccionó en el Congreso diciendo: "Debemos decirle a nuestros hijos que deben redefinir su relación con el cielo, y que deben comenzar a pensar en el mismo como una parte que amenaza su medio ambiente."

¿Qué sucedió en realidad? El 30 de abril de 1992, la NASA admitió que no se había abierto ningún agujero en la capa de ozono sobre Estados Unidos. *Time*, lejos de anunciar a viva voz la noticia en su portada, enterró la declaración en un pequeño texto de cuatro renglones en su fascículo del 11 de mayo. No debe sorprendernos entonces que el pueblo estadounidense esté tan asustado.

Siete Profecías Falsas. 7 — Calor Global
El calor global es "la madre de todos los terrores ambientales", de acuerdo con el fallecido político y científico Aaron Wildavsky. Basado en modelos de computadoras climáticas, los pesimistas ecológicos predijeron que la temperatura promedio de la tierra aumentaría entre 4 y 9 grados Fahrenheit durante el próximo siglo debido al "efecto invernadero".

El quemar combustible fósil libera dióxido de carbono, el cual encierra el calor del sol.

¿Qué sucede realmente? La temperatura promedio de la Tierra ha aumentado aparentemente menos de un grado (0,9) Fahrenheit durante el último siglo. Y hay más noticias para los pesimistas: Quince años de investigación satelital muy precisa muestra que el planeta, en realidad, se a enfriado 0,13 grados C.[39]

— The Futurist, Enero-Febrero 1995, pg.14–17

Cómo las Mentiras Son Usadas para Engañar a las Masas

Falsas profecías, rumores, imaginación y chisme generan su propia energía, pero finalmente experimentan una extinción.

Las profecías sobre el fin son un astuto intento de Satanás para distraer la atención del hombre del verdadero juicio final: La Gran Tribulación que vendrá sobre la Tierra.

Hemos quitado a Dios de nuestros lugares públicos. Ya no permitimos que se ore y se lea la Biblia en las escuelas.

Por tanto, comenzamos a adorar a la creación más que al creador. Romanos 1:25 habla de aquellos que — *"cambiaron la verdad de Dios por la mentira, honrando y dando culto a las criaturas antes que al Creador, el cual es bendito por los siglos. Amén."*

Vemos una gran proporción de la población mundial que comienza a adorar a la naturaleza, los árboles y los animales antes que al Dios vivo. Los adeptos de la nueva era están comenzando a hacer análisis introspectivos para adoptar una antigua religión: Creen que, en cierta manera, ellos son Dios.

Ni el medio ambiente ni la polución son las causas de la catástrofe venidera, sino que la verdadera razón es el rehusar obedecer la Palabra de Dios, y creer las mentiras de Satanás.

¿Deberían los Cristianos "Hacer Frente"?

En forma contraria a los ecologistas que creen poder salvar este mundo, los cristianos con discernimiento no esperan que el mundo mejore. Son plenamente conscientes de que la Biblia no enseña eso.

No son engañados con la absurda noción de que los cristianos, a la larga, tomarán las cortes y las leyes en sus manos. Los cristianos con discernimiento se dan cuenta de que no tienen el llamado bíblico para "hacer frente" en el nombre de Jesús y oponerse a la maldad a través de los cargos públicos.

Los cristianos deben predicar el evangelio, llamando a los pecadores al arrepentimiento y a la salvación. Deben esperar que el Señor Jesucristo les QUITE de este mundo para estar presentes con él para siempre.

El Aviso de Pedro Nos es Util Hoy en Día
Terminaré este capítulo con 2 Pedro 3:11–18: *"Puesto que todas estas cosas han de ser deshechas, ¡cómo no debéis vosotros andar en santa y piadosa manera de vivir, esperando y apresurándoos para la venida del día de Dios, en el cual los cielos, encendiéndose, serán deshechos, y los elementos, siendo quemados, se fundirán! Pero nosotros esperamos, según sus promesas, cielos nuevos y tierra nueva, en los cuales mora la justicia. Por lo cual, oh amados, estando en espera de estas cosas, procurad con diligencia ser hallados por él sin mancha e irreprensibles, en paz. Y tened entendido que la paciencia de nuestro Señor es para salvación; como también nuestro amado hermano Pablo, según la sabiduría que le ha sido dada, os ha escrito, casi en todas sus epístolas, hablando en ellas de estas cosas; entre las cuales hay algunas difíciles de entender, las cuales los indoctos e inconstantes tuercen, como también las otras Escrituras, para su propia perdición. Así que vosotros, oh amados, sabiéndolo de antemano, guardaos, no sea que arrastrados por el error de los inicuos, caigáis de vuestra firmeza. Antes bien, creced en la gracia y el conocimiento de nuestro Señor y Salvador Jesucristo. A él sea gloria ahora y hasta el día de la eternidad. Amén."*

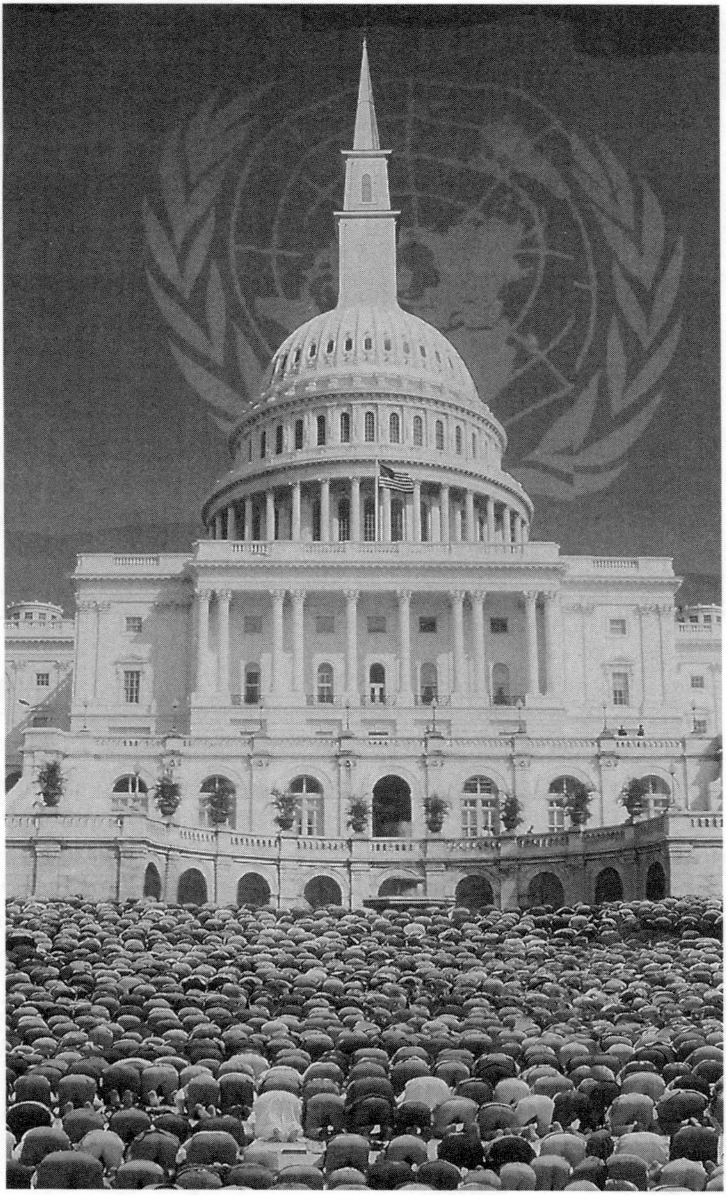

CAPITULO 17

Democracia: El Dios de la Nueva Era

Resumen

Las victorias recientes de la democracia han abierto las puertas para la unidad mundial. Si la democracia es el sistema final de los gentiles, ¿establecerá la misma al Anticristo? ¿Cómo deben relacionarse los cristianos con la venidera democracia mundial?

Democracia — El Dios de la Nueva Era

Cuando elegí el título de este capítulo: "Democracia — El Dios de la Nueva Era", sabía que habría de ser controversial. Puede sonar como que estuviera subestimando la democracia. Sin embargo, esa no es mi intención en lo absoluto.

Experimentamos que la democracia es el sistema político que mejor funciona en este momento. Provee una libertad que no fue conocida anteriormente en la historia. En este momento, no hay otro sistema viable que se pueda comparar con la democracia. Pese a eso, al investigar la perspectiva bíblica, *vemos que la democracia, sin importar cuán buena sea, establecerá finalmente al Anticristo.*

El hecho que experimentamos actualmente de que la democracia se esparce cada vez más, nos da más razones que nunca para creer que la conclusión de los tiempos finales está realmente cerca.

Hoy, la democracia está en boca de todo el mundo, especialmente luego de la sensacional e inesperada caída de la Cortina de Hierro. No pasa un día en el que no se reporte, por algún medio de comunicación, el progreso de la democracia. Algunos la han llamado la libertad máxima para la humanidad. Otros dicen que es el derecho dado por Dios a todos en la tierra.

La Diosa de la Democracia

En China, aunque aún están bajo un régimen comunista, la democracia es considerada una religión. Durante la manifestación de los estudiantes chinos en la Plaza Tiananmen, se desplegó una figura hecha en papel de la "Estatua de la Libertad". Se la llamó la "Diosa de la Democracia". Es a esto que quiero apuntar en detalle, porque la diosa o el dios de la democracia nunca llegará a ser el Dios de la Biblia que nosotros adoramos.

Piense en esto por un momento. Los niños que fueron educados en el comunismo — cuyos padres y abuelos eran muy probablemente comunistas — se rebelaron contra el sistema.

Ellos debían ser buenos comunistas, de lo contrario, no habrían sido admitidos en la universidad china para recibir una mejor educación. Con todo, vemos que son estos estudiantes los que mostraron a esta "Diosa de la Democracia". ¿Estaban reconociendo algo que nosotros como nación aún no hacemos? Creo que sí.

Nosotros publicamos un artículo sobre este tema en nuestra revista *Noticias de Israel* de julio de 1989, y cito parte de aquel artículo aquí:

> El anhelo de la democracia y la tragedia que le siguió fue publicado por los medios de comunicación con lujo de detalles. ¿Cuál es su significado desde la palabra profética? Geográficamente, China está directamente hacia el este de Israel. Su participación en el escenario de los tiempos finales se nos describe en Apocalipsis 16:12: *"El sexto ángel derramó su copa sobre el gran río Eufrates; y el agua de éste se secó, para que estuviese preparado el camino a los reyes del oriente."*
>
> Pese a que China es un país comunista, se separaron del comunismo soviético bajo el liderazgo de Mao Tse Tung. Esto no fue una sorpresa para los estudiantes de las Escrituras, ya que China no está en la categoría de la confederación del norte mencionada por el profeta Ezequiel en los capítulos 38 y 39. China pertenece a la confederación de los reyes del este y, por consiguiente, al imperio mundial que está surgiendo actualmente en Europa.
>
> Si bien el levantamiento del ex bloque de países soviéticos estaba basado exclusivamente en razones materiales y nacionales, el levantamiento de China es diferente porque incluye un fervor religioso, lo cual se expresa claramente en la frase "Diosa de la Democracia".[40]

La Democracia En Marcha

Mientras tanto, hemos experimentado la caída del muro de Berlín, el símbolo que separaba al este del oeste, al comunismo del capitalismo. Ahora, más que nunca, somos testigos de que la democracia que avanza hacia el este (en vez del comunismo hacia el oeste, lo cual se temió por mucho tiempo) es considerada la respuesta absoluta a todos los problemas del mundo.

¿Quién puede entorpecerle el camino a la democracia? Hace pocos años, el comunismo era quizás el sistema más poderoso del mundo. Geográficamente, más de la mitad del planeta y, aproximadamente, un 65% de la población mundial estaba regida por el mismo.

Ahora, con este peligro para la libertad democrática fuera del camino, la democracia tiene la delantera, el centro y la retaguardia del asunto. Es el nuevo poder mundial del momento. Nos acercamos al momento en el que nadie, absolutamente nadie, podrá oponerse a la democracia.

Aquí recordamos Apocalipsis 13:4: *"¿Quién como la bestia, y quién podrá luchar contra ella?"*

Mientras nos gozamos del hecho de que nuestros hermanos y hermanas en el Señor en la Europa Oriental pueden reunirse con más libertad en su comunión, y estamos felices por la libertad que tienen ahora de viajar al occidente, no debemos permitir que este gozo no nos deje ver el nuevo peligro que se acerca. *El peligro que aparentemente es muy seguro, el de un mundo unido bajo la democracia.*

¿Pero quién podría oponerse a tal progreso estando en su juicio cabal? ¿Qué hay de malo con la hermandad universal, con la unidad global, con la paz y la prosperidad? Nada a simple vista, pero aquellos que estudian diligentemente las Escrituras saben exactamente a qué nos conducirá.

Casi desde el comienzo mismo de la humanidad, los hombres han esperado por la persona indicada con el sistema indicado que pueda llevar a la paz y a la armonía universal. Pero, los hombres han querido esto sólo en *sus propios* términos. ¿Se puede lograr en forma real la paz y la prosperidad en nuestros tiempos? Sin duda, yo le respondería "Sí". No sólo es posible tener paz, sino que esta paz debe llegar, ya que está profetizada en las Sagradas Escrituras. Sí, habrá paz a un nivel sin precedentes e inundará al mundo de tal manera que toda oposición será eliminada.

En el cenit de su éxito, sin embargo, asumirá un aspecto diferente. Se quitará la máscara y se revelará la verdadera naturaleza de la misma. Ya no se moverá tan sólo a nivel *horizontal*, es decir, global, sino que comenzará a moverse a nivel *vertical*, ya que los hombres quieren llegar a ser como Dios.

La Democracia No Puede Cambiar el Corazón Maligno
El éxito de la democracia está basado en el intelecto humano. Pero los hombres han de ser tan malos como antes: *"Engañoso es el corazón más que todas las cosas, y perverso; ¿quién lo conocerá?"* (Jeremías 17:9).

Sabemos lo que sucedió con los primeros dos hijos de Adán y Eva. Hubo un factor de discordia y uno mató al otro. Desde ese momento, los hermanos han peleado entre sí. Estamos absolutamente seguros de que este conflicto ha de continuar. Las guerras y rumores de guerras, las discusiones, la insatisfacción y la rebelión no cesará hasta que Jesús vuelva nuevamente. Sólo él traerá la verdadera paz.

Sin importar cual haya sido el sistema de gobierno del mundo, pasado o presente — ya sea dictadura, monarquía, democracia, socialismo o comunismo — todos prometieron una vida mejor y en paz. La meta de casi todos los políticos nunca ha cambiado. Siempre le han asegurado al pueblo: "Paz y prosperidad, si me eligen".

¿Por qué entonces hemos tenido tantas guerras? El origen de la guerra está basado en el odio, y el mismo aún no ha sido erradicado. Todavía está profundamente arraigado en el corazón de cada persona sobre la Tierra, a menos que esa persona haya sido comprada con la sangre del cordero, el Señor Jesucristo. Sólo entonces el individuo tendrá una paz real que sobrepasa todo entendimiento, y será capaz de vencer el odio que satura la mente humana.

Dictadura Democrática
El peligro de la democracia radica en el hecho irónico de que finalmente no tolerará ningún tipo de oposición. La nueva democracia mundial de los últimos días se tornará, de hecho, en una dictadura mundial.

En la sección de "Frases Célebres" del *Diccionario y Enciclopedia de la Lengua Inglesa* encontramos lo siguiente:

Democracia significa, sencillamente, aporrear a la gente, a través de la gente y por la gente.

Winston Churchill, el gran estadista británico confesó que:

La peor forma de gobierno es la democracia, pero es la mejor que hemos tenido.

Lo que quiero decir es que la alegría tóxica que se expresa actualmente debido al éxito de la democracia, no es en realidad un motivo de regocijo. En Apocalipsis 16:13-14 leemos los resultados finales de la misma: *"Y vi salir de la boca del dragón, y de la boca de la bestia, y de la boca del falso profeta, tres espíritus inmundos a manera de ranas; pues son espíritus de demonios, que hacen señales, y van a los reyes de la tierra en todo el mundo, para reunirlos a la batalla de aquel gran día del Dios Todopoderoso."* Los "espíritus inmundos" están poderosamente activos actualmente en el mundo.

Por primera vez en la historia de la humanidad, se hace posible la implementación de un sistema mundial que pueda cumplir la profecía bíblica que nos dice, en forma clara, que el mundo entero ha de unirse. Pero esa no es su meta *final*. La misma es preparar a un mundo unido para batallar contra Dios.

Esto aún no está a la vista. Nadie está hablando de pelear contra Dios. Ninguna persona en su juicio cabal expresaría un pensamiento semejante. Pero la Escritura que acabamos de leer dice claramente que los hechos milagrosos obtenidos por las naciones del mundo tendrán un blanco específico: Reunirse contra el Dios Todopoderoso.

La Batalla del Cristiano

Hoy en día, más que nunca, los cristianos debemos asegurarnos de que nuestra posición sea la de espectadores que miran sobre la arena política, y no la de estar peleando codo a codo con los paganos. Nuestra meta es servir al Señor resucitado y exaltado, esparciendo el evangelio de la liberación, y prepararnos para su regreso.

Nunca debemos degradarnos al punto de inmiscuirnos en las cosas que pertenecen al mundo. No debemos creer que estamos a cargo y que, por medio de nuestra acción, podemos producir la paz mundial, la justicia y la prosperidad.

Sabemos, con absoluta seguridad, que Dios controla al mundo. El coloca presidentes, primeros ministros, reyes y otros oficiales.

Nuestra batalla, por consiguiente, es mucho más sublime que el mero controlar o influenciar en el sistema político. Ya que nuestra batalla *no* es contra sangre y carne como el apóstol Pablo nos dice: *"Porque no tenemos lucha contra sangre y carne, sino contra principados, contra potestades, contra los gobernadores de las tinieblas de este siglo, contra huestes espirituales de maldad en las regiones celestes"* (Efesios 6:12).

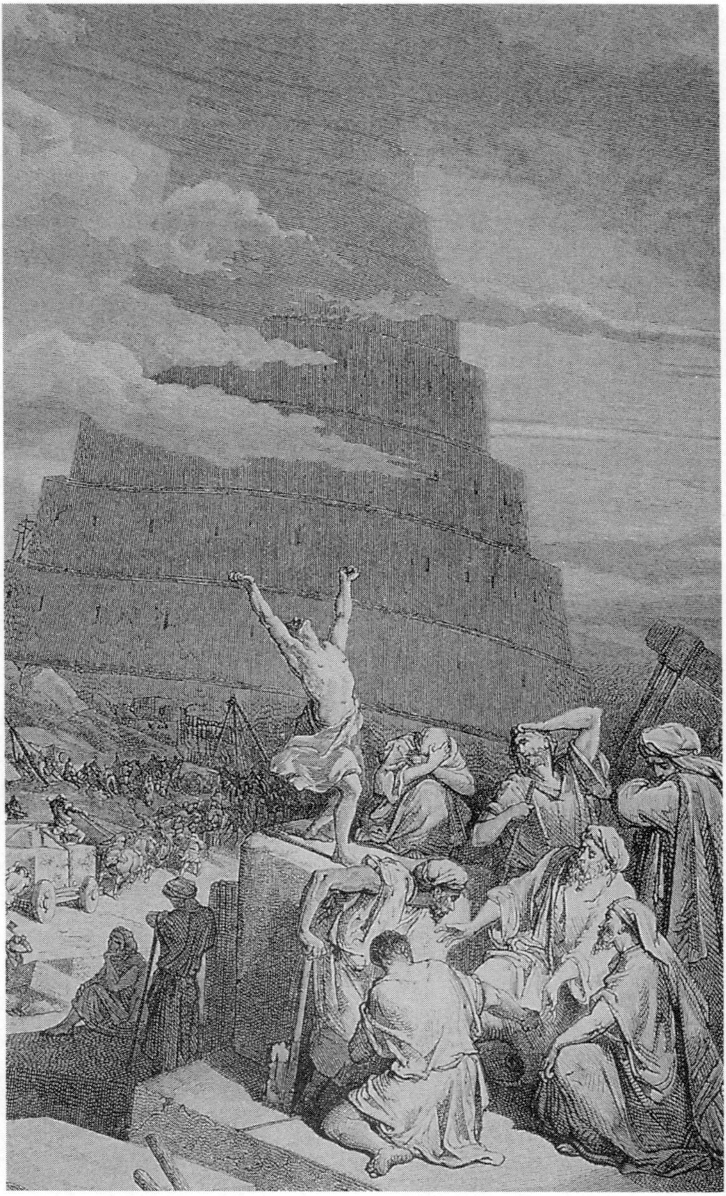

CAPITULO 18

El Tiempo de los Gentiles e Israel

Resumen

El surgimiento del último imperio gentil mundial es la señal por la cual podemos reconocer que estamos viviendo en los últimos momentos del final de los tiempos. Las naciones del mundo están comenzando a establecer su propia sociedad mundial de paz y prosperidad a través de la democracia social. Pero, en forma paralela a eso, Dios está haciendo su preparación para la verdadera paz y el establecimiento del milenio venidero.

El Tiempo de los Gentiles

Sabemos que los "tiempos finales" comenzaron hace unos 2.600 años, cuando el primer imperio mundial fue fundado. El profeta Daniel aclaró este asunto: *"Tú, oh rey, eres rey de reyes; porque el Dios del cielo te ha dado reino, poder, fuerza y majestad"* (Daniel 2:37).

A través del rey de Babilonia, Nabucodonosor, Dios nos da una imagen de cuatro imperios diferentes, y el cuarto, que es el último, habría de resurgir. Como ya hemos mencionado previamente, estamos viendo este resurgimiento que se lleva a cabo, literalmente, en nuestros días.

Luego de que el profeta Daniel describió estos cuatro imperios, los cuales le fueron revelados a Nabucodonosor en un sueño, leemos en Daniel 2:44: *"Y en los días de estos reyes el Dios del cielo levantará un reino que no será jamás destruido, ni será el reino dejado a otro pueblo; desmenuzará y consumirá a todos estos reinos, pero él permanecerá para siempre."*

Veremos ahora como se arma toda esta figura: Dios está a punto de establecer su reino. Pero no puede establecerlo en forma paralela al que el mundo está construyendo, por tanto, los gobiernos, sus sistemas, y todas las entidades políticas del mundo entero deben ser quitadas.

Israel Debe Resurgir

Al mismo tiempo, era absolutamente necesario que Israel fuera establecida como una nación independiente en la tierra prometida a sus antecesores. El propósito del establecimiento de Israel se describe en el siguiente versículo: *"De la manera que viste que del monte fue cortada una piedra, no con mano, la cual desmenuzó el hierro, el bronce, el barro, la plata y el oro. El gran Dios ha mostrado al rey lo que ha de acontecer en lo por venir; y el sueño es verdadero, y fiel su interpretación"* (Daniel 2:45). Una cosa es clara: La piedra, la cual es la roca de salvación, el Señor Jesús, vino de Israel y debe regresar allí nuevamente, ya que él es precisamente la piedra que servirá como instrumento de juicio contra las naciones del mundo.

Es más, Israel nos es dado como ejemplo. En 1 Corintios leemos: *"Mas estas cosas sucedieron como ejemplo para nosotros"*. Así que, lo que sucedió en el pasado es con el propósito de que sea un ejemplo para que nosotros podamos ver y reconocer los tiempos en los que vivimos.

El plan eterno de la redención de Dios es traer la salvación personal al individuo, a través de un individuo, su Hijo unigénito, el Señor Jesucristo. El plan eterno de la salvación de Dios también es un llamado a la liberación de las naciones.

¿Liberación de qué? Liberación de la dictadura, de la monarquía, del nacionalismo, del comunismo, y sí, incluso de la democracia. Esto se logrará por medio de la nación de Israel.

Paz no Lograda
La promesa específica para Israel era la venida del Mesías. *"Y reinará sobre la casa de Jacob para siempre, y su reino no tendrá fin"* (Lucas 1:33). Pese a tener esta promesa, Israel aún no es salvo. El mundo todavía no tiene paz.

La promesa de la Escritura es bien clara: — *"en la tierra paz, buena voluntad para con los hombres!"* (Lucas 2:14). Y el versículo 10 dice: — *"he aquí os doy nuevas de gran gozo, que será para todo el pueblo."* Verdaderamente, tenemos que admitir que este tremendo mensaje celestial no se ha cumplido en la Tierra todavía. No hay "paz en la Tierra".

Tampoco hay "buena voluntad para con los hombres", o "gran gozo", por lo menos entre las naciones. Los hombres continúan luchando, discutiendo y debatiendo. Es por eso que sabemos que esta parte de la profecía tendrá un cumplimiento futuro.

Promesa Cumplida
Leamos la promesa que el Señor Jesús le da a sus discípulos y también a nosotros en Juan 14:27: *"La paz os dejo, mi paz os doy; yo no os la doy como el mundo la da. No se turbe vuestro corazón, ni tenga miedo."* Ahora en Juan 16:33 dice: *"Estas cosas os he hablado para*

que en mi tengáis paz. En el mundo tendréis aflicción; pero confiad, yo he vencido al mundo."

¡Alabado sea Dios! ¡Qué mensaje tan tremendo! El aspecto más importante con el que debemos estar preocupados es nuestra comunión personal con él. Todo lo demás es secundario.

Filipenses 4:7 tiene esta promesa: *"Y la paz de Dios, que sobrepasa todo entendimiento, guardará vuestros corazones y vuestros pensamientos en Cristo Jesús."* La paz personal está a disposición, pero no la paz nacional.

Paz Humana

Ahora que hemos visto el tipo de paz que Dios da, tal vez nos preguntemos: "¿Qué hay de malo con los intentos del hombre por conseguir la paz? ¿Va en contra de la voluntad de Dios para los hombres procurar la paz y vivir en comunión y armonía unos con otros? ¿No dice la Escritura *'Bienaventurados los pacificadores'*?" (Mateo 5:9). Si bien esto es verdad, la paz producida por el hombre no tiene relación con la paz que fue conseguida por Dios. La paz del hombre es temporal.

No es real, ya que el precio de la paz no ha sido pagado por el hombre. Dios es paz. El hombre pecó contra Dios, así que, el hombre ya no puede tener paz.

Por consiguiente, cualquier intento humano para reparar el daño fracasará. Bajo esta luz podemos entender con más claridad lo que dice Efesios 2:14: *"Porque él es nuestra paz, que de ambos pueblos hizo uno, derribando la pared intermedia de separación."*

La Democracia de la Torre de Babel

El primer intento de lograr la paz por medio de la democracia se registra en Génesis 11:4. No hubo ningún dictador presente. Tampoco leemos que hubiera un rey que ejerciera el poder. Los constructores de la Torre de Babel eran "las personas". Ellos estaban encargándose de sus asuntos: *"Y se dijeron unos a otros: Vamos, hagamos ladrillo y cozámoslo con fuego. Y les sirvió el ladrillo en lugar de piedra, y el asfalto en lugar de mezcla. Y dijeron: Vamos, edifiquémonos una ciudad y una torre, cuya cúspide llegue al cielo; y hagámonos un nombre, por si fuéremos esparcidos sobre la faz de toda la tierra"* (Génesis 11:3-4). ¡La democracia estaba en funcionamiento!

Sabemos que Dios confundió los idiomas de las personas que estaban edificando la Torre de Babel. ¿Por qué hizo eso? La razón es que ellos, en definitiva, querían unirse contra Dios.

Tenían unidad en su deseo de hacerse un nombre para sí mismos, no queriendo ser esparcidos sobre la faz de la Tierra. Con todo, Dios había instruido específicamente a las personas que debían esparcirse y — *"llenar la tierra".* Por tanto, actuaron en forma contraria a la voluntad de Dios.

Sin embargo, la motivación más importante para unificar la mente de los constructores de la Torre de Babel era religiosa. — " *edifiquémonos una ciudad y una torre, cuya cúspide llegue al cielo"* — (Génesis 11:4). Estas palabras — *"cuya cúspide llegue al cielo"* — son una clara indicación de que la religión era la clave para edificar la torre. Pero el hombre es incapaz de construir un camino al cielo. Dios ya ha logrado eso, pero en la dirección opuesta, no desde la Tierra hacia el cielo, sino desde el cielo a la Tierra.

Así que, Dios tuvo que impedir la edificación de la Torre de Babel. Confundió los idiomas de las personas y el negocio de la construcción se arruinó. Tuvieron que claudicar en su intento de finalizar la torre. Por otro lado, fueron obligados a cumplir el mandamiento de Dios de — *"llenar la tierra".*

El Llamado de un Hombre

¿Qué sucedió inmediatamente después del episodio en el que la democracia estuvo en acción en la torre de Babel? Dios llamó a Abraham. La Biblia habla de él como del — *"padre de todos los creyentes".* Dios le apartó de su familia y nación y le dio la promesa que luego pasaría a Isaac y luego a Jacob, quien fue llamado Israel.

Así vemos, desde el mismo comienzo, que Dios está en contra de la unidad mundial: no favorece la integración sino más bien la segregación. Dios segregó a Abraham del resto del mundo.

En una forma muy remarcable, la diminuta nación de Israel, la cual consistía en apenas setenta descendientes de Abraham, se mudó a Egipto donde prosperaron y se reprodujeron en gran forma.

Es bastante obvio, en la Biblia, que los israelitas sabían acerca de las bendiciones y promesas dadas por Dios a sus padres: Abraham, Isaac y Jacob.

Segregación, no Integración
Es muy notorio también el hecho de que Israel no se integró a los egipcios mientras aún era libre. No hubo ningún intento de unirse a este pueblo.

Pero cuando llegó al poder un nuevo Faraón, que desconocía a José, se aseguró de que los israelitas fueran separados de Egipto, obligándoles a ser esclavos. Aquí reconocemos una vez más el plan maestro de Dios para Israel: No integrarlo, sino segregarlo.

Israel experimentó un largo período de opresión. Durante ese tiempo, no vemos evidencia de hechos divinos del Dios de Israel entre su pueblo hasta el surgimiento de Moisés. Pese a eso, Dios tenía todas las cosas bajo control.

Cuatrocientos años después de la promesa a Abraham, Dios le ordenó a Faraón a través de su siervo Moisés: — *"Deja ir a mi pueblo"*. La Biblia registra en detalle los milagros que Dios realizó, a través de la mano de Moisés, en presencia de Faraón para hacer que dejara ir a Israel. Vinieron diez plagas terribles sobre la tierra. Con la cuarta, Dios comenzó a actuar en forma decisiva para mostrar la segregación: — *"Y aquel día yo apartaré la tierra de Gosén, en la cual habita mi pueblo, para que ninguna clase de moscas haya en ella, a fin de que sepas que yo soy Jehová en medio de la tierra. Y yo pondré redención entre mi pueblo y el tuyo. Mañana será esta señal"* (Exodo 8:22–23).

Separación Por Medio de la Sangre
Finalmente, cuando la décima y última plaga fue ejecutada sobre Egipto, la distinción entre Israel y aquel país se hizo aún más

evidente: — *"y morirá todo primogénito en tierra de Egipto, desde el primogénito de Faraón que se sienta en su trono, hasta el primogénito de la sierva que está tras el molino, y todo primogénito de las bestias. Y habrá gran clamor por toda la tierra de Egipto, cual nunca hubo, ni jamás habrá. Pero contra todos los hijos de Israel, desde el hombre hasta la bestia, ni un perro moverá su lengua, para que sepáis que Jehová hace diferencia entre los egipcios y los israelitas"* (Exodo 11:5-7). Esto, sin duda alguna, acentuó la intención de Dios para la humanidad: No una democracia, sino una teocracia; no a la unidad, y sí a la separación.

Las Pruebas de Dios no Crean la Fe
Difícilmente podríamos imaginarnos los poderosos milagros de Dios que Israel experimentó por medio de la mano de Moisés. Egipto fue juzgado e Israel salvo. Los israelitas cruzaron el mar Rojo en tierra seca. Se les dio de comer codornices y maná celestial en el desierto. Bebieron agua de la roca en el monte Horeb. Luego derrotaron a su enemigo, el poderoso Amalec y escucharon, en forma milagrosa, la voz audible de Dios en el monte Sinaí.

Sin sombra de duda, Dios le demostró repetidamente a Israel que él es el único Todopoderoso. Con todo, Israel continuó siendo rebelde y descreído frente a la Palabra de Dios.

Tal vez usted es una de esas personas que suelen decir: "Si tan sólo pudiera ver los poderosos milagros que Dios hizo en aquel tiempo, entonces creería." No, usted no creería. Incluso, Israel no creyó. Si usted viera todos esos milagros, tan sólo fortalecería su sangre y carne, pero en el espíritu permanecería vacío y seco. Usted tiene la Palabra escrita, la Biblia. La misma, es la acción de Dios. Puede verla, experimentarla y probarla usted mismo.

Este libro, que está al alcance de sus manos desde el Génesis hasta el Apocalipsis, es el pleno consejo de Dios. No necesita ninguna revelación adicional o algún milagro para confirmar el amor de Dios. La Biblia dice: *"Es, pues, la fe la certeza de lo que se espera, la convicción de lo que no se ve"* (Hebreos 11:1). La misma Biblia dice también: — *"porque es necesario que el que se acerca a Dios crea que le hay"* — (Hebreos 11:6). Así que, no hay respaldo como para que busquemos milagros o eventos sobrenaturales para reafirmar nuestra fe, ya que — *"la fe es por el oír — la Palabra de Dios"* (Romanos 10:17).

Dios se lamentó de aquellos que habían visto sus poderosos milagros y persistieron en su incredulidad, rehusando también ser obedientes a su Palabra, ya que dice que *"todos los que vieron mi gloria y mis señales que he hecho en Egipto y en el desierto, y me han tentado ya diez veces, y no han oído mi voz"* (Números 14:22).

Milagros Seductores
Hoy en día, la gente busca milagros. Es por eso que en los tiempos finales habrá mucho engaño. Muchos movimientos proclaman que ellos son los receptores de visiones y profecías especiales. Pero yo digo que los mismos son, a menudo, demoníacos y que se camuflan con una terminología cristiana.

Mateo capítulo 7 registra el asombroso hecho de que había un grupo de personas que expulsaban demonios y hacían grandes maravillas en el nombre del Señor, con todo, él dijo: — *"no sé de dónde sois — hacedores de maldad"* (Lucas 13:27).

Creo que no puedo remarcar lo suficiente el hecho de que debemos creen en el Señor Jesucristo en forma acorde a la Escritura: *"El que cree en mí, como dice la Escritura, de su interior correrán ríos de agua viva"* (Juan 7:38).

Yo no critico ni rechazo los milagros, sino que sencillamente estoy advirtiendo que en los tiempos finales, especialmente antes de que aparezca el Anticristo, la profecía bíblica dice que habrán señales poderosas y milagros, los cuales no serán realizados por el Espíritu Santo y que confundirán y engañarán a la humanidad.

La Escritura nos exhorta a que creamos por fe más que por vista: *"A quien amáis sin haberle visto, en quien creyendo, aunque ahora no lo veáis, os alegráis con gozo inefable y glorioso"* (1 Pedro 1:8).

Sólo Moisés Creyó

Pese a que el pueblo de Israel experimentó los tremendos hechos de Dios, nunca creyeron en forma consistente. Años después David pronunció esta asombrosa declaración: *"Sus caminos notificó a Moisés, y a los hijos de Israel sus obras"* (Salmo 103:7). Luego el Salmo 106:7 vuelve a confirmarlo: *"Nuestros padres en Egipto no entendieron tus maravillas; no se acordaron de la muchedumbre de tus misericordias, Sino que se rebelaron junto al mar, el Mar Rojo."* Todos los milagros que Israel experimentó no fortalecieron su fe en Dios, sino que más bien esto los llevó por el camino de la rebelión. En consecuencia, se le prohibió a los incrédulos que entraran a la tierra prometida.

Por un lado los padres perecieron en el desierto, pero también sus hijos, quienes entraron en la tierra prometida, retrocedieron: *"Entonces todos los ancianos de Israel se juntaron, y vinieron a Ramá para ver a Samuel, y le dijeron: He aquí tú has envejecido, y tus hijos no andan en tus caminos; por tanto, constitúyenos ahora un rey que nos juzgue, como tienen todas las naciones"* (1 Samuel 8:4–5). Notemos, por favor, que todos los ancianos se reunieron. Aparentemente lograron una perfecta mayoría. ¡Cualquier político en el mundo desearía tener tal apoyo en nuestros días!

"Nosotros, el Pueblo"

Así comienza la constitución estadounidense. Nota del traductor)

En 1 Samuel 8, tenemos el registro de la desvergonzada rebelión contra el Dios vivo: *"Entonces todos los ancianos de Israel se juntaron"*. Es como si hubieran dicho: "Nosotros, el pueblo, queremos elegir nuestro propio rey." Fue así que vinieron con una petición muy sencilla. *"Constitúyenos ahora un rey que nos juzgue, como tienen todas las naciones"*. No quisieron estar separados de los paganos, sino que desearon ser *como* ellos.

Cuando leemos este episodio en 1 Samuel, nos damos cuenta que Dios no se opuso a su proceso democrático. De hecho, él estuvo de acuerdo y le dio el siguiente mandamiento a Samuel: — *"Oye la voz del pueblo en todo lo que te digan; porque no te han desechado a ti, sino a mí me han desechado, para que no reine sobre ellos"* (1 Samuel 8:7). Dios sabía a qué iba a conducir todo esto. El sabía que Israel quería andar por su propio camino.

Israel Procura una Democracia Gentil
En los tiempos de Moisés, Dios reunió a su pueblo, Israel: *"Y Moisés sacó del campamento al pueblo para recibir a Dios; y se detuvieron al pie del monte"* (Exodo 19:17). Ellos tenían que salir del campamento y reunirse en un cierto lugar, con el objetivo de escuchar la voz de Dios. Fue así que la escucharon, pero no la creyeron.

Para resumir, Israel rechazó continuamente el gobierno de Dios. Pese a que habían experimentado una gran cantidad de milagros, aún decían "¡No!" al supremo gobierno de Dios. Esa fue una verdadera tragedia.

Pero, incluso, después que Israel sufrió bajo el gobierno de una ocupación extranjera, rechazaron la teocracia. En Juan 19:15, leemos estas dolorosas pero significativas palabras: — *"No tenemos más rey que César."* Era la democracia en acción una vez más. Una multitud de personas se había levantado contra el Señor Jesucristo. A través de esta acción, Israel dijo "Sí" a la última dictadura mundial, el imperio romano y, por lo tanto, al resurgimiento del imperio romano en nuestros días, la Unión Europea.

Cuando leemos acerca de la crucifixión del Jesús, también vemos que el principio "la mayoría manda" — el principio fundamental de la democracia — estaba en funcionamiento en aquel tiempo. El político romano Pilato confesó: — *"Ningún delito hallo en este hombre."* Ni siquiera el cruel rey Herodes acusó a Jesús de algún delito. Luego que Jesús regresó de la presencia de Herodes, Pilato declaró lo siguiente, — *"habiéndole interrogado yo delante de vosotros, no he hallado en este hombre delito alguno de aquellos de que le acusáis. Y ni aun Herodes, porque os remití a él; y he aquí, nada digno de muerte ha hecho este hombre"* (Lucas 23:14–15). Sin embargo, estos dos poderosos políticos estaban dominados por la democracia.

Así que, podemos ver que pese a que el gobierno de la mayoría sea preferible, eso no garantiza la ejecución de la justicia.

Israel Quiere Integración

El intento de Israel de ser como los gentiles continúa hasta nuestros días. Sabemos, por la Escritura, que su deseo será finalmente cumplido en el momento en que Israel sea integrado a la Unión Europea — el último imperio mundial romano.

Debemos tener presente, al analizar la historia y el futuro de Israel, que Jesús profetizó: — *"si otro viniere en su propio nombre, a ése recibiréis"* (Juan 5:43).

Lo siguiente es una síntesis de la revista *Llamada de Medianoche* de mayo de 1995 (inglés), página 24:

> **Israel: Un Paso Más Cerca de la Unión Europea**
>
> Parecería que Israel está más cerca de asociarse a la Unión Europea, luego de que Francia anunció que apoyaría la apertura de los proyectos y desarrollos de las firmas israelíes en los mismos términos en que se hace con las compañías europeas.
>
> Israel está procurando progresar en su acuerdo económico y de comercio de 1975 con el cuerpo europeo, al pedir que se le dé el mismo nivel de asociación que a Suiza e Islandia, lo cual implica los mismos beneficios económicos que cualquier miembro de la U.E., pero sin el derecho al voto. La U.E. ha adoptado una actitud más amistosa para con Israel desde que se firmó la Declaración de Principios, particularmente en las áreas de investigación y desarrollo y de importaciones agrícolas.
>
> El Ministro del Exterior israelí, Shimon Peres, en una reunión que mantuvo en Bonn con oficiales alemanes, dijo que Israel abriría su mercado para los productos agrícolas palestinos sólo en el caso que fuera compensada de alguna forma.
>
> De acuerdo con la Agencia Telegráfica Judía, Israel tiene generalmente un déficit comercial de 5.000 millones con la U.E., su principal compañero de negocios.[41]

La Falsa Paz Venidera

La población de Israel está compuesta, principalmente, por judíos de todo el mundo. Su capacidad intelectual como nación es insuperable. Pero por el bien de la paz y la prosperidad, Israel se está arriesgando mucho, al adaptarse a sus antiguos enemigos en un proceso de paz que se lleva a cabo por medio de papeles. Paz es la palabra clave.

Si la paz se pudiera lograr por medio de estos procesos de negociación, entonces Israel estaría más próximo a recibir al Anticristo, el cual creemos que será un judío con una tremenda capacidad de unir las diferentes posiciones, especialmente la judía y la árabe.

Particularmente, los árabes odian al pueblo de Israel. ¿Por qué? Porque fue Israel quien recibió la promesa de Dios y no los árabes. Los judíos son los escogidos de Dios con un propósito específico. El Señor Jesús dijo: — *"la salvación viene de los judíos"* (Juan 4:22).

Un Anticipo del Anticristo

Analicemos ahora la persona del Anticristo. Durante los años 30 y los 40, Alemania experimentó el gobierno de lo que yo creo fue un anticipo del Anticristo. Cuando Hitler estuvo en el poder, los primeros seis años mostraron un éxito asombroso.

Alemania salió de la desesperación, de una profunda depresión y opresión, para pararse sobre sus pies y liberar un tremendo poder industrial. Utilizó, en su plenitud, el asombroso potencial de intelectuales bien educados, hombres de negocios y artesanos.

Casi en forma natural se eliminó toda oposición a través del proceso democrático, el cual trajo paz, prosperidad y éxito. El comienzo de su caída sólo se hizo visible a la mitad de los doce años de gobierno de Hitler.

El Exito del Anticristo

No espere que el Anticristo sea un hombre malvado, al cual le chorree sangre de la boca y que aparezca en el escenario mundial para fomentar la destrucción y el caos. Más bien, será gentil, amable, y tendrá una personalidad compasiva. Dedicará su esfuerzo a la verdadera democracia y estará determinado a traer paz y prosperidad a todo el mundo.

Puedo imaginármelo como alguien que respaldará la oración y la lectura de la Biblia en las escuelas, también apoyará los argumentos de los conservadores, y con una habilidad única apaciguará a los liberales también. Será el todo para todos los pueblos. Finalmente, el mundo tendrá un líder capaz de encargarse de todas las situaciones y, lo más importante, prosperará. Su política funcionará y no será una mera promesa vacía como la que se acostumbra ver por parte de los políticos de nuestros días. ¡El logrará grandes cosas!

Sin embargo, el trabajo del Anticristo es el trabajo de las tinieblas, y el trabajo del Señor es el trabajo de la luz. El destruirá al Anticristo, al maligno, con el resplandor de su venida: — *"a quien el Señor matará con el espíritu de su boca, y destruirá con el resplandor de su venida"* (2 Tesalonicenses 2:8). Pero hasta la mitad de la Gran Tribulación, todos los esfuerzos del Anticristo parecerán ser exitosos.

En la Ruta Romana

Uno de los primeros pasos hacia la paz para Israel debe ser tomado en dirección a Roma. El día en que Israel sea aceptado en la Unión Europea, la paz estará prácticamente asegurada. La agencia de noticias Reuters informó lo siguiente el 29 de diciembre de 1993:

> En un paso remarcable, luego de 2.000 años de relaciones tirantes entre los judíos y los cristianos, el Vaticano y los negociantes israelíes aprobaron un documento en el cual se reconocieron formalmente el uno al otro. Al documento, el cual es el paso más importante en las relaciones entre Israel y el Vaticano desde que se fundó el Estado judío en 1948, se le dio la aprobación final por medio de delegaciones que trabajaron en el acuerdo durante 17 meses.
>
> El vocero del Vaticano, Joaquín Navarro-Valls expresó que el acuerdo puede hacer las cosas más fáciles para que el Vaticano juegue un papel más activo en la construcción de la paz para el Medio

Oriente. En el preámbulo, el Vaticano e Israel están de acuerdo en el carácter singular y el significado universal de la Tierra Santa.

Pero en un importante artículo, el Vaticano declara que mientras la iglesia católica se reserve el derecho de hablar sobre asuntos morales, está de acuerdo en no involucrarse directamente en los conflictos.

El acuerdo dice que este principio se aplica específicamente a los "territorios en disputa y las fronteras no establecidas".

En el mismo artículo, ambas partes se comprometen a apoyar resoluciones pacíficas para los conflictos locales o mundiales y a condenar el terrorismo.

En otro artículo, ambas partes acuerdan combatir el antisemitismo, el racismo y la intolerancia religiosa. El Vaticano declara que deplora los ataques a los judíos, la profanación de sinagogas y cementerios y los actos que ofenden la memoria de las víctimas del holocausto. Ambas partes concuerdan en proteger la libertad de adoración y respetar cada uno de sus lugares sagrados.

Israel reconoce el derecho de la iglesia católica de tener sus propias escuelas, sus medios de comunicación y sus agencias de beneficio social, dentro del estado judío.[42]

El Poder del Dinero

El asombroso éxito del nuevo sistema mundial, demostrado únicamente a través de la Unión Europea, específicamente por medio de Alemania, salió a luz cuando Alemania Occidental, con el poder del dinero, atravesó la frontera hacia Alemania Oriental y, literalmente, compró el país con dinero en efectivo. En ese momento, muchos predijeron oscuridad y desastres, desempleo y un posible colapso de la economía alemana con una inflación que se elevaría a pasos agigantados.

Pese a que el desempleo alcanzó proporciones amenazadoras, el marco alemán se mantuvo fuerte. La inflación está bajo control ahora y la economía es saludable. Estos eventos, los cuales están tomando forma hoy en día, no tienen precedentes. No tenemos nada a qué compararlos en la historia. El dinero, el mercadeo y el monopolio se ha hecho una fuerza tan poderosa que el mundo ya no puede resistirlo.

Israel Será Engañado

Israel no puede existir sin ser parte del último imperio mundial. Debe unirse a este poderoso sistema social y democrático que se basa en el dinero. Finalmente, experimentará paz y prosperidad. ¿Hasta cuándo? Leemos la respuesta en Daniel 11:36–39: *"Y el rey hará su voluntad, y se ensoberbecerá, y se engrandecerá sobre todo dios; y contra el Dios de los dioses hablará maravillas, y prosperará, hasta que sea consumada la ira; porque lo determinado se cumplirá. Del Dios de sus padres no hará caso, ni del amor de las mujeres; ni respetará a dios alguno, porque sobre todo se engrandecerá. Mas honrará en su lugar al dios de las fortalezas, dios que sus padres no conocieron; lo honrará con oro y plata, con piedras preciosas y con cosas de gran precio. Con un dios ajeno se hará de las fortalezas más inexpugnables, y colmará de honores a los que le reconozcan, y por precio repartirá la tierra."*

Esa es la obra del Anticristo. El vendrá con poder, por medio del engaño y la democracia.

El Tiempo de la Angustia de Jacob

Finalmente, Israel entenderá lo que sucede. Su despertar ha de llegar en el momento en que vea al Anticristo sentándose en el templo, declarándose a sí mismo como un ser divino: *"El cual se opone y se levanta contra todo lo que se llama Dios o es objeto de culto; tanto que se sienta en el templo de Dios como Dios, haciéndose pasar por Dios"* (2 Tesalonicenses 2:4).

En ese momento, Dios comenzará a actuar a favor de su pueblo. Israel se dará cuenta repentinamente de que no tiene ninguna esperanza y que está perdido. Entonces Dios iniciará su salvación: *"En aquel tiempo se levantará Miguel, el gran príncipe que está de parte de los hijos de tu pueblo; y será tiempo de angustia, cual nunca fue desde que hubo gente hasta entonces; pero en aquel tiempo será libertado tu pueblo, todos los que se hallen escritos en el libro"* (Daniel 12:1).

Ese es el comienzo de la salvación nacional para Israel. Por primera vez en la historia, una nación entera será salva en forma colectiva. Finalmente, Israel habrá aprendido que no puede salvarse a sí misma. La salvación debe venir de una autoridad superior, la cual no es la democracia, sino la teocracia; no por medio de hombres, sino de Dios. Esta salvación alcanzará a Israel en su plenitud.

Una Palabra de Invitación

Mientras tanto, Dios está aún proclamando este mensaje a través de sus siervos. El dice: "¡Vengan a Jesús y sean salvos!" Usted debe aceptar al Señor Jesús y su preciosa sangre para recibir el perdón de sus pecados. Ninguna otra cosa podrá ayudarle.

Al ver que estas cosas están sucediendo — la formación de un sistema mundial, la resurrección del imperio romano a través de la Unión Europea, y la reunión de las naciones en contra de un pequeño país, Israel — sabemos que estamos viviendo en los tiempos finales.

La nueva era ya ha comenzado. Es la era que engañará al mundo entero con paz, prosperidad y *democracia*.

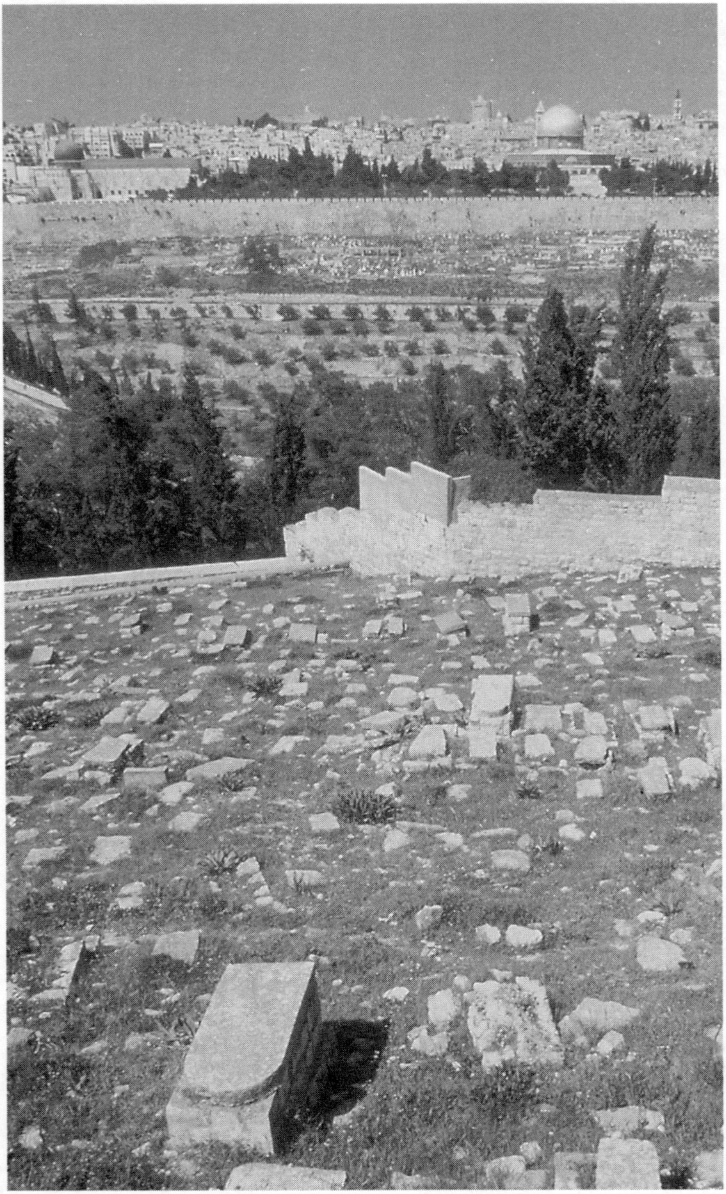

CAPITULO 19

La Gran Tribulación y el Día del Señor

Resumen

Dos tercios de la población mundial morirá durante la Gran Tribulación. Ninguna persona podrá existir sin la marca de la bestia. Una nueva y sorprendente interpretación de la profecía de los tiempos finales explica los eventos en detalle.

¿Quién Escapará de la Gran Tribulación?
El Señor Jesús describe la Gran Tribulación con las siguientes palabras: *"Porque habrá entonces gran tribulación, cual no la ha habido desde el principio del mundo hasta ahora, ni la habrá"* (Mateo 24:21).

Me gustaría enfatizar que ésta no es la misma tribulación que el mundo ha experimentado desde que el hombre cayó en pecado. Millones y millones de personas experimentan algún tipo de tribulación y, en algunos casos, lo hacen a diario. Pero aquí estamos hablando de una catástrofe incomparable y una destrucción que el mundo no ha visto antes.

¿Cómo podemos saber que esta Gran Tribulación no es algo que sucedió en el pasado, o como algunos sugieren, algo que ya estamos comenzando a experimentar? Déjeme enumerarle seis importantes puntos que demuestran que no estamos en el tiempo de la Gran Tribulación:

- El mundo aún no está unido
- La humanidad tiene diversidad de religiones y no hay evidencia de que Apocalipsis 13:8 se esté cumpliendo en nuestro días: — *"Y la adoraron todos los moradores de la tierra."*
- No hay templo en Jerusalén en el cual en Anticristo pueda cometer — *"la abominación desoladora."*
- Nuestros líderes aún no tienen *"un mismo propósito"* (Apocalipsis 17:3).
- El Señor no ha reunido a las naciones del mundo para la batalla de Armagedón.
- La Iglesia de Jesucristo aún está presente en la Tierra.

La Gran Tribulación A Través de la Profecía
A lo largo del Antiguo Testamento, encontramos profecías que indican el advenimiento de un día terrible sobre la Tierra. El mismo es llamado — *"el día del Señor."* Leamos algunas de estas Escrituras: *"Aullad, porque cerca está el día de Jehová; vendrá como asolamiento del Todopoderoso"* (Isaías 13:6).

Ardor de Ira
"He aquí el día de Jehová viene, terrible, y de indignación y ardor de ira, para convertir la tierra en soledad, y raer de ella a sus pecadores" (Isaías 13:9).

Venganza
"Mas ese día será para Jehová Dios de los ejércitos día de retribución, para vengarse de sus enemigos; y la espada devorará y se saciará, y se embriagará de la sangre de ellos; porque sacrificio será para Jehová Dios de los ejércitos, en tierra del norte junto al río Eufrates" (Jeremías 46:10).

Destrucción
"¡Ay del día! porque cercano está el día de Jehová, y vendrá como destrucción por el Todopoderoso" (Joel 1:15).

La Voz
"Cercano está el día grande de Jehová, cercano y muy próximo; es amarga la voz del día de Jehová; gritará allí el valiente" (Sofonías 1:14).

Al leer estos pasajes, nos da la sensación de que este terrible "día del Señor" no es una catástrofe natural, o una guerra (por más que fuera una guerra mundial). Tampoco es una forma de castigo sobre la gente de la Tierra. Sino que esta Gran Tribulación, "el día del Señor", es un juicio para destruir. Permítame explicarle.

Salvación Versus Destrucción
Cada uno de nosotros, quienes somos hijos de Dios, experimentamos en repetidas oportunidades la disciplina que viene de su mano, no para destrucción sino para salvación. Hebreos 12 explica el propósito de esta disciplina: *"y habéis ya olvidado la exhortación que como a hijos se os dirige, diciendo: Hijo mío, no menosprecies la disciplina del Señor, Ni desmayes cuando eres reprendido por él; porque el Señor al que ama, disciplina, Y azota a todo el que recibe*

por hijo. Si soportáis la disciplina, Dios os trata como a hijos; porque ¿qué hijo es aquel a quien el padre no disciplina?" (Hebreos 12:5-7).

Las Escrituras que citamos del Antiguo Testamento, las cuales hablan al respecto del día del Señor, no tratan del amor de Dios, sino más bien de la "destrucción", el "ardor de ira", y la "venganza". Es bastante notorio que la gracia está ausente en este "día del Señor". Eso no es debido a que Dios se deleita en este juicio destructivo sobre la gente, sino que es la esperada ejecución de su justicia sobre la injusticia humana.

Debemos recordar que — *"de tal manera amó Dios al mundo, que ha dado a su Hijo unigénito, para que todo aquel que en él cree, no se pierda, mas tenga vida eterna"* (Juan 3:16). Pacientemente, él ha ofrecido esta dádiva por casi 2.000 años. Pero durante estos dos milenios, las naciones del mundo han rechazado colectivamente la única vía de escape de la Gran Tribulación que vendrá sobre la Tierra.

La Ira del Cordero

Los hombres no sólo rehusaron el ofrecimiento de salvación por parte de Dios, sino que cuando su ira venga sobre la Tierra, veremos una reacción rebelde por parte de la gente: *"Y los reyes de la tierra, y los grandes, los ricos, los capitanes, los poderosos, y todo siervo y todo libre, se escondieron en las cuevas y entre las peñas de los montes; y decían a los montes y a las peñas: Caed sobre nosotros, y escondednos del rostro de aquel que está sentado sobre el trono, y de la ira del Cordero"* (Apocalipsis 6:15-16).

Es interesante ver que la gente comenzará a orar, pero no a Jesús, sino a las rocas y a las montañas para que les escondan de la — *"ira del cordero."*

La sangre del Cordero de Dios ya no tendrá eficacia sobre estas personas. El tiempo de la gracia habrá pasado. ¡Aquella persona que podría haber sido la salvación para cada individuo sobre la Tierra se convierte ahora en su juez!

Esto es algo bastante raro, ya que un cordero es un animal manso, humilde y no agresivo. Siempre sigue pacientemente las pisadas del pastor. Pero ahora vemos la otra cara del Cordero de Dios.

Las personas que en vano intentan escapar no verán al León de la tribu de Judá, sino que más bien verán la ira del Cordero. Esto es sumamente importante. Aquellos que rechazaron la oferta gratuita de la salvación serán confrontados por el salvador, el Cordero de Dios, el cual podría haberles salvado. Pero en ese entonces será demasiado tarde.

Rechazo del Arrepentimiento

Más adelante, en el libro de Apocalipsis, leemos que el arrepentimiento brillará por su ausencia: *"Y los otros hombres que no fueron muertos con estas plagas, ni aun así se arrepintieron de las obras de sus manos, ni dejaron de adorar a los demonios, y a las imágenes de oro, de plata, de bronce, de piedra y de madera, las cuales no pueden ver, ni oir, ni andar; y no se arrepintieron de sus homicidios, ni de sus hechicerías, ni de su fornicación, ni de sus hurtos"* (Apocalipsis 9:20-21). La humanidad estará tan ensimismada en la fabricación de sus propios dioses que será prácticamente imposible que crean en alguna otra cosa. Aquí veremos el cumplimiento de 2 Tesalonicenses 2:11: *"Por esto Dios les envía un poder engañoso, para que crean la mentira."*

Los Ultimos Injuriadores

Como si fuera poco que estos hombres traten de esconderse de la presencia de la ira del Cordero y rehusen arrepentirse, todavía han de blasfemar a Dios, quien tiene poder sobre el castigo destructor. En Apocalipsis 16 leemos: *"Y los hombres se quemaron con el gran calor, y blasfemaron el nombre de Dios, que tiene poder sobre estas plagas, y no se arrepintieron para darle gloria. El quinto ángel derramó su copa sobre el trono de la bestia; y su reino se cubrió de tinieblas, y mordían de dolor sus lenguas, y blasfemaron contra el Dios del cielo por sus dolores y por sus úlceras, y no se arrepintieron de sus obras"* (versículos 9-11).

El Propósito de La Gran Tribulación

Ya hemos determinado que la Gran Tribulación es la aplicación del juicio destructor de Dios sobre la humanidad rebelde. La misma ha de ser el clímax de la confrontación entre la luz y la oscuridad, la verdad y la mentira, la vida y la muerte, la salvación y la destrucción. El propósito de la Gran Tribulación, por lo tanto, es la destrucción del sistema mundial democrático de los gentiles. Pero también hay otra razón fundamental para la Gran Tribulación: La salvación del pueblo de Dios, Israel.

Los profetas Ezequiel y Abdías enfatizaron que el día del Señor está dirigido exclusivamente a los paganos: *"Porque cerca está el día, cerca está el día de Jehová; día de nublado, día de castigo de las naciones será"* (Ezequiel 30:3).

"Porque cercano está el día de Jehová sobre todas las naciones; como tú hiciste se hará contigo; tu recompensa volverá sobre tu cabeza" (Abdías 1:15).

¿Por qué no se dirigirá este juicio destructivo, en forma directa, sobre el pueblo de Israel? Porque sólo los judíos han sido enceguecidos por Dios y se hicieron enemigos del evangelio por el bien de los gentiles. Romanos 11:28 dice: *"Así que en cuanto al evangelio, son enemigos por causa de vosotros; pero en cuanto a la elección, son amados por causa de los padres."*

Los Gentiles Confortan a Israel

Pese a que los judíos son — *"enemigos del evangelio"*, debemos recodar que fue *por nuestra* causa. Por lo tanto, debemos considerar la exhortación que se le hace a los gentiles en el Antiguo Testamento en relación a Israel: *"Consolaos, consolaos, pueblo mío, dice vuestro Dios. Hablad al corazón de Jerusalén; decidle a voces que su tiempo es ya cumplido, que su pecado es perdonado; que doble ha recibido de la mano de Jehová por todos sus pecados"* (Isaías 40:1–2). Dios está exhortando a los gentiles a confortar a Jerusalén, a hablarle palabras alentadoras a su pueblo, el cual ha recibido una doble porción de castigo por sus pecados.

Se Profetizó Una Doble Porción de Castigo

Obviamente esto no sucedió durante el tiempo de la cautividad en Babilonia. En Esdras 9:13 leemos la confesión del pueblo: *"Mas después de todo lo que nos ha sobrevenido a causa de nuestras malas obras, y a causa de nuestro gran pecado, ya que tú, Dios nuestro, no nos has castigado de acuerdo con nuestras iniquidades, y nos diste un remanente como este."* En aquel momento, los judíos no recibieron una doble porción de castigo, sino menos de lo que merecían. ¡Esa fue su propia confesión!

Los profetas Isaías y Jeremías predijeron una doble porción de castigo: *"En lugar de vuestra doble confusión y de vuestra deshonra, os alabarán en sus heredades; por lo cual en sus tierras poseerán doble honra, y tendrán perpetuo gozo"* (Isaías 61:7). *"Pero primero pagaré al doble su iniquidad y su pecado; porque contaminaron mi tierra con los cadáveres de sus ídolos, y de sus abominaciones llenaron mi heredad"* (Jeremías 16:18).

Por lo tanto, necesariamente, llegamos a la conclusión de que entre el regreso de la cautividad en Babilonia y su retorno final a la tierra de Israel, durante el siglo XX, los judíos han recibido una doble porción de castigo por sus pecados.

14 Millones de Judíos Asesinados

Piense en el año 70 D.C., cuando el templo fue destruido y una gran multitud de judíos fue asesinada por los romanos. ¿Qué diremos al respecto de la infame inquisición española y las repetidas matanzas de judíos en toda Europa durante la Edad Media, especialmente durante las cruzadas papales. Finalmente, consideremos el holocausto, durante el cual murieron más de seis millones de judíos en forma violenta bajo el gobierno de la Alemania nazi.

Los Historiadores Judíos Dicen que Más de 14 Millones de Judíos Fueron Asesinados Desde el Año 70 D.C.

Es hace surgir la pregunta: "¿Será que las naciones gentiles confortaron a los judíos y a Jerusalén como Dios les mandó?" ¡De ninguna manera! De hecho, el mundo nunca ha estado tan unido como lo está hoy en día en su oposición a Israel y a la tierra que Dios les ha dado.

Los Gentiles se Reparten la Tierra Santa

Esta es otra razón, según escribe el profeta Joel, para la destructiva tribulación que vendrá sobre las naciones gentiles: *"reuniré a todas las naciones, y las haré descender al valle de Josafat, y allí entraré en juicio con ellas a causa de mi pueblo, y de Israel mi heredad, a quien ellas esparcieron entre las naciones, y repartieron mi tierra"* (Joel 3:2). ¡Qué interesante es el hecho que dice "todas las naciones"! Ellos en realidad repartieron la tierra que Dios llama "mi tierra".

Vemos que en Isaías 60:2 también hace esta distinción entre los dos tipos de juicio que habrá durante la Gran Tribulación: *"Porque he aquí que tinieblas cubrirán la tierra, y oscuridad las naciones; mas sobre ti amanecerá Jehová, y sobre ti será vista su gloria."*

Jerusalén, la Piedra de Tropiezo

Como si esto fuera poco, las naciones no sólo estarán ocupadas con la tierra de Israel, sino también con la ciudad de Dios, la ciudad de Jerusalén. Aquí tenemos lo que el profeta Zacarías nos dice al respecto: *"He aquí yo pongo a Jerusalén por copa que hará temblar a todos los pueblos de alrededor contra Judá, en el sitio contra Jerusalén. Y en aquel día yo pondré a Jerusalén por piedra pesada a todos los pueblos; todos los que se la cargaren serán despedazados, bien que todas las naciones de la tierra se juntarán contra ella"* (Zacarías 12:2–3).

Con esto tenemos otra luz sobre la exhortación que se da en Isaías 40:1–2. Las naciones gentiles hacen exactamente lo contrario al mandamiento de Dios de confortar a los judíos y a Jerusalén.

La Esperanza de Israel en el Tiempo de Destrucción

Cuando llegue el tiempo más grandioso (y terrible a la vez) sobre la Tierra, y especialmente sobre Israel, experimentarán una tribulación que no tiene precedentes, pero en el momento de mayor devastación, cuando no haya más esperanza, cuando parezca que todo está perdido, repentinamente y en forma inesperada, se cumplirá la esperanza de Israel: *"Y en aquel día yo procuraré destruir a todas las naciones que vinieren contra Jerusalén. Y derramaré sobre la casa de David, y sobre los moradores de Jerusalén, espíritu de gracia y de oración; y mirarán a mí, a quien traspasaron, y llorarán como se llora por hijo unigénito, afligiéndose por él como quien se aflige por el primogénito"* (Zacarías 12:9-10).

De esta manera, hemos identificado al primer grupo de gente que escapará al juicio destructivo de la Gran Tribulación: Israel.

Dos Tercios de la Población Mundial Morirá

La Iglesia, la cual es el elemento que impide la Gran Tribulación, ha de escapar también, de acuerdo a 1 Tesalonicenses 5:9: *"Porque no nos ha puesto Dios para ira, sino para alcanzar salvación por medio de nuestro Señor Jesucristo."*

La población mundial ha de ser reducida a un tercio en forma drástica. Del remanente de los gentiles que hayan sobrevivido a las catástrofes apocalípticas, muchos entrarán al Reino de Paz de mil años.

Debemos observar algo con claridad. El milenio no será implementado para todas las naciones en el momento en que la Gran Tribulación llegue al fin, sino que requerirá de un proceso. Sin embargo, el fin de la Gran Tribulación estará dado por la aparición física del Señor Jesucristo en el Monte de los Olivos, de allí en más él estará a cargo.

Luego, el remanente de las naciones será catalogado y juzgado de acuerdo a sus obras. Pero esto no tendrá ninguna relación con respecto a la salvación eterna, ya que se estará tratando con las cosas terrenales. El gobierno de nuestro Señor será ejercido desde la ciudad de Jerusalén en Israel.

Egipto Será Juzgado

Egipto es un ejemplo de estas cosas. El juicio profético de Ezequiel 29 aún no se ha cumplido: *"Por tanto, así ha dicho Jehová el Señor: He aquí que yo traigo contra ti espada, y cortaré de ti hombres y bestias. Y la tierra de Egipto será asolada y desierta, y sabrán que yo soy Jehová; por cuanto dijo: El Nilo es mío, y yo lo hice. Por tanto, he aquí yo estoy contra ti, y contra tus ríos; y pondré la tierra de Egipto en desolación, en la soledad del desierto, desde Migdol hasta Sevene, hasta el límite de Etiopía. No pasará por ella pie de hombre, ni pie de animal pasará por ella, ni será habitada, por cuarenta años. Y pondré a la tierra de Egipto en soledad entre las tierras asoladas, y sus ciudades entre las ciudades destruidas estarán desoladas por cuarenta años; y esparciré a Egipto entre las naciones, y lo dispersaré por las tierras. Porque así ha dicho Jehová el Señor: Al fin de cuarenta años recogeré a Egipto de entre los pueblos entre los cuales fueren esparcidos"* (versículos 8–13). Egipto pasará por estas cosas antes de entrar al milenio de paz.

El Escape Real
Existe la seguridad gloriosa, maravillosa e indescriptible, de que usted puede escapar ahora, en este mismo momento. Usted puede tener la absoluta seguridad de que estará en la presencia del Señor por la eternidad. La única manera de escapar es a través de la persona que declara: *"Yo soy el camino."* El es la verdad. El es la luz del mundo. El es Jesús, el Hijo del Dios viviente. Cuando usted haya creído en él, habrá pasado — *"de las tinieblas a su luz admirable"* (1 Pedro 2:9).

Lea la promesa de Romanos 8:1: *"Ahora, pues, ninguna condenación hay para los que están en Cristo Jesús, los que no andan conforme a la carne, sino conforme al Espíritu."*

¿Cómo puede usted pertenecer a este grupo selecto? Podríamos decir que la respuesta es demasiado sencilla: Venga a Jesús, confiese sus pecados y agradézcale por haber derramado su preciosa sangre por ellos y por convertirle en un hijo de Dios por toda la eternidad. Juan 3:36 testifica: *"El que cree en el Hijo tiene vida eterna; pero el que rehúsa creer en el Hijo no verá la vida, sino que la ira de Dios está sobre él."*

¡Este es el verdadero escape! La salvación sólo puede venir a través de Jesucristo. ¡Cuando usted le acepte como salvador personal, pertenecerá a la Iglesia de Jesucristo!

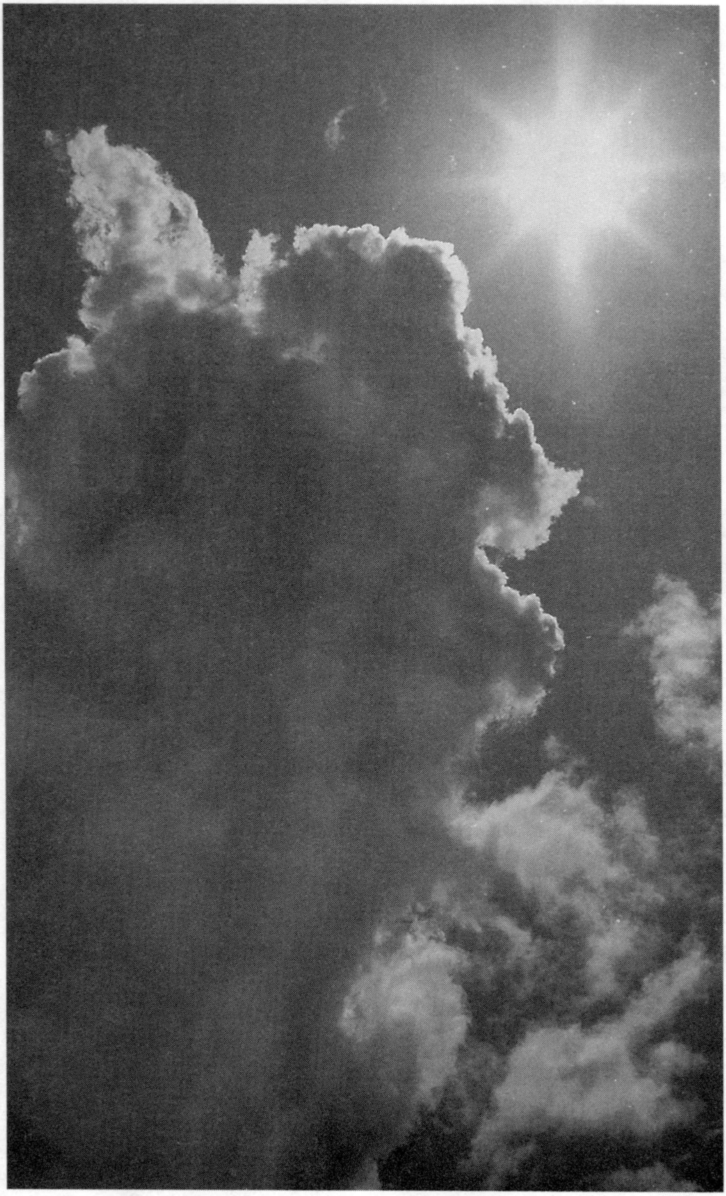

CAPITULO 20

Cuenta Regresiva para el Arrebatamiento

Resumen:

Las últimas etapas de los tiempos finales ya han comenzado. Debido a que la Gran Tribulación no está muy lejos, identificaremos los eventos que deben tomar lugar para que se pueda implementar la separación de Israel y la Iglesia. Explicaremos las dos partes de la Gran Tribulación e identificaremos el "tabernáculo caído de David".

La Gran Tribulación

¿Cuándo comenzará la Gran Tribulación? En años recientes, han llegado a mi escritorio diferentes mensajes los cuales sostienen que el período de la Gran Tribulación no será de siete años, sino de tan sólo tres años y medio. Estos artículos argumentan que no hay lugar en la Biblia que diga que el período de tiempo de la Gran Tribulación son siete años.

Para poder refutar estas declaraciones debemos, en primer lugar, contestar la pregunta: "¿Cómo se puede reconocer el período de la Gran Tribulación?" En primer lugar, las — *"tinieblas cubrirán la tierra"* — como se puede leer en Isaías 60:2. ¿Y por qué estará oscuro? Porque la luz, la Iglesia, ha sido arrebatada. Jesús dijo: *"Vosotros sois la luz del mundo"* — (Mateo 5:14).

La razón por la que nosotros, los cristianos, somos la luz del mundo se debe al hecho de que somos uno con Jesucristo, quien dijo: — *"Yo soy la luz del mundo; el que me sigue, no andará en tinieblas, sino que tendrá la luz de la vida"* (Juan 8:12). Por lo tanto, para responder la pregunta que tiene que ver con el tiempo que durará la Gran Tribulación, debemos observar con más atención el elemento que la detiene, el cual es la Iglesia.

Arrebatamiento: El Comienzo de la Cuenta Regresiva

La Iglesia será quitada del mundo en un evento conocido como el arrebatamiento. La Biblia dice que el arrebatamiento ocurrirá — *"a la hora que no penséis"* (Lucas 12:40). El Señor ha de venir en forma repentina, inesperada y sin previo aviso. Por lo tanto, no podemos señalar el comienzo de la Gran Tribulación, ya que no podemos predecir la fecha del arrebatamiento.

Lo que sí sabemos, sin embargo, es que en el momento en que la Iglesia sea quitada de este mundo, la luz se habrá ido y, entonces, presidirá la oscuridad. Los poderes de la oscuridad estarán en su apogeo. La gente que quede atrás hará lo que bien le parezca, debido a que la luz ya no estará para exponer su maldad. Todo lo que tenga que ver con Dios ha de ser dejado de lado.

El Anticristo — al cual Daniel llama — *"rey altivo de rostro"* — satisfacerá sus intenciones ocultas, debido a que la Iglesia se ha ido.

¿Qué Es el Arrebatamiento?

Alguno podría estar poco familiarizado con el término "arrebatamiento". El mismo no se encuentra en la mayoría de las traducciones al español de la Biblia. Si bien se escribe mucho sobre este tema y muchos teólogos están comenzando a oponerse a la realidad del arrebatamiento, acerquémonos a la Biblia misma y leamos dos versículos que hablan en forma clara del desplazamiento de la Iglesia: *"Porque el Señor mismo con voz de mando, con voz de arcángel, y con trompeta de Dios, descenderá del cielo; y los muertos en Cristo resucitarán primero. Luego nosotros los que vivimos, los que hayamos quedado, seremos arrebatados juntamente con ellos en las nubes para recibir al Señor en el aire, y así estaremos siempre con el Señor"* (1 Tesalonicenses 4:16-17).

No hay indicación, o cosa semejante, que revele el tiempo de nuestra partida. La Biblia simplemente dice: *"Por tanto, alentaos los unos a los otros con estas palabras"* (versículo 18). No necesitamos tener un título universitario para entender que Pablo se refiere aquí a los versículos anteriores, los cuales explican el arrebatamiento, y señala que anhelar este evento es nuestro aliento o consolación.

Sin duda alguna, a lo largo de estos dos milenios, muchos cristianos que vivieron bajo persecución y enfrentaron severos castigos o aún la muerte, realmente se aferraron al consuelo de que Jesús podía volver en cualquier momento.

La Iglesia e Israel

Antes de continuar, debemos señalar que existe una *diferencia* exclusiva entre la Iglesia de Jesucristo y la nación de Israel. Si Israel es el pueblo escogido de Dios, y estará en la Gran Tribulación, ¿no podría entenderse que ellos serán una luz para el mundo? Busquemos la respuesta en la Palabra de Dios.

Durante el primer concilio apostólico en Jerusalén, de acuerdo con Hechos 15, leemos acerca de la declaración de una asombrosa profecía. El propósito de reunirse era discutir la membresía de los gentiles en la iglesia, ya que había confusión acerca de la distinción entre los judíos y los gentiles.

Rápidamente nos damos cuenta que este tipo de reunión de iglesia fue muy parecida a las que experimentamos en nuestros días. En el versículo 7 dice: *"Y después de mucha discusión"*, — dando a entender en forma clara que había un desacuerdo dentro de la iglesia.

Sin embargo, al final, leemos en los versículos 13-14 que: — *"cuando ellos callaron, Jacobo respondió diciendo: Varones hermanos, oídme. Simón ha contado cómo Dios visitó por primera vez a los gentiles, para tomar de ellos pueblo para su nombre."* Jacobo repite el mensaje que Pedro ya había dado anteriormente y agrega: *"Y con esto concuerdan las palabras de los profetas, como está escrito"* (versículo 15). Se tomó una decisión basada en la Biblia. Concuerda con las palabras de los profetas dijeron. ¡Tenían plena confianza en la Palabra escrita de Dios!

Separación Por el Tabernáculo
Aquí se revela la *distinción* entre Israel y la Iglesia: *"Después de esto volveré y reedificaré el tabernáculo de David, que está caído; y repararé sus ruinas, y lo volveré a levantar"* (versículo 16). En el versículo 14, vemos como Dios tomó un pueblo para su nombre de entre los gentiles, el cual es la Iglesia. Ahora, en el versículo 16, él regresa a Israel y la reedifica.

Nuestro Padre celestial ha estado tomando un pueblo para su nombre de entre los gentiles por casi 2.000 años. Personalmente creo que esta selección está casi completa. ¿Por qué? Porque la reaparición de Israel se ha hecho realidad. Cualquier día de estos puede suceder que se agregue la última persona de los gentiles, llegando así a completar el número, y la Iglesia entonces será arrebatada.

El Tabernáculo Caído de David

¿Ya comenzó Dios a reedificar el "tabernáculo caído de David"? Para contestar esta pregunta, debemos preguntar: "¿Qué es el 'tabernáculo caído de David'?" Jacobo estaba citando a Amós 9:11, que dice: *"En aquel día yo levantaré el tabernáculo caído de David, y cerraré sus portillos y levantaré sus ruinas, y lo edificaré como en el tiempo pasado."*

No debe confundirse este tabernáculo con el tabernáculo que David había levantado como una habitación para el arca del pacto: *"Metieron, pues, el arca de Jehová, y la pusieron en su lugar en medio de una tienda que David le había levantado; y sacrificó David holocaustos y ofrendas de paz delante de JEHOVA"* (2 Samuel 6:17).

Hechos 15:16 dice, — *"y repararé sus ruinas"*. Las ruinas se refieren, en general, a piedras que fueron derribadas, las cuales necesitan reparación. Pero debido a que nunca hubo un "tabernáculo de David" hecho de piedras, sabemos que Hechos 15:16 no habla de un tabernáculo en forma literal. ¡Por lo tanto, este "tabernáculo caído" no es otra cosa que la identidad nacional de la nación de Israel!

¿Más de Un Tabernáculo?

¿Cómo podemos estar seguros que Hechos 15:16 no habla de un tabernáculo *literal*? Observemos un ejemplo: Durante el tiempo de David, había un debate sobre qué tribu debía ser la principal, la que debía ejecutar el liderazgo decisivo sobre todas las demás tribus de Israel. En forma lógica, algunos probablemente pensaron que debería ser José, ya que él fue responsable de la salvación de sus hermanos y de establecer la nación de Israel en Egipto. Pero la Biblia dice claramente: *"Desechó (Dios) la tienda de José, y no escogió la tribu de Efraín"* (Salmo 78:67). Claramente vemos por medio de este pasaje que la palabra "tabernáculo" no se refiere exclusivamente al tabernáculo (tienda) del arca del pacto.

Más adelante leemos en Amós 9:12: *"para que aquellos (Israel) sobre los cuales es invocado mi nombre posean el resto de Edom, y a todas las naciones las cuales son llamadas por mi nombre, dice*

Jehová que hace esto." (El énfasis en este versículo se debe a que estas palabras están en la Biblia King James, no así en la Reina Valera, nota del traductor). Aquí identificamos la relación entre Israel y la Iglesia, — *"y a todas las naciones, las cuales son llamadas por mi nombre."*

La Iglesia e Israel Son Orgánicamente Uno
A pesar de que Israel y la Iglesia son identidades diferentes, orgánicamente están unidas. Romanos 11 deja esto bien en claro. Como gentiles, nosotros hemos sido, en forma contraria a la naturaleza, injertados en el buen olivo, el cual es Israel: *"Porque si tú fuiste cortado del que por naturaleza es olivo silvestre, y contra naturaleza fuiste injertado en el buen olivo, ¿cuánto más éstos, que son las ramas naturales, serán injertados en su propio olivo?"* (Romanos 11:24). Por lo tanto, los cristianos de entre los gentiles son uno con Israel. La Iglesia e Israel tienen las mismas raíces.

Para resumir, la restauración del tabernáculo caído de David es el regreso del pueblo judío a su tierra, lo cual ocurre en nuestros días. Al darnos cuenta que estas cosas suceden actualmente, llegamos forzosamente a la conclusión de que el tiempo de la Iglesia está llegando a su fin.

No sólo la Iglesia de Jesucristo está vinculada a Israel, sino que la salvación de Israel está vinculada a la plenitud de los gentiles. Pablo le escribe a los Romanos: — *"ha acontecido a Israel endurecimiento en parte, hasta que haya entrado la plenitud de los gentiles; y luego todo Israel será salvo"* — (Romanos 11:25-26).

Siete Años de Gran Tribulación
El hecho de que el peso internacional de Israel se hace cada vez mayor, es una señal adicional de que el arrebatamiento de la Iglesia está cercano y, por consiguiente, también lo está el comienzo de la Gran Tribulación.

En el momento en que Israel se integre a la Unión Europea (a la cual ya hemos identificado como el resurgimiento del imperio romano) y se torne parte de la familia mundial de naciones, estará rehusando ser un pueblo especial, elegido por Dios. Creo que ése es el comienzo del pacto del Anticristo.

El profeta Daniel habla de un documento o pacto, el cual dará comienzo a la Gran Tribulación: *"Y por otra semana confirmará el pacto con muchos; a la mitad de la semana hará cesar el sacrificio y la ofrenda. Después con la muchedumbre de las abominaciones vendrá el desolador, hasta que venga la consumación, y lo que está determinado se derrame sobre el desolador"* (Daniel 9:27).

Aquí claramente se le atribuye un período de tiempo a la Gran Tribulación: "Una Semana". Basados en Daniel 9, versículos 24-26, sabemos que esta "semana" significa siete años. Cada día representa un año.

¿Cómo sabemos esto? Por el versículo 24, en donde el ángel Gabriel le dice a Daniel que *"Setenta semanas están determinadas sobre tu pueblo y sobre tu santa ciudad, para terminar la prevaricación, y poner fin al pecado, y expiar la iniquidad, para traer la justicia perdurable"*. Setenta veces siete es igual a 490. Desde que se dio el mandamiento de restaurar Jerusalén hasta el cumplimiento de la reconciliación por la iniquidad, a través del Señor Jesucristo en la cruz del Calvario, transcurrieron 483 años. Eso deja siete años para el período de la Gran Tribulación, el cual terminará con la llegada de la justicia perdurable.

Alguien podría preguntar: "¿Qué pasó con los casi 2.000 años que transcurrieron desde aquel entonces?" Daniel escribe acerca de la crucifixión en su línea del tiempo profética: — *"Y después de las sesenta y dos semanas se quitará la vida al Mesías, mas no por sí"*. Lutero lo traduce así: *"Luego de sesenta y dos semanas, el ungido será destruido y no habrá nada más."* La Biblia Hebrea dice: *"Luego de esas sesenta y dos semanas, el ungido desaparecerá y se esfumará."* Lo interesante es que al margen de la Biblia Hebrea, se aclara que el original de "el ungido desaparecerá" tiene un significado incierto en el hebreo. Sin embargo, el significado es muy claro para nosotros. El ungido estará en la presencia del Padre por casi 2.000 años, ausente de Israel — esfumado.

La Segunda Parte de la Tribulación

Es importante notar que la Biblia enfoca principalmente la segunda mitad de la Gran Tribulación. Los primeros tres años y medio serán absolutamente gloriosos. Los hombres se enorgullecerán del logro indescriptible de la paz y la prosperidad a nivel mundial. En cualquier momento y lugar que surja un conflicto, lo han de resolver rápidamente. ¿Cómo sabemos esto? Bajo el gobierno del Anticristo habrá muy poca, si es que hay alguna, oportunidad para oponerse, ya que la Biblia dice: — *"quién podrá luchar contra ella?"* (Apocalipsis 13:4).

La Falsa Paz

Las personas recordarán todas las guerras, las disputas, los conflictos, el derramamiento de sangre, las injusticias que se cometieron durante miles de años pero, sin embargo, creerán que todo eso habrá terminado finalmente. Los políticos del mundo proclamarán con soberbia, como lo hizo una autoridad británica luego de una reunión con Hitler, "Paz en nuestro tiempo". El conflicto entre las naciones, los estados y las razas será resuelto. Los líderes religiosos exaltarán sus sistemas por haber traído paz al mundo. No habrá diferencia entre católicos y protestantes, judíos y musulmanes, hindúes y budistas. Todos serán uno, gozándose en la paz y dando honor y gloria a sus dioses. Todas las religiones del mundo estarán bajo un mismo techo que las unirá. Las multitudes decidirán que sólo existe un dios, (pese a que ellos elegirán uno falso) el cual podrá ser adorado por gente que le llame de diferente manera.

Una Religión Nueva

Si le es difícil imaginar este futuro, especialmente a la luz de los conflictos religiosos que vemos actualmente, entonces debería leer el siguiente artículo, el cual ya tiene más de veinte años:

> Los budistas, cristianos, seguidores de Confucio, hindúes, judíos, musulmanes, y muchos otros, les hemos convocado aquí para escuchar al espíritu que está dentro de nuestras variadas y venerables

tradiciones religiosas. Estamos enfocando los temas principales que nuestras sociedades deben resolver para poder obtener paz, justicia, y mejorar la calidad de vida de cada individuo y de cada pueblo. Nos regocijamos de que la larga época de orgullo e incluso aislamiento prejuicioso por parte de las religiones de la humanidad se haya ido, y eso deseamos para siempre. Apelamos a las comunidades religiosas del mundo para inculcar una actitud de ciudadanía planetaria. [43]
— Declaración Louvain hecha en la Segunda Conferencia Mundial de Religión y Paz bajo el Liderazgo Católico. *Catholic Register (Registro Católico)*, Toronto, Canadá, Setiembre de 1974.

El Orgullo del Anticristo
La oposición no será tolerada en el nuevo orden mundial debido al tremendo éxito del Anticristo. Una vez más se enfatiza su prosperidad en Daniel 11:36: — *"Y el rey hará su voluntad, y se ensoberbecerá, y se engrandecerá sobre todo dios; y contra el Dios de los dioses hablará maravillas, y prosperará, hasta que sea consumada la ira; porque lo determinado se cumplirá."*

Pero su orgullo será el principio de su caída. Luego de un período de tres años y medio, con un éxito sin precedentes, el Anticristo declarará que él mismo es Dios. La segunda carta a los Tesalonicenses 2:4 confirma esto *"el cual se opone y se levanta contra todo lo que se llama Dios o es objeto de culto; tanto que se sienta en el templo de Dios como Dios, haciéndose pasar por Dios."*

Entonces comenzará la segunda mitad de la Gran Tribulación. ¿Cómo lo sabemos? Daniel nos da la respuesta: *"Y por otra semana* (El Anticristo) *confirmará el pacto con muchos; a la mitad de la semana hará cesar el sacrificio y la ofrenda"* — (Daniel 9:27). Sabiendo que una "semana" significa siete años, la "mitad" son tres años y medio.

En ese momento, Israel reconocerá finalmente que él no es el Mesías prometido. El declarará que es Dios, pero los judíos sabrán que un hombre no puede ser Dios. Sin embargo, no será Israel quien rompa el pacto. Será el mismo Anticristo: *"Extendió el inicuo sus manos contra los que estaban en paz con él; violó su pacto"* (Salmo 55:20).

El Fin de la Gran Tribulación

La segunda mitad de la Gran Tribulación se caracterizará, también, por el odio especial que el Anticristo tendrá hacia el Dios de los cielos: *"Y hablará palabras contra el Altísimo, y a los santos del Altísimo quebrantará, y pensará en cambiar los tiempos y la ley; y serán entregados en su mano hasta tiempo, y tiempos, y medio tiempo"* (Daniel 7:25). Vemos que se establecerá un tiempo bien definido: — *"tiempo, y tiempos, y medio tiempo."* ¡En otras palabras, un año más dos años, más medio año suma tres años y medio!

El comienzo de la segunda mitad se caracterizará por el hecho de que se quitará el sacrificio del templo reconstruido de Jerusalén y por la proclamación del Anticristo de que él es Dios, lo cual lo llevará a reclamar que se le adore: *"Aun se engrandeció contra el príncipe de los ejércitos, y por él fue quitado el continuo sacrificio, y el lugar de su santuario fue echado por tierra. Y a causa de la prevaricación le fue entregado el ejército junto con el continuo sacrificio; y echó por tierra la verdad, e hizo cuanto quiso, y prosperó"* (Daniel 8:11–12). Aun a lo largo de la última mitad de la Gran Tribulación continuará prosperando.

No habrá nadie capaz de detenerlo. Tendrá todo el poder en su mano y se considerará a sí mismo un Dios, ya que es un *"inicuo cuyo advenimiento es por obra de Satanás, con gran poder y señales y prodigios mentirosos, y con todo engaño de iniquidad para los que se pierden, por cuanto no recibieron el amor de la verdad para ser salvos"* (2 Tesalonicenses 2:9–10). Por todas estas razones prácticas, el Anticristo será el supremo gobernador del mundo.

Sólo Israel ha de oponerse a él y, como resultado, la nación será perseguida tan severamente que Dios tendrá que intervenir en forma sobrenatural para proteger a su pueblo: *"Y se le dieron a la mujer las dos alas de la gran águila, para que volase de delante de la serpiente al desierto, a su lugar, donde es sustentada por un tiempo, y tiempos, y la mitad de un tiempo"* (Apocalipsis 12:14).

Una vez más vemos la descripción: — *"por un tiempo, y tiempos, y la mitad de un tiempo"* —, lo cual significa tres años y medio. Cuando este tiempo se haya cumplido, entonces el Señor aparecerá y detendrá los poderes de las tinieblas. Esto está registrado en 2 Tesalonicenses 2:8: *"Y entonces se manifestará aquel inicuo, a quien el Señor matará con el espíritu de su boca, y destruirá con el resplandor de su venida."* ¡Ese será el fin de la Gran Tribulación!

CAPITULO 21

El Milenio: Principio y Fin

Resumen:

El reino de Satanás y su poder llegará a su fin por medio de nuestro triunfante Señor Jesucristo. Este capítulo revelará el origen de Satanás y su destino final. También interpretaremos el significado de "Gog y Magog" y de la marca de la bestia.

¿Quién Vivirá en el Milenio?

En los primeros siete versículos de Apocalipsis 20, encontramos la documentación acerca del reino de mil años de paz. Para comenzar remarcaremos cuatro temas importantes:

∞ El arresto, el juicio y la sentencia del engañador, el cual es el elemento que obstaculiza la paz genuina.
∞ Los creyentes que surgen de la Gran Tribulación y reinan con Cristo por mil años.
∞ La primera resurrección y la abolición de la muerte segunda para aquellos que son parte de la primera resurrección.
∞ La liberación temporal de Satanás y su final.

"Vi a un ángel que descendía del cielo, con la llave del abismo, y una gran cadena en la mano. Y prendió al dragón, la serpiente antigua, que es el diablo y Satanás, y lo ató por mil años; y lo arrojó al abismo, y lo encerró, y puso su sello sobre él, para que no engañase más a las naciones, hasta que fuesen cumplidos mil años; y después de esto debe ser desatado por un poco de tiempo. Y vi tronos, y se sentaron sobre ellos los que recibieron facultad de juzgar; y vi las almas de los decapitados por causa del testimonio de Jesús y por la palabra de Dios, los que no habían adorado a la bestia ni a su imagen, y que no recibieron la marca en sus frentes ni en sus manos; y vivieron y reinaron con Cristo mil años. Pero los otros muertos no volvieron a vivir hasta que se cumplieron mil años. Esta es la primera resurrección. Bienaventurado y santo el que tiene parte en la primera resurrección; la segunda muerte no tiene potestad sobre éstos, sino que serán sacerdotes de Dios y de Cristo, y reinarán con él mil años. Cuando los mil años se cumplan, Satanás será suelto de su prisión" (Apocalipsis 20:1–7).

El Arresto de Satanás

En la Escritura anterior, vemos que el ángel que desciende del cielo no confronta al dragón. No hay batalla en ese momento ni tampoco resistencia.

Es un hecho en el que sólo se arresta a Satanás, también conocido como el dragón, la serpiente antigua o diablo. La Escritura sencillamente dice que — *"prendió* (el ángel) *al dragón"*. Satanás es atado y arrojado al abismo, y se le puso un sello para que no escapara y engañase a las naciones.

Podríamos preguntar: "¿Por qué Satanás no se resistió al arresto?" Después de todo, él es tremendamente rebelde. Suponemos que si se rehusara a colaborar le originaría un problema serio.

El hecho de que él tuvo que ser "prendido" muestra que quedó sin poder. Pero el hecho de que tuvo que ser "atado" indica que este no es el juicio final y que el diablo todavía mantiene un peligro potencial.

La razón por la que el ángel no necesita pelear se basa en el hecho de que Satanás es un enemigo derrotado. Con la aparición del Señor Jesús, su naturaleza engañosa y mentirosa será expuesta y, por lo tanto, se le quitará su poder en presencia del Omnipotente.

El apóstol Pablo describe esto en tan sólo un versículo en 2 Tesalonicenses 2:8: *"Y entonces se manifestará aquel inicuo, a quien el Señor matará con el espíritu de su boca, y destruirá con el resplandor de su venida."* Note que el Señor no derrotará a Satanás — "con su poder" — sino que lo destruirá con — *"el resplandor de su venida."*

Jesús es la luz del mundo. Donde está el Señor, allí no hay oscuridad. Nada puede estar escondido en su presencia. Sus ojos son — *"como llama de fuego"* — nos dice Apocalipsis 1:14.

Este es el mismo Jesús de quien Juan testificó que era la luz de los hombres: *"En él estaba la vida, y la vida era la luz de los hombres"* (Juan 1:4). Pero esta luz fue rechazada, debido a la actividad engañosa de Satanás para que los hombres no vieran la luz, sino que permanecieran en la oscuridad. Por eso el versículo 5 dice: *"La luz en las tinieblas resplandece, pero las tinieblas no la entendieron"* (Traducido de la versión inglesa, nota del traductor).

No más Engaño

El arresto del diablo tiene además otro propósito específico: Dios le impide a Satanás engañar a las naciones. ¡Qué interesante es que se nos dé el tiempo de su encarcelamiento: — *"mil años"*!

Sabemos por las Escrituras que — *"para con el Señor un día es como mil años, y mil años como un día."* Ningún hombre vivió mil años, ya que Dios dijo: — *"mas del árbol de la ciencia del bien y del mal no comerás; porque el día que de él comieres, ciertamente morirás"* (Génesis 2:17). Adán, a quien se le dirigió esta advertencia, vivió novecientos treinta años, setenta años menos que un milenio.

Durante la Gran Tribulación
Luego de que Satanás sea arrestado e incapacitado comenzará la paz. Vemos una categoría especial de personas salvas que reinarán con Jesús por mil años. Este es un grupo específico de creyentes. Se los identifica como aquellos que:

- Fueron decapitados por el testimonio de Jesucristo y la Palabra de Dios;
- No adoraron a la bestia;
- Tampoco a su imagen;
- Ni recibieron la marca en sus frentes o en su mano.

¡Estas son las personas que vivirán y reinarán con Cristo por mil años! Obviamente deben haber *otras* personas en la tierra, en ese momento, sobre las cuales estos santos puedan reinar con el Señor.

¿Dónde Estará la Iglesia?
Las Escrituras dejan en claro que la Iglesia, la cual es el cuerpo de Cristo, será arrebatada de la Tierra antes de la Gran Tribulación. A partir de ese momento, permaneceremos en su presencia. Nuestra posición es descrita en 1 Tesalonicenses 4:17: — *"y así estaremos siempre con el Señor."* Por lo tanto, dondequiera esté el Señor, allí estaremos también. Cuando él regrese a la Tierra a reinar, nosotros también seremos parte de eso ya que somos su cuerpo. Pero la Biblia no da detalles sobre nuestra función como cuerpo de Cristo mientras estemos con el Señor en la Tierra.

La Primera Resurrección

Jesús es el primer fruto de entre los muertos. Es el comienzo de la primera resurrección. El rapto de la Iglesia es la culminación de su resurrección. Es una demostración de su absoluta victoria sobre la muerte, como está escrito: — *"entonces se cumplirá la palabra que está escrita: Sorbida es la muerte en victoria. ¿Dónde está, oh muerte, tu aguijón? ¿Dónde, oh sepulcro, tu victoria?"* (1 Corintios 15:54–55). Sin embargo, si hablamos en términos proféticos, la primera resurrección continúa luego del rapto, así como también la salvación en Jesucristo continúa.

¿Por Qué Dios Libera a Satanás Temporalmente?

Durante el reinado de Cristo en la Tierra, el mundo será lleno del conocimiento del Señor, de acuerdo con Habacuc 2:14: *"Porque la tierra será llena del conocimiento de la gloria de Jehová, como las aguas cubren el mar."* El engañador estará incapacitado y las personas no serán descarriadas. Por eso, la pregunta lógica que debemos hacer es: "¿Por qué permite Dios que Satanás sea liberado de su prisión?"

El resultado de esta liberación se describe en Apocalipsis 20:8–9: *"y saldrá a engañar a las naciones que están en los cuatro ángulos de la tierra, a Gog y a Magog, a fin de reunirlos para la batalla; el número de los cuales es como la arena del mar. Y subieron sobre la anchura de la tierra, y rodearon el campamento de los santos y la ciudad amada; y de Dios descendió fuego del cielo, y los consumió."*

¿Debemos interpretar que Satanás usará sus engañosas habilidades para reunir a las naciones una vez más, las cuales han de armarse para poder hacerle la guerra a la "ciudad amada"? Parecería que eso es lo que indica la Escritura.

Como ahora tan sólo conocemos en parte, no podemos reconocer en su plenitud los eventos que se llevarán a cabo de aquí a más de mil años. Sin embargo, entiendo que las "naciones" que se mencionan aquí en el versículo 8 no son naciones en el sentido literal, compuestas por seres humanos, sino que es la multitud de ángeles caídos, los cuales originalmente tomaron partido por Satanás.

La conclusión que asumo al respecto la presento delante de la Iglesia para ser evaluada. Soy consciente de que la mayoría, sino todos, los estudiosos de la escatología ven el evento descrito en Apocalipsis 20 en forma diferente, pero creo que es necesario revisar varias interpretaciones. Lo que presento aquí no pretende ser la máxima interpretación sino que, con gusto, le doy la bienvenida a la crítica abierta y honesta acerca de la misma.

Los Orígenes de Satanás
Para poder entender mejor quienes son estas "naciones", leeremos la descripción de Isaías al respecto del origen y el final de Satanás: *"¡Cómo caíste del cielo, oh Lucero, hijo de la mañana! Cortado fuiste por tierra, tú que debilitabas a las naciones. Tú que decías en tu corazón: Subiré al cielo; en lo alto, junto a las estrellas de Dios, levantaré mi trono, y en el monte del testimonio me sentaré, a los lados del norte; sobre las alturas de las nubes subiré, y seré semejante al Altísimo. Mas tú derribado eres hasta el Seol, a los lados del abismo"* (Isaías 14:12-15). Debemos recordar que esta declaración es una profecía sobre el principio y el fin de Satanás. Las "naciones" caídas, las cuales son los ángeles caídos, ya están en el infierno. Ellos no tienen poder, y cuando ven a Satanás que se les acerca le preguntan: — *"¿tú también te debilitaste como nosotros y llegaste a ser como nosotros?"* (versículo 10). Entonces, en el versículo 12, identifican su posición en relación con los ángeles caídos: — *"Cortado fuiste por tierra, tú que debilitabas a las naciones"* (versículo 12). ¿Quienes son estas naciones? ¡Las naciones de los ángeles caídos, por supuesto! Satanás no debilitó a las naciones del mundo. El es el dios de las naciones de este mundo. El las ha fortalecido: — *"diga el débil: Fuerte soy"* (Joel 3:10).

En Judas, leemos acerca de los ángeles que siguieron a Satanás: *"Y a los ángeles que no guardaron su dignidad, sino que abandonaron su propia morada, los ha guardado bajo oscuridad, en prisiones eternas, para el juicio del gran día"* (versículo 6).

Las Estrellas del Cielo — ¿Qué Son?

Apocalipsis 12:4 nos dice que un tercio de las estrellas del cielo cayeron a la Tierra. Esto corresponde a Daniel 8:10, donde se habla sobre el Anticristo: *"Y se engrandeció hasta el ejército del cielo; y parte del ejército y de las estrellas echó por tierra, y las pisoteó."*

¿A qué tipo de "estrellas" se refiere la Biblia en este pasaje? Observemos el origen del diablo. Isaías 14:12 dice: — *"oh Lucero, hijo de la mañana"*. Lutero traduce este texto así: *"Tú, hermosa estrella de la mañana."* Y la Biblia Hebrea dice: *"Oh ser resplandeciente, Hijo del amanecer."* Esto muestra claramente que el diablo fue una criatura gloriosa llamada la "estrella de la mañana". En inglés, sólo la versión King James le agrega un *nombre* a la estrella: Lucifer.

Esta estrella caída, llamada Lucifer, tomó consigo, en su caída, dos tercios de las huestes angélicas del cielo. Es evidente que estas "estrellas" no son las estrellas que vemos en nuestro cielo nocturno. Sabemos que eso no es posible porque muchas de las estrellas que vemos con nuestros ojos son significativamente mayores que el planeta Tierra. Por lo tanto, sabemos que las "estrellas" a las que se refiere la Biblia son ángeles caídos.

Pedro, más adelante, confirma que los ángeles de Dios fueron desechados y guardados para el castigo: — *"Dios no perdonó a los ángeles que pecaron, sino que arrojándolos al infierno los entregó a prisiones de oscuridad, para ser reservados al juicio"* (2 Pedro 2:4).

Paz Duradera

El reino de mil años de paz comienza con los hombres transformando sus espadas en rejas de arado. La Biblia dice que los hombres ya no se entrenarán para la guerra.

Se eliminará la industria de la fabricación de armas. ¿Pero cómo se reunirán entonces los hombres para la batalla? Isaías 2:4 dice: *"Y juzgará entre las naciones, y reprenderá a muchos pueblos; y volverán sus espadas en rejas de arado, y sus lanzas en hoces; no alzará espada nación contra nación, ni se adiestrarán más para la guerra."* Enfatizaré aquí las palabras "ni se adiestrarán más."

Pero hay otra poderosa razón: La garantía de la paz está sujeta al universo: *"Te* (a Dios) *temerán* (todos los pueblos) *mientras duren el sol y la luna, de generación en generación. Descenderá como la lluvia sobre la hierba cortada; como el rocío que destila sobre la tierra. Florecerá en sus días justicia, y muchedumbre de paz, hasta que no haya luna"* (Salmo 72:5-7). ¡Esta paz dejará de existir tan sólo en el momento en que el sol y la luna desaparezcan!

El fin de esta última batalla, es decir, de la confrontación entre los santos y el diablo, es descrita en forma breve: — *"y de Dios descendió fuego del cielo y los consumió."* No se describen armas, cuerpos o maquinaria de ningún tipo. También se nos da un método adicional como para identificar a estas "naciones".

¿Quiénes Son Gog y Magog?

¿Qué diremos de los nombres "Gog y Magog" que están en Apocalipsis 20:8? Los estudiosos bíblicos están de acuerdo en que cuando en Ezequiel 38-39 se habla de Gog y de Magog se refiere al norte de Israel — lo que actualmente es llamado Rusia. La característica particular de Rusia fue que intentó dominar al mundo a través del comunismo. Es un hecho que ellos no eran anticristos, entendiendo que la expresión "anticristo" significa "en lugar de Cristo". El comunismo no creó una religión que pudiera compararse al cristianismo como para engañar a las naciones, sino que proclamaban atrevidamente ser anti-Dios.

El comunismo ruso expresó su odio por la religión. Por más de 70 años levantaron sus puños contra el cielo y gritaron: "No hay Dios" y "Dios está muerto". Sin embargo, el comunismo mundial, el cual es anti-Dios, ya ha recibido la primera parte del juicio de Dios: la desintegración de la Unión Soviética.

Basándonos en la Escritura de Ezequiel 38 y 39 vemos que hay otro juicio que aún está por venir: Rusia está destinada a invadir a Israel y encargarse del aspecto militar de "Gog y Magog", el símbolo de lo que es anti-Dios. La batalla de Ezequiel 38-39, a menudo llamada la batalla de Gog y Magog, es un juicio puramente militar sobre este poderoso bloque.

También es evidente en Ezequiel 38:9 y 12 que esta confederación del norte invade la tierra de Israel en procura de su botín: *"Subirás tú, y vendrás como tempestad; como nublado para cubrir la tierra serás tú y todas tus tropas, y muchos pueblos contigo... para arrebatar despojos y para tomar botín, para poner tus manos sobre las tierras desiertas ya pobladas, y sobre el pueblo recogido de entre las naciones, que se hace de ganado y posesiones, que mora en la parte central de la tierra."*

Vemos una confirmación adicional de que Rusia y sus aliados procuran una ganancia material, basándonos en las preguntas que los vecinos árabes de Israel hacen en protesta por el ataque: *"Sabá y Dedán, y los mercaderes de Tarsis y todos sus príncipes, te dirán: ¿Has venido a arrebatar despojos? ¿Has reunido tu multitud para tomar botín, para quitar plata y oro, para tomar ganados y posesiones, para tomar grandes despojos?"* (Ezequiel 38:13). Esta invasión tiene el objetivo de tomar el "botín".

¿Quiénes son Sabá, Dedán y Tarsis?

Sabá era el hijo de Raama, hijo de Cus, el cual se había establecido en alguna parte de las orillas del Golfo Pérsico. La Biblia también menciona el reino de Sabá, el cual se localiza geográficamente en nuestros días en el área de Yemen.

Dedán es identificado como hijo de Raama e hijo de Cus en Génesis 10:7 y en 1 Crónicas 1:9. Dedán también es el hijo de Jocsán, el cual fue uno de los hijos que Abraham tuvo con Cetura de acuerdo con Génesis 25:3 y 1 Crónicas 1:32. *El Diccionario Bíblico Ungers* coloca a sus descendientes en la frontera de Siria, cerca del territorio de Edom, el cual actualmente se encuentra en Jordania.

Si bien Tarsis no puede ser identificado geográficamente, aparece varias veces en el Antiguo Testamento y es mencionado en relación con los barcos, los mercaderes y el comercio desde el Mediterráneo al Golfo Pérsico.

Parecería casi natural que los estados árabes ricos, los cuales tienen una inmensa fuente de energía, formulen algunas preguntas que son muy naturales y a la vez aterradoras al respecto de las verdaderas intenciones de la confederación del norte.

Esto debería alcanzar para mostrar que el Gog y Magog de Ezequiel 38 y 39 abarca un área geográfica que se puede identificar y que incluye un grupo de reyes aliados, los cuales son designados con un nombre.

El Origen Demoníaco de Gog y Magog

Cuando leemos el nombre de "Gog y Magog" en Apocalipsis 20:8, entendemos que se trata de una descripción tangible del sentimiento anti-Dios. Esto debería mostrar que el "Gog y Magog" de Apocalipsis 20 se relaciona solamente con el "Gog y Magog" de Ezequiel 38 y 39 en que simboliza ese aspecto "anti-Dios". Con todo, alguien podría insistir en que "el pasaje habla de Gog y de Magog".

Para poder explicarlo un poco más, contemplemos el ejemplo de Satanás en el momento que fue arrojado del cielo. Cuando Ezequiel describe al que una vez fue la gloriosa estrella de la mañana, Lucifer, le compara con el rey de Tiro: *"Hijo de hombre, levanta endechas sobre el rey de Tiro, y dile: Así ha dicho Jehová el Señor"* (Ezequiel 28:12). Por medio del juicio que fue emitido contra el rey de tiro, el profeta Ezequiel describe la caída de Satanás. Es obvio que el rey de tiro nunca estuvo en — *"Edén, el huerto de Dios"* — (Ezequiel 28:13). Tampoco fue un — *"querubín grande"* — (Ezequiel 28:14) y nunca estuvo — *"en el santo monte de Dios"*, o se paseó — *"en medio de las piedras de fuego"* (versículo 14). Cuando Ezequiel describe la caída de Satanás, usa al rey de Tiro tan sólo como un *ejemplo* para nosotros.

Años después, cuando nuestro Señor Jesucristo le dijo a Pedro — *"Quítate de delante de mí, Satanás"* — (Marcos 8:33), si bien es cierto que le habló a Pedro, a través del discípulo le habló a Satanás. Jesús hizo esto porque Pedro intentó hacerle recapacitar sobre su profecía de que debía ser muerto. En ese momento, Satanás usó a Pedro como si fuera su boca.

Asimismo, el "Gog y Magog" de Apocalipsis 20 es la descripción de la última rebelión contra el Dios vivo y no tiene relación con la batalla de Gog y Magog de Ezequiel 38 y 39. Este es el acto final del espíritu de "Gog y Magog" — la rebelión contra Dios.

El Fin de Satanás

La expulsión de Satanás se llevará a cabo en tres fases:

Primero, en el momento del arrebatamiento, Satanás y sus ángeles serán arrojados del cielo: *"Después hubo una gran batalla en el cielo: Miguel y sus ángeles luchaban contra el dragón; y luchaban el dragón y sus ángeles; pero no prevalecieron, ni se halló ya lugar para ellos en el cielo. Y fue lanzado fuera el gran dragón, la serpiente antigua, que se llama diablo y Satanás, el cual engaña al mundo entero; fue arrojado a la tierra, y sus ángeles fueron arrojados con él"* (Apocalipsis 12:7-9). Esto hará que sea eliminado del cielo. Ya nunca más tendrá oportunidad de acusar a los hermanos delante de Dios, día y noche.

Segundo, Satanás es arrestado y encarcelado al final de la Gran Tribulación. Esta es su desaparición de la Tierra.

Tercero, al final del reino de paz de mil años, quedará libre por un corto período de tiempo, el cual es usado por Dios para poner a Satanás en su posición eterna. Esto traerá como resultado que quede imposibilitado de acercarse a los santos y a la ciudad sagrada por la eternidad.

El Clímax del Engaño

Difícilmente podríamos imaginarnos el terrible engaño que tendrá lugar cuando Satanás y sus ángeles sean arrojados del cielo a la Tierra. El ha de deambular por todo el planeta sin impedimento ya que "la luz del mundo", la cual mora en la Iglesia, se habrá ido.

Además, el abismo será abierto y saldrán más demonios que atormentarán a la humanidad: *"Y abrió el pozo del abismo, y subió humo del pozo como humo de un gran horno; y se oscureció el sol y el aire por el humo del pozo. Y del humo salieron langostas sobre la tierra; y se les dio poder, como tienen poder los escorpiones de la tierra"* (Apocalipsis 9:2-3). Estas "langostas" son parte del mundo subterráneo que saldrá del abismo, siendo las mismas parte del ejército del diablo. Por lo tanto, podemos entender por qué Jesús y los profetas hablaron de este tiempo como el más terrible sobre la Tierra. Apocalipsis 12:12 anuncia el contraste: *"Por lo cual alegraos, cielos, y los que moráis en ellos. ¡Ay de los moradores de la tierra y del mar! porque el diablo ha descendido a vosotros con gran ira, sabiendo que tiene poco tiempo."*

El Nombre o el Número de la Bestia
Si la vida en la Tierra ha de tornarse imposible, ya que aquellos que rehusen adorar la imagen de la bestia serán muertos y que el sobrevivir será prácticamente una utopía sin la marca de la bestia o el número de su nombre, ¿quién ha de quedar sino el remanente de Israel? Las Escrituras aclaran que existirán naciones luego de la Gran Tribulación y que los gentiles vendrán y adorarán en Jerusalén.

También es evidente que nuestro Señor gobernará las naciones con vara de hierro desde Jerusalén: *"Y ella dio a luz un hijo varón, que regirá con vara de hierro a todas las naciones; y su hijo fue arrebatado para Dios y para su trono"* (Apocalipsis 12:5). Si no hubieran naciones ¿cómo podría cumplirse esta profecía?

¿Qué diremos de la profecía de Moisés? *"Ya que JEHOVA tu Dios te habrá bendecido, como te ha dicho, prestarás entonces a muchas naciones, mas tú no tomarás prestado; tendrás dominio sobre muchas naciones, pero sobre ti no tendrán dominio"* (Deuteronomio 15:6). Si no quedaran naciones, ¿cómo podría Israel gobernarlas?

La Marca de la Bestia
Propongo, por lo tanto, que observemos una vez más Apocalipsis 13:15-17: *"Y se le permitió infundir aliento a la imagen de la bestia, para que la imagen hablase e hiciese matar a todo el que no la adorase. Y hacía que a todos, pequeños y grandes, ricos y pobres, libres y esclavos, se les pusiese una marca en la mano derecha, o en la frente; y que ninguno pudiese comprar ni vender, sino el que tuviese la marca o el nombre de la bestia, o el número de su nombre."*

En primer lugar, la muerte no es causada por el Anticristo o por el falso profeta, sino por la *imagen* de la bestia. Es la *imagen* que ejecuta la sentencia de muerte sobre quienes no le adoren: — *"para que la imagen hablase e hiciese matar a todo el que no la adorase"* (Apocalipsis 13:15).

El versículo 16 aclara que no hay excepciones: Se requerirá que todas las personas de la Tierra reciban — *"una marca en la mano derecha, o en la frente"*.

El Dr. Wim Malgo, fundador del Ministerio Llamada de Medianoche, interpretó que los que reciban la marca en su mano derecha serán los trabajadores manuales, y los que la reciban en la frente serán los intelectuales. Sólo el tiempo dirá si esto es así o no. El versículo 17 claramente dice que será imposible que alguien sobreviva si no tiene *"... la marca o el nombre de la bestia, o el número de su nombre."*

Dos Marcas Diferentes

Luego de haber investigado en forma extensiva a través de muchas traducciones, he llegado a la conclusión de que "la marca de la bestia" tiene en forma primaria dos categorías. Según las mejores fuentes que he leído, se debería leer: — "sino el que tuviese la marca, la cual es el nombre de la bestia o el número de su nombre." Por lo tanto, debemos tratar con dos categorías: Aquellos que reciben la *marca* de la bestia; y aquellos que reciben el *número* de su nombre.

Habiendo establecido este hecho, debemos determinar ahora qué sucederá con estas dos categorías de personas. ¿Qué dice la Biblia? Cuando leemos todo el libro de Apocalipsis, notamos que *la marca de la bestia* es mencionada cinco veces.

En tres oportunidades habla del eterno castigo y las otras dos hablan de la victoria sobre la misma.

- *"Y el humo de su tormento sube por los siglos de los siglos. Y no tienen reposo de día ni de noche los que adoran a la bestia y a su imagen, ni nadie que reciba la marca de su nombre"* (Apocalipsis 14:11). Claramente se habla del eterno castigo "por los siglos de los siglos" para aquellos que adoraron la imagen de la bestia y aquellos que recibieron la marca de su nombre.

- *"Fue el primero, y derramó su copa sobre la tierra, y vino una úlcera maligna y pestilente sobre los hombres que tenían la marca de la bestia, y que adoraban su imagen"* (Apocalipsis 16:2). Una vez más, el tormento para aquellos que tenían la marca de la bestia y adoraron su imagen.

- *"Y la bestia fue apresada, y con ella el falso profeta que había hecho delante de ella las señales con las cuales había engañado a los que recibieron la marca de la bestia, y habían adorado su imagen. Estos dos fueron lanzados vivos dentro de un lago de fuego que arde con azufre"* (Apocalipsis 19:20). Otra vez vemos al adorador de la imagen, el cual recibió la marca de la bestia.

- En Apocalipsis 15:2 leemos del triunfo sobre: 1) la bestia, 2) su imagen, 3) su marca, y 4) el número de su nombre. *"Vi también como un mar de vidrio mezclado con fuego; y a los que habían alcanzado la victoria sobre la bestia y su imagen, y su marca y el número de su nombre, en pie sobre el mar de vidrio, con las arpas de Dios."* Aquí vemos a un grupo muy especial de creyentes que han salido de la Gran Tribulación.

- Finalmente, Apocalipsis 20:4 dice: *"Y vi tronos, y se sentaron sobre ellos los que recibieron facultad de juzgar; y vi las almas de los decapitados por causa del testimonio de Jesús y por la palabra de Dios, los que no habían adorado a la bestia ni a su imagen, y que no recibieron la marca en sus frentes ni en sus manos; y vivieron y reinaron con Cristo mil años."*

Lo que aprendemos de estos cinco versículos es que aquellos que están condenados por los siglos de los siglos habían recibido 1) la marca de la bestia y 2) habían adorado la imagen. No leemos, sin embargo, que aquellos que habían aceptado "el *número* de su nombre" estén en la misma categoría que los condenados. De cualquier manera, no formarán parte del grupo que canta en victoria la canción de Moisés y la canción del Cordero (Apocalipsis 15:3).

Propongo, por lo tanto, que aquellos que recibieron el *número* de su nombre entrarán al reino milenial de paz. Ese hecho, sin embargo, no quiere decir que sean salvos. Jesús gobernará con vara de hierro y los pecadores han de morir durante el milenio debido a sus pecados.

Basándome en la Escritura, entiendo que una gran multitud no adorará la imagen ni tampoco recibirá la marca de la bestia, pero sí tendrá el *número* de su nombre para poder sobrevivir. De cualquier manera, esas personas son pecadoras y necesitan la redención.

El hombre, en su estado no regenerado, se corromperá más y más. Pero el pecado ya no será tolerado durante el reino milenial de Cristo. Es obvio, por lo tanto, que aquellos que entren al reino serán capaces aún de cometer pecado. Por eso leemos en Isaías 65:20: *"No habrá más allí niño que muera de pocos días, ni viejo que sus días no cumpla; porque el niño morirá de cien años, y el pecador de cien años será maldito."* La Biblia Hebrea traduce esta última frase así: *"aquel que fracasa en alcanzar los cien años será reconocido como maldito."* Cuando se completen los mil años, ya no habrán más pecadores en la Tierra, sólo santos.

Soy consciente de que esta interpretación es nueva pero he sentido la necesidad de presentarla a la Iglesia y dejar que sea juzgada en base a la Palabra de Dios. De acuerdo a mi entendimiento, es la única manera en la que se pueden tener naciones (además de los judíos) viviendo en la Tierra durante el milenio.

Conclusión

Permítame ser enfático al decir que no hay salvación fuera de Jesucristo. Tan sólo él pudo pagar, con su propia sangre, la pena requerida por los pecados de la humanidad. Unicamente en su nombre podemos ser salvos. Sólo por medio de Jesús podemos llegar a Dios.

A lo largo de este libro he remarcado que nuestra esperanza se basa en la confianza en su nombre, no en una religión humana o en la democracia. Creo que el peligro de confiar en la democracia ya ha sido expuesto con claridad.

Si hubiera presentado la premisa de que el comunismo llevará al establecimiento del Anticristo, muchos habrían estado de acuerdo, sin ninguna duda. Lo mismo sucedería si presentara dictaduras u otras formas de gobierno que restringen nuestra libertad y que nos gobiernan sin nuestro voto. Pero en cuanto a la democracia, nuestra mente la asocia inmediatamente con el concepto de libertad, y nos gusta confiar en ella. ¡Qué irónico que lo que amamos, confiamos y deseamos como seres humanos es precisamente el agente catalizador que hará que el hombre y Dios se opongan, y que traerá por consiguiente el juicio final!

Querido lector, la Biblia dice: — *"He aquí ahora el tiempo aceptable; he aquí ahora el día de salvación"* (2 Corintios 6:2). Si usted no es un hijo de Dios, sencillamente confiese sus pecados y reconozca que es incapaz de salvarse a sí mismo. Pídale a Jesús que venga a su corazón y agradézcale el haber prometido en su propia Palabra: *"Y todo aquel que invocare el nombre del Señor, será salvo"* (Hechos 2:21).

A aquellos que son salvos les espera una felicidad absoluta, y a quienes no lo son les espera una condenación eterna. Usted debe tomar una decisión. ¿Dónde pasará la eternidad?

NOTAS

CAPITULO 1
1 Reuters, 1/24/94
2 Dispatch From Jerusalem, 12/94, pg.2
3 The State, 12/25/94, pg.D-1

CAPITULO 3
4 The Scotsman, 1/3/94
5 U.S. News, 11/8/93
6 Jerusalem Post Intl. Edition, 6/17/95, pg.4

CAPITULO 4
7 Jerusalen Post, 1/28/95, pg.4
8 Outpost, April 1994, pg.5
9 Outpost, April 1994, pg.5
10 Jerusalem Post, 1/28/95, pg.3
11 Dispatch From Jerusalem, 12/93, pg.8

CAPITULO 6
12 U.S. News 12/20/93 (Cover story)
13 The Scotsman, 5/28/94

CAPITULO 7
14 Newsweek, 5/30/94, pg.68
15 The News and Observer, 2/9/95

CAPITULO 8
16 The State, 3/19/94, pg.D8
17 Global Peace/Rise of Antichrist, pg.129
18 Far Eastern Econ. Rev. 2/2/95, pg.52

CAPITULO 9
19 Wire reports, 11/26/93
20 Popular Science, 1/94
21 Daily Mail, 4/2/94
22 Reuters, 12/29/93
23 Christians and Israel, V.3/No.1, pg.5
24 Kansas City Star, 1/15/95
25 The Herald, 4/4/94

CAPITULO 10
26 The State, 12/12/94
27 The European, 3/9/95
28 Courier Journal, 5/11/84, pg.A7
29 The Voice, Diocese of Newark, 1/89
30 L'Observatore Romano, 2/10/86
31 The European, 12/15/94, pg.1
32 The European, 5/26/94, pg.25
33 The State, 12/3/93

CAPITULO 11
34 The European, 7/6/95, pg.B10

CAPITULO 12
35 The European, 7/6/95, pg.17

CAPITULO 13
36 *Know de Marks of Cults,* Dave Breese

CAPITULO 15
37 Kansas City Star, 4/26/92
38 Feer Herzog, Swiss Finance Minister, 1870

CAPITULO 16
39 The Futurist, 1-2/95, pg.14-17

CAPITULO 17
40 News From Israel, 7/89

CAPITULO 18
41 Midnight Call, 5/95, pg.24
42 Reuters, 12/2/93

CAPITULO 20
43 Catholic Register, 9/74

OTROS LIBROS

El Apocalipsis de Jesucristo (Formato: 21,6 x 14 cm)
Tomo I, Cap. 1-11 (228 pág.); Tomo II, Cap. 11-22 (264 pág.); Wim Malgo
Triunfando en la Batalla (248 pág.) Thomas Ice y Robert Dean
El Nazismo y la Nueva Era (208 pág.) Dave Hunt
El Mesías - Esperanza para el futuro (200 pág.) Hal Lindsey
LIBROS: (Formato 19,5 x 13,5 cm)
José - Jesús (Génesis) (176 pág.)
La Crisis Mundial a la Luz de la Biblia (160 pág.)
50 Respuestas sacadas de la Palabra Profética (112 pág.)
Oración y Avivamiento (152 pág.)
¡Aquí viene el Esposo! (136 pág.)
El secreto de la Liberación Total (136 pág.)
El Control Total (208 pág.)
La Rosa de Sarón (96 pág.)
No Sin Sangre (88 pág.)
Israel mi gloria - El plan de Dios para los judíos (192 pág.) John Wilkinson
Tus Testimonios son muy Firmes (96 pág.)
Parábolas Proféticas (112 pág.) Norbert Lieth
El Último Mensaje de Jesús a Su Iglesia (96 pág.) Norbert Lieth
Gedeón, Una Figura de los acontecimientos actuales (112 pág.) N.L.
Los Diez Mandamientos para el Hombre Actual (88 pág.) Dra. G. W.
El Milenio ¿una Utopía? (120 pág.)
¿Qué tienes, Reina Ester? (80 pág.)
Lo que sucedió y pronto sucederá (112 pág.)
Llamado a la Oración (112 pág.)
El Impresionante cumplimiento de las Profecías (112 pág.)
Miedo, Problemas, Depresiones, Desesperación (88 pág.)
En la Frontera entre dos Mundos (64 pág.)
Jesús en los cinco Sacrificios del Antiguo Testamento (48 pág.)
La Victoria es del Señor (48 pág.)
Cristo en el Centro (56 pág.) Norbert Lieth

TEMAS DE ACTUALIDAD (Formato 19,5 x 13,5 cm)
Nro. 1: Esperanza en la Depresión (32 pág.)
Nro. 2: ¿Cómo debo educar a mis hijos? (24 pág.)
Nro. 3: ¿Sana Dios todavía hoy a los enfermos? (40 pág.)
Nro. 4: Ocultismo, Superstición, Lo Sobrenatural (42 pág.)

LIBRITOS (Formato 15 x 11 cm) **Liberación y Victoria** (48 pág.)
Siete Características de un Verdadero Cristiano (40 pág.)
El Arrebatamiento (40 pág.)
Santidad a Jehová o 666 (32 pág.)
Jesucristo es siempre más Grande (32 pág.)
Decisión Crucial (32 pág.)
El Camino al Gólgota (40 pág.) Norbert Lieth
Señales de los Últimos Tiempos - ¡Maranatha! (24 pág.)
Las siete pruebas de Job (24 pág.)
Un Sueño se hace realidad (24 pág.) Manfred Paul
La victoriosa Batalla de Fe (24 pág.)
Cómo Dios hace de lo Quebrantado Bendición (24 pág.)
Sansón - La Tragedia de un Consagrado a Dios (22 pág.)
El Lago de Fuego, del Dr. M. R. De Haan (48 pág.)
El Camino hacia un Matrimonio Feliz (32 pág.) Dra. G. Wasserzug
En el Camino Nuevo (24 pág.) Dra. en Fil. D.D. Gertrud Wasserzug
Distribuir Folletos - ¡una tarea para ti! (24 pág.)

¡Solicite muestras gratuitas de las revistas y la lista de precios para su país!
¡Pida el curso bíblico OASIS (en 12 lecciones) - gratis - por correspondencia!

¿Quisiera Ud. saber algo más sobre temas similares? Le invitamos gentilmente a leer la Biblia. La iglesia evangélica de su localidad estará a su disposición para ayudarle. ¡Visítela! En caso de que en su ciudad no exista ninguna a la cual Ud. pueda dirigirse, escriba sus preguntas a nuestra dirección. Nos será grato ayudarle y enviarle también literatura adecuada.

Diríjase a:

Obra Misionera
«LLAMADA DE MEDIANOCHE»

para Argentina: Casilla 271, 1650 SAN MARTIN - Bs. As.
para Bolivia: Casilla 62, RIBERALTA - Beni
para Chile: Casilla 223, Puente Alto, SANTIAGO
para Colombia: Apdo Aéreo 40940, BOGOTA, D.E. 1
para Costa Rica: Apdo. 5767, SAN JOSE 1000
para la Rep. Dominicana: Apdo 1400, 01901 GUATEMALA
para Ecuador: Quito: Casilla 17-17-288
                GUAYAQUIL: Casilla 7248
para El Salvador: Apdo. 2201, SAN SALVADOR
para España: Apdo. 20159, 08080 BARCELONA
para Guatemala: Apdo 1400, 01901 GUATEMALA
para Honduras: Apdo. 1619, TEGUCIGALPA
para México: Apdo. 75-123, 07300 MEXICO D.F.
para Nicaragua: Apdo. 993, MANAGUA
para Panamá: Apdo. 832-03-1, Word Trade Center, PANAMA 2
para Paraguay: Casilla 2549, ASUNCION
para Perú: Apdo. 1757, LIMA - 100
para Puerto Rico: Apdo 1400, 01901 GUATEMALA
para Uruguay: Casilla 6557, 11000 MONTEVIDEO
para Venezuela: Apdo. 3336 Carmelitas, CARACAS 1010

Si desea...

...saber más sobre:

- **Santificación**
- **Temas Actuales**
- **Acontecimientos Mundiales**
- **Israel**

¡Entonces suscríbase a ésta revista ya!

- **Papel especial**
- **A todo color**
- **Envío por vía aérea desde EE.UU.**

Suscripción anual (12 revistas)
Precio normal $ 19,90
Precio Promocinal $ 14,90

El Mesías

ESPERANZA PARA EL FUTURO

Hal Lindsey

21,6 x 14 cm - 200 pág.

El Mesías - Esperanza para el Futuro: En nuestro mundo actual, donde la violencia y la ira aumentan día a día, la forma más segura de encontrar esperanza es entendiendo las promesas proféticas que fueron dadas en el pasado. Muchas de estas promesas proféticas se han cumplido ya, en la vida del Mesías y en la historia del pueblo judío. Este increíble registro de un 100% de precisión, respecto a lo que ya aconteció, nos da una gran seguridad de que las promesas futuras han de ser, también, así de fidedignas.
De Hal Lindsey, el autor del Bestseller
"La Agonía del gran Planeta Tierra"